BYE-BYE, STANISLAVSKI?

José Luis Valenzuela

BYE-BYE, STANISLAVSKI?

Buenos Aires, Argentina - Los Ángeles, USA
2021

Bye-Bye, Stanislavski?

ISBN 978-1-944508-34-0

Ilustración de tapa: Gentileza de Alex Gomes en Unsplash.com

Diseño de tapa: Argus-*a*.

© 2021 José Luis Valenzuela

All rights reserved. This book or any portion thereof may not be reproduced or used in any manner whatsoever without the express written permission of the publisher except for the use of brief quotations in a book review or scholarly journal.

Editorial Argus-*a*
16944 Colchester Way,
Hacienda Heights, California 91745
U.S.A.

Calle 77 No. 1976 – Dto. C
1650 San Martín – Buenos Aires
ARGENTINA
argus.a.org@gmail.com

Para Guadalupe Suárez Jofré, Miriam Corzi,
Facundo Cersósimo, Daniel Acuña Pinto
y Javier Santanera

A Sebastián Fanello,
director del grupo teatral
cuyo nombre inspiró el título de este libro.

ÍNDICE

Prefacio	i
Introducción	1
Este no es un libro de historia	*1*
Devenir inolvidable.	**23**
Cosas y palabras atadas con alambre	*23*
La blanda jaula del pelotero	*26*
Una paciente oruga teje su capullo	*31*
La bestia y su frágil cazadora	*36*
Labores de punto de un pequeño dios	*39*
Primero hay que saber sufrir…	*44*
La querella de las pelucas empolvadas	*51*
Picadillo de carne	*59*
Partir sin comprar boleto de vuelta	*66*
Todo el mar se agota en una gota	*72*
Como goza un ave fénix	*80*
El mito de la caverna	*87*
Deberse al público	**93**
Algo nos imagina	*93*
Ponerse en forma	*98*
Tentación de abismos	*107*
Bienaventurados los inocentes y los desahuciados	*116*
La televisión me dice que soy muy intenso	*125*
Beberse al público	**137**
Cómo ganar perdiendo	*137*
Cómo salir airosos de una cita a ciegas	*143*
Cómo inventar un mundo (y dejarse inventar por él)	*146*
Cómo se soporta una ausencia	*155*
Cómo aventurarse en otros mundos	*163*
Cómo pasar caminando de un islote a otro	*168*
Cómo escribir, escribirse e inscribirse	*177*
Cómo cazar gatos negros en habitaciones oscuras	*185*
Cómo abrir senderos en la niebla	*195*
Cómo convivir con seis tigres	*206*
No sabes lo que tienes hasta que te obligo a mostrarlo	*215*
Cómo convertirse en un sádico admirable	*222*

Cómo enloquecer a los actores   *231*
¿Cuánta tiranía eres capaz de soportar?   *240*
Cómo habitar un iceberg bullente   *247*
Cómo trabajar de espectador ad honorem   *257*
El personaje es un tigre de papel   *265*
Trampas para ojos   *273*
Cómo beberse al público   *281*
Las palabras y las cosas seguirán atadas con alambre   *292*

Referencias   **305**

PREFACIO

Si la estética concibe el arte desde el punto de vista de quien lo consume, de quien espera recibir de él la experiencia de lo bello o de lo sublime kantiano, el artista podrá quizá inferir de esa estética las demandas que sus públicos le formulan, pero difícilmente hallará en ella las herramientas concretas que le permitirían satisfacerlas.

Para dar respuesta a esos pedidos tácitos o manifiestos, quien produce arte habrá de ampararse más bien en una *poética*, en un saber que le informe sobre los modos y los medios por los cuales sus antecesores han salido airosos del difícil desafío de complacer, seducir o escandalizar a sus respectivos públicos. Tal como lo indica la etimología del término, la poética piensa el arte desde la perspectiva de sus productores, pero no lo piensa especulativamente sino de una manera operativa, por así decirlo.

Pero, ¿qué demandan del arte –o del teatro, para hablar más específicamente- sus consumidores actuales o potenciales? Algún indicio de ello nos viene de esos espectadores ilustrados llamados "críticos", de esos profesionales que dicen opinar, analizar, juzgar y exigir en nombre de multitudes de receptores silenciosos. Es claro, sin embargo, que aun las demandas de los públicos interpretadas por los críticos no sirven de guías confiables a los artistas –o a los teatristas- en el momento de producir obras que se hagan eco o contradigan en diversos grados las "necesidades" de sus espectadores.

Dicho de otro modo, los realizadores deberán traducir a otra lengua –la lengua de los productores- ese discurso crítico que se dice representante de los gustos o preferencias del público. Y, como en toda traducción, algo (o mucho) de la sustancia inicial habrá de perderse. No obstante, los teatristas están obligados a sustituir un punto de vista *estético* por un punto de vista *poético* a fin de cumplir la tarea asumida.

Insisto aquí en que ese desplazamiento supone un cambio de lenguajes, en que esa inversión de perspectivas implica la adopción de unas gramáticas instrumentales, aliviadas de ornamentos e inclinadas a la austera prescripción de la fórmula, aunque el destino de tales gramáticas sea el de verse transgredidas. Si la lengua del crítico –y del público que supuestamente lo secunda- es aquella que presta nombres y adjetivos a la experiencia estética, la lengua del teatrista se despliega más bien en operaciones secuenciadas, en articulaciones y desarticulaciones con efectos morfológicos, en encadenamientos o conexiones entre cuerpos vivos e inertes, entre cuerpos actuantes y enunciados, entre textos y subtextos… Brevemente expresado, el teatrista enhebra sus esfuerzos técnicos en una *lógica compositiva* que progresivamente engendrará ese objeto tal vez apetecible que un Público incógnito aguarda en las penumbras.

En vano emprenderemos laboriosas encuestas, pues nunca sabremos con certeza si esos espectadores esperan de nosotros, teatristas, la restauración de sus utopías o la representación esclarecedora o crítica de las aspiraciones, certezas y aflicciones que atraviesan sus vidas públicas o privadas. No sabremos si esperan de nosotros el placer sensual que se les retacea en otros territorios de sus experiencias, el displacer ominoso de una belleza contrariada o un empujón hacia afectos aún no sentidos y voces aún no escuchadas. Lo que el Público quiere de nosotros estará siempre envuelto en nebulosas y escapará por lo tanto a cualquier intento de dominar técnicamente sus reacciones. Los buenos consejos de la técnica sólo acompañarán al teatrista hasta el momento en que su obra esté a punto de ser expuesta; luego vendrá la zambullida en un campo de deseos que, sin embargo, ya había estado sujetándolo desde su primer día de ensayo.

La translación de la lengua estética a la gramática estricta de la poética conlleva simplificaciones, claro está. Los incontables "ismos" (naturalismo, expresionismo, surrealismo, futurismo…) que jalonan la historia de la actuación y los discursos críticos que se les asocian, rara vez son categorías a tener en cuenta por los realizadores de una obra. Estos últimos parten más bien de unos pocos trazos inciertos, precarios, tal vez impulsivos o trémulos, prometedores de futuras precisiones y acechantes de consistencias. El progreso del garabato hacia la obra, de todas maneras, reclamará cierta lógica compositiva que los teatristas aplicarán a sus gestos, sus acciones, sus reacciones y sus decires aun en la más silenciosa de las complicidades de trabajo.

En el momento de tornar explícitas tales articulaciones y dar paso a cierto anhelo de sistema, los "ismos" pueden regresar por la puerta trasera, pero esta vez agrupados en el exiguo ramillete de opciones constructivas que nos han legado los dos últimos siglos de actuación teatral en Occidente. Para introducir un poco de orden en esa herencia, podríamos, por ejemplo, definir el espacio de las actuaciones contemporáneas como engendrado por tres ejes a los que denominaríamos "realismo", "simbolismo" y "dadaísmo", sin que esas etiquetas designen forzosamente los movimientos homónimos que la Historia del Arte (y de la Actuación) ha identificado desde una perspectiva estética a partir del siglo XIX europeo y norteamericano.

Cuando en los párrafos del libro que el lector tiene ante su vista se mencione el realismo, no deberá entenderse por tal un intento de presentar en la escena la imagen de un mundo reconocible o potencialmente habitable por el espectador que la contemple, sino que ese realismo será aquí la lógica compositiva que conecte los significantes escénicos (tan variados y heterogéneos como se quiera) de modo tal que las leyes de funcionamiento del mundo representado se muestren con la claridad y la coherencia suficiente como para que el público pueda inferir sin ambigüedades, desde la pequeña porción que la imagen escénica le muestra, la totalidad "fuera de cuadro" en que esa porción se inscribe. La poética teatral realista clásica responde, por lo tanto, a la lógica de la *metonimia* y su matriz es la de un relato puesto en tensión por fuerzas ficcionales francamente antagónicas.

En las poéticas simbolistas surgidas en Europa en la penúltima década del siglo XIX, la representación se subordina a la lógica de la metáfora, entendida ésta como una fulguración discursiva que, a través de una brecha de sentido abierta en el mundo representado, da paso, dentro de la representación misma, a otros mundos posibles que les son a la vez inaccesibles y co-presentes. Es decir que, mediante una inesperada fulguración en la línea discursiva que describe ante el espectador un mundo verosímil, la metáfora deja adivinar, sobre un eje paradigmático transversal, el despliegue de otros mundos posibles que discurren simultánea y paralelamente al que se nos venía mostrando en primer plano, por así decirlo. Las poéticas simbolistas toman sus matrices de la música y se benefician de las innovaciones compositivas transitadas por esta última desde el siglo XIX, mientras que las actuaciones afiliadas a esa lógica se nutren de la danza y de los procedimientos del teatro de títeres.

Finalmente, el informalismo plástico y literario que irrumpe con Dada en la segunda década del siglo XX, abre incontables líneas de fuga en el plano de la representación teatral y se instala como la tercera lógica fundamental que dará sostén a las actuaciones de las décadas subsiguientes. Dado el adelgazamiento y la casi desaparición del objeto artístico en beneficio del contexto (material e institucional) en que aquél se sitúa, la lógica dadaísta se aplicará más bien a los comportamientos del grupo de espectadores participantes, induciendo en ellos respuestas pulsionales ante las provocaciones de la performance o empujándolos hacia un grado cero del sentido, desde el cual toda significación incipiente correrá por cuenta del observador. Del lado de los *performers*, los encadenamientos de acciones y gestos propios de las poéticas representacionales serán intempestivamente fulminadas por "pasajes al acto", es decir por comportamientos físicos o verbales cuyos "por qués" se hunden en lo impronunciable sin que, no obstante, los sujetos afectados puedan sustraerse a sus consecuencias.

Demás está decir que la gran mayoría de los espectáculos y las actuaciones contemporáneas combinan en diversas medidas y proporciones las tres lógicas compositivas aquí mencionadas. Pocas veces habremos de verlas operar en estado puro y excluyente, pues estas poéticas básicas habrán de funcionar en fuerte entrelazamiento con las líneas de fuerza de los campos estéticos en que las obras son recibidas: las sensaciones y los sentidos atribuidos modelarán y modularán en diversos grados las estrategias compositivas aun desde los primeros momentos compartidos por los artistas en el salón de ensayo.

Bye-Bye Stanislavski? es una aproximación –inevitablemente parcial- a lo que considero como el punto culminante alcanzado por las poéticas actorales realistas que anteceden y que suceden a la obra pedagógica del maestro ruso. En las páginas de este libro se recorren -sin conclusión definitiva, pues los escritos stanislavskianos son inagotables- aspectos de la labor del director del Teatro de Arte que frecuentemente son soslayados por quienes buscan en los textos del Maestro respuestas técnicas –y aun recetarios de uso sencillo- a los problemas de la actuación. Frente a esas impaciencias, será pertinente señalar que en "el trabajo del actor sobre sí mismo" el aprendizaje técnico era sólo una propedéutica en cautelosa espera de una "vivencia" que sólo cabía situar más allá de toda representación.

Actualmente dedico buena parte de mi tiempo a la escritura de los otros dos textos que completarían este provisorio recorrido de lo que estimo son las poéticas básicas de las actuaciones de nuestros días. En el desarrollo de esta trilogía, las obras de otros maestros servirán de emergentes y de ilustraciones concretas de las lógicas compositivas mencionadas más arriba, y espero ver concluido en un período razonable este esfuerzo ensayístico que he venido demorando durante más de una década.

INTRODUCCIÓN

ESTE NO ES UN LIBRO DE HISTORIA

I

¿Es Stanislavski nuestro contemporáneo? Cualquier intento de respuesta nos llevaría de inmediato a otras preguntas. Por ejemplo, ¿qué queremos decir con "contemporáneo"? Con leves modificaciones, este ha sido el título de la recordada clase inaugural de Giorgio Agamben en la Escuela de Arte y Diseño de Venecia en 2006 (Agamben 2010).

El solo hecho de interrogarnos en estos términos supone que cualquier respuesta obvia debe ser dejada de lado. Y es así como procede el pensador italiano: para Agamben nada es menos contemporáneo que limitarse a seguir la corriente de los tiempos que nos toca vivir. Algo pugna en el presente por hacerse ver a la vez que se aleja de nosotros más rápidamente que la luz. Algo nos grita mientras huye a una velocidad mucho mayor que la del sonido. Con estas imágenes tomadas de la astrofísica, el filósofo nos advierte sobre la necesidad de volvernos activamente receptivos de lo que se nos presenta aquí y ahora como silencio y oscuridad. Sólo esa sensibilidad agudizada nos haría contemporáneos de nuestro tiempo.

Por lo tanto, la contemporaneidad no es automática ni evidente. Como tampoco es evidente a qué nos referimos cuando nombramos a Stanislavski. No recorreré aquí la lista de los innumerables Stanislavskis que no han cesado de producir la crítica, la academia y la práctica teatral desde las primeras décadas del siglo pasado. El maestro ruso ha corrido, claro está, la suerte de los clásicos, es decir la de haberse multiplicado en tantas versiones de sí como comentaristas o discípulos se han acercado a su palabra escrita y aun a su enseñanza directa. Pero nada hay que lamentar si el "verdadero Stanislavski" ha quedado sepultado bajo un cúmulo exegético pues —demás está decirlo- no se trata de qué *quiso* decir determinado autor, sino de qué *nos dice* su escritura y de qué podemos decir y hacer *a partir* de ella.

Como he sugerido en algún artículo volátil (Valenzuela 2010), sólo se trata de poder *continuar un trazo* que otros han dejado, incluso involuntariamente y sin destinatario explícito. Si las luces y los sonidos de lo contemporáneo se nos escapan a una velocidad inalcanzable, sólo nos queda ser receptivos a sus huellas, sólo subsiste la tarea detectivesca de intuir las fuerzas y los pensamientos que han marcado una materia –tangible o significante- que hoy está aún a nuestro alcance. Pero nadie sabe hasta qué punto las voces y los destellos intuidos provienen del propio observador/lector y hasta dónde son atributos de la huella misma. Es así que la indagación –es trivial repetirlo- nunca dejará de ser reflexiva, especular, perturbada y trastocada por el indagador.

*

En nuestro oficio, todo es continuación de huellas: actores que reviven en sus gargantas y labios los trazos verbales dejados por un autor en la página, directores y directoras que prosiguen en su dramaturgia escénica las huellas elocutivas o gestuales dejadas intencional o accidentalmente por los actores y actrices durante los ensayos, actores que continúan en sus cuerpos y en el espacio los trazos dejados por el decir y el hacer de otros actores, críticos que continúan en su libreta de notas los trazos que deja la escena en su sensibilidad...

¿Quiere esto decir que el rastreador, el cazador de huellas debe tener una imaginación tan frondosa como le sea posible, de modo de llevar muy lejos, en su propio territorio asociativo, las resonancias de unas marcas ajenas? Esa imaginación fértil podría suscitar en el escudriñador unos ecos semánticos y plásticos, podría quizá renovar en él aquellas fuerzas y esos flujos que ayer dejaron ciertas marcas y que hoy están ausentes. Pero la cuestión no consiste solamente en revivir unas potencias anónimas dormidas en los trazos, sino también en saber dirigirlas, de manera tal de encadenar itinerarios que a su vez sean fecundantes de otras continuaciones posibles.

Vale decir que el problema es el de *ligar de otro modo* aquello que ya ha sido trazado. Y es en ese *otro modo* de ligar donde el receptor deja su marca, pues, carentes de ataduras, las imágenes serían pronto llevadas por el viento. Se trata entonces de recombinar de otra *forma* tanto lo ya trazado como lo que esos trazos agitan en quien los recibe; se trata de enhebrar en otros hilos ese revuelo de asociaciones de propietario incierto.

La posibilidad de que la continuación de un trazo sea a su vez susceptible de prosecución es, por lo tanto, más un problema de formas que de contenidos. Podemos aventurar entonces que cuanto más abundante y heteróclito sea el repertorio de formas transitadas y "hechas carne" por el artista, más inesperadas y cautivantes podrán ser sus respuestas a las provocaciones de unos trazos extraños. Esos trazos, permítanme insistir, son dejados por unas fuerzas y unos flujos ya ausentes que, como tales, son irrecuperables y carecen de rostro. (Y para que esta pérdida tenga lugar, no hace falta que entre la marca y su continuación medie un tiempo mensurable: mientras están dejando sus huellas, las fuerzas y los flujos están ya ausentándose).

Una vez rearticulada una herencia, algún observador puede preguntarse qué intención guiaba al artista en su puesta-en-forma de cierta imaginería tumultuosa que lo inquietaba. Será ésta, claro está, una indagación que abriría la puerta a conjeturas sin visos de contrastación concluyente: nadie podría decir con certeza, careciendo de otros datos que no sean los de la pura contemplación, qué ha sido intencionalmente expresado en una obra dada y qué es lo que en ella se manifiesta al margen y a pesar de todo propósito consciente. Pero se pueden sopesar efectos de recepción, evaluar las consecuencias semánticas, afectivas o aun pulsionales de determinadas creaciones artísticas y, sobre todo, detectar qué clase de *construcciones formales* pudieron dar lugar a esos efectos.

**

Se ha dicho incontables veces que el teatro ha sido "síntesis de artes" antes de ser un espacio abierto híbrido e indefinidamente transitable en que se habría borrado toda frontera a priori entre "lenguajes", medios y materias antes compartimentadas. En cualquier caso, la escena teatral convoca gramáticas y reglas compositivas oriundas de la plástica, de la música y de la literatura, por nombrar sólo a las integrantes más conspicuas de una vieja taxonomía de la expresión. Tales artes fueron consolidando, a lo largo de los siglos, matrices formales y lógicas combinatorias que respondían eficientemente a las propiedades y las limitaciones de los materiales disponibles, a los problemas de composición a resolver y a los destinos previstos para sus obras. No debería extrañarnos entonces que un arte de aparición relativamente reciente, tal como el de la dirección escénica, se valiera de los modelos de composición largamente desarrollados y probados por disciplinas mucho más antiguas.

***

En 1808, el Burgtheater de Viena había creado el cargo de *Régisseur* adjudicándole la responsabilidad autoral de sus escenificaciones oficiales. En adelante, a quien ocupara ese lugar le cabría "cosechar en solitario tanto el honor como el deshonor en relación a la puesta en escena" (Terfloth 1976 83). Las funciones del *Régisseur* quedaban especificadas en estos términos: "la elección y la colocación del mobiliario, la distribución y el movimiento de los extras, los lugares para las entradas y las salidas, la secuencia de los actores, en resumen, todo lo que pertenezca a la escenificación" (Terfloth 1976 82).

Dado este marco general en que el director de teatro debía realizar su tarea coordinadora, puede decirse que Georg II, Duque de Saxe-Meininger funda la puesta en escena, hacia fines del siglo XIX, como una rama de las "artes del espacio" (si nos ubicamos en el punto de vista de los artistas) o como un "arte visual" (si nos colocamos del lado de los receptores), reproduciendo así una dicotomía en que recae toda práctica artística, a saber, la de la doble tarea de distribuir y conectar un conjunto de elementos heterogéneos (que en el arte escénico incluye unos cuerpos vivientes refractarios a cualquier in-formación rígida) y de dar a percibir las formas resultantes a un observador.

Georg II, pintor frustrado a causa de sus dificultades con el manejo del color, era sin embargo un excelente dibujante que diseñaba sus escenografías y sus vestuarios, establecía las posiciones de sus actores en el escenario y trazaba los movimientos de masas de sus figurantes. La organización espacial de la escena de los Meiningen estaba guiada por el propósito de dinamizar la imagen de conjunto ofrecida al público evitando la simetría, la monotonía distributiva, las direcciones paralelas o perpendiculares al proscenio, dando así preferencia a las alineaciones oblicuas de los planos, los objetos y los cuerpos vivos.

En suma, el *régisseur* buscaba dar vida a sus composiciones produciendo la impresión de que los elementos escénicos habían sido distribuidos "naturalmente" en el espacio, promoviendo así, en el espectador, la sensación de estar contemplando una "realidad". La dirección teatral nacía, de esta manera, como un arte "retiniano", para emplear aquí la expresión que Marcel Duchamp pondría a circular muchas décadas más tarde.

Si bien el ánimo realista de las escenificaciones de Georg II ya exigía que los "decorados" fuesen volumétricos, para André Antoine la escenografía tridimensional era, además, una suerte de corral ortopédico para corregir ciertos excesivos bríos actorales heredados de la declamación romántica. De hecho, el efecto de realidad que lograban las escenas de los Meiningen era menoscabado por unas actuaciones ampulosas y estatuarias que, en la Compañía, quedaban bajo la supervisión de Helene von Heldburg, esposa de Georg II.

Antoine entendía que esa grandielocuencia podía encauzarse más "naturalmente" si los actores, olvidando el arco que media entre el escenario y la platea, se movieran en el escenario respondiendo a los obstáculos y soportes brindados por un mobiliario, unos practicables y unas superficies sólidas que operaban como "cables a tierra" para cualquier exceso de energía pasional. El olvido de la platea podía reforzarse oscureciendo completamente la sala y haciendo del "decorado" tridimensional un recinto tangible sembrado de provocativos focos de interés sensorial tales como los famosos trozos de carne verdaderos colgados en una carnicería ficticia.

Pese a la atención prestada a la verosimilitud de los comportamientos escénicos, la dirección de Antoine seguía siendo un arte visual –virado hacia la arquitectura- que no se comprometía con la "interioridad" de los cuerpos actuantes. Admitiendo la difícil gobernabilidad y la intrincada psicología de los actores, el director francés prefería provocar iniciativas y reacciones psicofísicas espontáneas valiéndose de un cercado escenográfico que les erigía límites a la vez que les proveía un marco de sensaciones reales a las cuales responder.

En los espacios escénicos construidos por los colaboradores de Antoine resonaban las prescripciones de Émile Zola respecto del trabajo del escritor naturalista. Para el novelista francés, la tarea fundamental era la de construir minuciosamente y con todo detalle el mundo ficcional, para luego tomar nota de las acciones y reacciones de unos personajes en ese entorno concreto, tal como un biólogo observa las conductas de sus cobayos buscando comida dentro de un laberinto a escala. "Cuando la documentación esté completa, la novela se hará por sí misma. El novelista debe limitarse a ordenar los hechos de modo lógico", aseguraba Zola.

Para estos fundadores del arte de la escena, el texto dramático seguía siendo una referencia absoluta y una piedra de toque incuestionable: dirigir "es comprender con claridad la idea del autor, para explicarla con paciencia y precisión a los ansiosos actores", decía Antoine, agregando que "la dirección moderna debe desempeñar la misma función en el teatro que las descripciones en una novela" (Antoine 1987 28). El advenimiento de "este arte sutil y poderoso", sin embargo, no hubiera tenido lugar si la teatralidad clásica no hubiese dado paso a "un teatro que tomó en cuenta el nivel social y la vida diaria de sus personajes" (1987 29). Con Victor Hugo y Alexandre Dumas, "los actores debían comer en el escenario, dormir allí y sentarse en sus camas a soñar" (1987 29); en la dramaturgia de la segunda mitad del siglo XIX habían declinado, por lo tanto, las grandes batallas y los ímpetus trágicos, y ello, según Antoine, hacía necesaria la invención de "el arte de dirigir" (1987 29) a la manera de la descripción novelística.

La puesta en escena sería entonces la tarea de dar un cuerpo visible y tangible a una descripción literaria que no siempre es explícita en el texto escrito por un dramaturgo. Pero las hipertrofias descriptivas del Théâtre Libre reforzaban la naturaleza plástico-espacial de la dirección, limitando su temporalidad a la del movimiento de los actores y al tránsito de un cuadro escénico a otro. Bajo la influencia de Zola, las escenificaciones de Antoine se atascaban en el "realismo desilusionado" que György Lukács deploraría en su evaluación retrospectiva en la década de 1930.

Para el filósofo húngaro, la caída de los ideales revolucionarios tras la restauración aristocrática acontecida en Francia a mediados del siglo XIX había convertido el realismo épico de Balzac, Scott o Tolstoi en el naturalismo desencantado de Zola, Flaubert o los hermanos Goncourt. Lukács afirma entonces que "la alternativa narrar o describir corresponde a los dos métodos fundamentales de representación propios de estos dos períodos" (Lukacs 1965 53), y suscribe la apreciación de Paul Bourguet cuando éste sugiere, acerca de los Goncourt, que en ellos "lo significativo en un hombre no es aquello que hace en un momento de crisis aguda y apasionada, sino sus hábitos cotidianos, los cuales no denotan una crisis, sino un estado" (1965 60).

Según Lukács, la desilusión naturalista reflejaba una actitud ante el suceder histórico consistente en "registrar, sin combatirlos, los resultados 'acabados', las formas constituidas de la realidad capitalista, fijando solamente sus efectos, pero no su carácter conflictivo, las luchas de fuerzas opuestas que la habitan" (1965 83). De este modo, el énfasis en la descripción era propio de un novelista que invitaba a sus lectores a contemplar y *observar* la realidad en torno como un lento paisaje que evolucionaba ante sus sentidos según leyes en que no cabía intervención humana alguna. Lejos se estaba de los ímpetus transformadores de la Ilustración y de las primeras décadas del siglo XIX, tiempos en que los lectores eran invitados a *participar* en la historia en curso.

****

El segundo padre fundador que había recibido el influjo potente del Duque de Saxe-Meininger era Konstantin Stanislavski, teatrista expuesto, en la Rusia que transitaba entre dos siglos, al renacer de unas turbulencias revolucionarias que desembocarían en el primer Estado Soviético.

Entre 1915 y 1930, la escuela formalista de crítica literaria nacida en la efervescencia de las vanguardias artísticas del Este europeo había depurado el abordaje de los textos de toda justificación sentimental, psicológica o biográfica, sentando las bases del estructuralismo que sobrevendría algunas décadas más tarde.

Seguramente las ideas formalistas no le eran ajenas al ávido lector Stanislavski, y bien pueden haber influido en el "análisis activo" de la obra dramática que marcó las últimas fases de sus búsquedas artístico-pedagógicas. Se trataba, claro está, de una influencia que no desalojaría del todo esa "espiritualización" de la letra autoral por la cual el maestro ruso seguía proponiendo a sus actores que "encuentren un ángulo desde el cual puedan juzgar la obra, el mismo desde el cual logró el autor concebirla" (Stanislavski 1980 53). De ese modo, ya desde una primera lectura, los intérpretes podían seguir "la línea del desarrollo del espíritu humano, del organismo vivo del personaje y de toda la obra" (1980 194). Aún en los primeros años de la década de 1930, Stanislavski insistía en que "se debe ayudar al artista, desde el comienzo, a encontrar en el alma del personaje alguna partícula de sí mismo, de su propia alma. Enseñar eso significa enseñar a sentir nuestro arte" (194). Desde los comienzos mismos de su Sistema y hasta sus últimos días de trabajo, el director del Teatro de Arte no dejó de involucrarse en esa "interioridad" actoral que Antoine había preferido apartar de sus preocupaciones.

Asumiendo que un actor bien podría permanecer indiferente a las solicitaciones de la palabra del dramaturgo, el Maestro agregaba que

> En todas las circunstancias en que ni el arrobamiento total ni la identificación con el papel nazcan por sí mismos, luego del primer contacto con la obra, será necesario realizar una labor para preparar y crear el *entusiasmo artístico* sin el cual no es posible la creación. (Stanislavski 1980 194. Énfasis del autor)

Esa mediación preparatoria será, en su versión más afinada, el "método de las acciones físicas" con que concluye la obra pedagógica de Stanislavski.

Y es el concepto stanislavskiano de *acción* lo que inducirá un giro radical en "el arte de dirigir", sustituyendo el *paradigma pictórico* que guiaba las escenificaciones naturalistas de Antoine y las innovaciones de Georg II, por un *paradigma literario* en que el texto no sería sólo una materia viva en que se debía ingresar empáticamente, sino también una *estructura* conferida por el trabajo formal del dramaturgo y que los actores debían *reconstruir* en la escena.

Dotar de *estructura* al comportamiento escénico implicaba pasar del puro *movimiento* a la *acción* propiamente dicha, suponía instalar una *temporalidad dramática* intrínseca a la escena allí donde antes sólo se había logrado, en el mejor de los casos, mantener una continuidad narrativa entre episodios o cuadros en sucesión. La acción stanislavskiana refundaba así el oficio de dirigir, recuperando ese realismo épico que restituía un compromiso participativo en los espectadores, rescatándolos de la posición de puros observadores a que los había relegado el realismo descriptivo. La diferencia entre ambos modos de representación puede ilustrarse con un ejemplo que nos ofrece Lukács.

En "¿Narrar o describir?", el filósofo compara la descripción de un teatro efectuada por Zola en *Naná* con el procedimiento empleado frente al mismo objeto por Balzac en *Ilusiones perdidas*. Según Lukács, el teatro y la representación constituyen, para el primero de estos autores, "solamente el ambiente en que se desarrollan íntimos dramas humanos".

> La universal y compleja dependencia del teatro en relación con el capitalismo y en relación con el periodismo dependiente del capital; las relaciones entre el teatro y la literatura, entre el periodismo y la literatura; el carácter capitalista de la relación entre la vida de los actores y la prostitución abierta o disfrazada... [todo ello] aflora en Zola sólo como hechos sociales, como resultados, como *caput mortuum* de la situación. (Lukacs 1965 47)

La descripción de este telón de fondo estático requiere de Zola la superposición de un enunciado socio-político a la imagen dada a la contemplación del lector: "El director del teatro repite incesantemente: 'No diga teatro, diga burdel'". Es necesario "explicarle" al lector, con una frase como ésta, aquello que la situación retratada no alcanza a decirle por sí misma.

En *Ilusiones perdidas*, en cambio,

> Balzac representa el modo por el cual el teatro se prostituye en el capitalismo. El drama de las figuras principales es, al mismo tiempo, el drama de las instituciones en cuyo marco ellas se mueven, el drama de las cosas con que ellas conviven, el drama del ambiente en que ellas traban sus luchas y de los objetos que sirven de mediación a sus relaciones recíprocas. (1965 47)

Y Lukács establece aquí una progresión ampliamente pertinente para los procedimientos de la escena realista:

> Los objetos del mundo que circundan a los hombres pueden ser meros escenarios de la actividad y del destino de ellos. (…) [Asimismo] pueden ser instrumentos de esa actividad y ese destino o pueden ser —como pasa con Balzac- puntos cruciales de las experiencias vividas por los hombres en sus relaciones sociales decisivas. (1965 47)

Es precisamente la tercera posibilidad representacional la que Stanislavski inaugura al sustituir la idea de un marco estático para la acción escénica por unas "circunstancias dadas" cargadas de dinamismo, a la vez determinantes de y determinadas por los comportamientos actorales. La dupla indisociable conformada por la *acción* y las *circunstancias dadas* dota al suceder escénico de una dramaticidad inmanente que faltaba en los movimientos ejecutados por los actores dentro de las escenografías concebidas por André Antoine.

Si Antoine pudo ser "el Zola de la puesta en escena", Stanislavski habría sido "el Tolstoi de la dirección", por así decirlo. El realismo stanislavskiano deja de ser descriptivo desde el momento en que no necesita que un testigo signifique o "explique" la situación representada, a la manera del director del teatro retratado en *Naná*. Las circunstancias escenificadas por Stanislavski e interpretadas por sus actores son, por el contrario, *intrínsecamente elocuentes*, puesto que no sólo son instrumentos de la acción de los personajes, sino que pueden asimismo ofrecer una resistencia activa y proteica a las pretensiones de estos últimos.

Si, como sugería György Lukács, la descripción supone un lector/espectador contemplativo mientras que la narración, a medida que se torna más y más dramática, invade el cuerpo de ese receptor hasta casi arrancarlo de su asiento, puede entenderse que Stanislavski haya visto en la *acción* (concebida como un hacer dotado de una estructura particular, insisto) el vehículo para que los actores y los espectadores lleguen a *vivir* la escena en lugar de limitarse a contemplarla. La forma narrativo-dramática de la acción se le aparecía al Maestro como un decisivo "embrague" mediador entre el actor y sus circunstancias, así como entre la escena y el público.

En muchos de sus textos, el director ruso nos da a entender que la "creación de la vivencia" escénica reclama un trabajo técnico (una "psicotécnica") para el cual el Sistema ofrecería las herramientas pertinentes. Sin embargo, esa vivencia –que en Stanislavski constituye el horizonte y el cenit del arte actoral- es, como intentaré mostrar en las páginas de este ensayo, una línea de fuga en la maquinaria técnica de la representación realista. La insistencia del Maestro en que no se trata de "representar" sino de "vivir", con todos los equívocos psicologistas y mistificantes que ello acarrea, problematiza a su modo la tensión contemporánea entre ofrecer al espectador una *imagen* (contemplable e interpretable y, en esa medida, inofensiva) del hacer humano en la escena o, por el contrario, empujar a ese espectador fuera de su "zona de confort", haciéndolo transitar una experiencia "de primera mano", singular, irrepetible e intransferible, en que lo Real indómito podría abrirse paso por entre los velos de una realidad técnicamente reproducible.

II

La eficacia y los límites del método stanislavskiano de las acciones físicas se sostiene en una hipótesis fundamental: el texto dramático siempre puede ser abordado y reescrito en la escena como una *novela comprimida*. Los diálogos que el dramaturgo nos da a leer son islotes de acción verbal debajo de los cuales se oculta el zócalo sumergido de una narración mucho más extensa. Antoine también lo había presentado, y por eso adjudicaba a la dirección escénica la misión de restituir a la letra la dimensión descriptiva que el autor sólo podía entregarnos muy abreviadamente.

Para el mentor del Théâtre Libre, parecía obvio que el cumplimiento de esa tarea *suplementaria* respecto del texto escrito inscribía el naciente oficio de dirigir en el territorio de las artes plástico-arquitectónicas. Eso significaba que, en el momento de establecer los principios de composición –es decir, la morfología y la gramática- de la puesta en escena, el director debía aprender del dibujante, del pintor, del escultor y del arquitecto. Y respecto de la dirección de actores, se trataba de imitar a ese biólogo empeñado en lograr que un ratón, corriendo por los pasadizos de una construcción laberíntica, aprendiera a encontrar el camino hacia su trozo de queso.

El giro stanislavskiano consistió en pensar la escenificación no como el suplemento plástico de un texto ya escrito, sino como una *reescritura de la letra autoral por otros medios*. El director stanislavskiano es, pues, un *literato de la materia*, tanto de las materias vivas actuantes como de las materias tangibles que dialogan con los comportamientos escénicos. Stanislavski no *suplementa* lo ya escrito, sino que escribe en y con los cuerpos *otro texto* que sin embargo mantiene con el primero una relación subordinada, exegética, cabría decir. Por lo tanto, el maestro ruso debía "fisicalizar" los mecanismos descriptivos y narrativos que hacen funcionar y dan vida a la obra dramática en tanto que palpitante organismo de palabras. Describir y narrar eran para él las "fuerzas motrices" de la vida del texto, y el método de las acciones físicas debía reactivar esas fuerzas en la materia escénica.

*

En su aplicación estricta, el método stanislavskiano debería someterse a una dramaturgia realista, lo cual no impediría sus usos localizados, diversamente acotados, en fragmentos narrativos de escrituras que, a escala de la obra completa, se apartan de dicha poética.

No obstante, mientras el método de las acciones físicas se edificaba y maduraba en las primeras décadas del siglo pasado, otras dramaturgias habían obligado a reinventar el arte de la puesta en escena desde supuestos formales diferentes de los que habían cimentado la representación realista. Y, si leemos atentamente a Lukács, quizá quedemos convencidos de que esas nuevas dramaturgias eran la consecuencia de la hipertrofia descriptiva que el filósofo húngaro reprochaba a la literatura posterior a la Segunda república francesa.

**

No es difícil coincidir con Fredric Jameson cuando éste, movido por los hálitos de Bajtín y Auerbach, entiende que la construcción realista queda definida por la ilación *narrativa* de una pluralidad de materiales heterogéneos y que ese engarce variopinto está siempre amenazado desde dentro por una disolución "pictórica" del relato. El crítico norteamericano sostiene que

> lo opuesto a la temporalidad cronológica del relato lineal [característica del realismo como forma pura de contar] tiene que ver con un presente, aunque sea de un tipo diferente de presente que el marcado por el sistema temporal tripartito de pasado-presente-futuro, e incluso por el antes y el después. Calificaré ese presente –o lo que Alexander Kluge denomina la "insurrección del presente contra las demás temporalidades"- como el reino del afecto. (Jameson 2018 58)

Jameson llama "impulso escénico" a esa fuerza presentificadora intrínseca al realismo, a la vez que la sabe refractaria a toda narración, y advierte que ese impulso, al que Lukács le habría achacado un anegamiento descriptivo,

> detectará a sus enemigos en la jerarquía de personajes que pueblan el cuento, el cual difícilmente puede concebirse sin protagonista. En particular, batallará contra las estructuras del melodrama (por las que se ve incesantemente amenazado). Su batalla final se desarrollará contra el predominio del punto de vista que parece mantener controlados los impulsos afectivos y asumir la capacidad organizativa de una conciencia central. (2008 59)

Tal es, justamente, el ímpetu disolvente que anima a las dramaturgias simbolistas surgidas en los últimos lustros del siglo XIX. El "teatro estático" de autores como Maurice Maeterlinck descreía de la acción y de sus poderes transformadores, dando lugar a obras de una laxa narratividad, demoradas en lo que parecía ser la larga descripción de un estado de cosas devenido eterno. El desencanto desolado, la vanidad de toda lucha y aun de todo proyecto, vivenciados por una Europa cansada de revoluciones traicionadas por sus propios gestores y beneficiarios, parecía alcanzar en el simbolismo su traducción literaria más extrema.

***

Si la mímesis del absoluto desamparo habría de permanecer en el campo de la palabra, ésta debía hallar o recuperar sintaxis por completo diferentes de las gramáticas realistas (que aparecían retrospectivamente como sometidas a una poética del optimismo del hacer) o bien resignarse al absoluto silencio. La dramaturgia simbolista ponía en crisis esa conexión cuasi-causal entre sucesos y acciones encadenadas que entregan su significado pleno en el momento del desenlace o punto final, tras haber ido ofreciendo significaciones parciales y provisorias a lo largo de la trama.

Disolver el relato realista, decir el vacío en que se funda toda agitación humana, implicaba por lo tanto conmover el régimen del signo, desprender los significantes de esos significados que prestamente suturan la angustiosa brecha por donde se cuela la intuición de que las imágenes y los sonidos nada quieren decirnos. Los poetas ya habían experimentado largamente con esas desujeciones y reasignaciones de los significantes, de modo que al teatro simbolista sólo le restaba asumirse como "drama poético", restaurando la metáfora allí donde la prosa realista había entronizado la metonimia.

Desentendido de la obligación de entregar significados inmediatos, el significante podía reivindicar su materialidad sonora y ordenarse según los dictados de un ritmo o aun de una línea melódica. Pero la liberación del significante no sólo comprometía al signo y a las microestructuras del lenguaje, sino también a la frase y aun a las estructuras dramáticas más abarcadoras (recordemos la señalada homología entre el relato como gran frase y la frase como pequeño relato). La organización del drama podía entonces abandonar los patrones estrictamente literarios y adherir a la música de manera consciente y preponderante. Así veremos a Strindberg, por ejemplo, ordenar la textualidad de su "teatro de cámara" siguiendo la forma sonata sancionada por Haydn.

(Se habrá advertido que he puesto un autor rotulado como "expresionista" bajo la sombra del simbolismo. Ello se debe a que he dejado de lado la perspectiva crítica e historiográfica que puebla de "ismos" el devenir de las artes para afirmar en cambio el punto de vista de la *poiesis* de las obras, ámbito donde la periodización no depende de los efectos de recepción sino de los recursos movilizados en la producción del objeto estético. De esta manera, la dramaturgia simbolista moderna comenzaría poco antes de terminar el siglo XIX y se extendería, por lo menos, hasta el mal llamado "teatro del absurdo", y nada nuevo estaría diciendo si evocara aquí, en favor de mi argumento, el notable diálogo que sostiene *Los ciegos* de Maeterlinck con *Esperando a Godot* de Beckett).

****

Ahora bien, ¿cómo llevar a escena esta dramaturgia de "atmósferas" sin antes ni después, estos paisajes donde todo protagonismo —y aun toda identidad personal- tiende a difuminarse?

Entendiendo que los textos de Maeterlinck reivindicaban su intrínseca irrepresentabilidad y que el autor abominaba la carnalidad demasiado real de los actores, Paul Fort y Aurélien Marie Lugné (Lugné-Poe) inmovilizaban a los intérpretes, proponiéndoles, en todo caso, lentos desplazamientos mientras recitaban de un modo neutro y regular las palabras del dramaturgo. Las luces se atenuaban para favorecer la ensoñación del público, mientras la música, la iluminación coloreada y los perfumes difundidos en la sala acompañaban un acunamiento del espectador.

Años más tarde Vsevolod Meyerhold, al escenificar a Maeterlinck, trataría de despertar a la platea con su "teatro de la convención consciente", donde el actor debía abrevar en la frondosa herencia de la danza para construir una "música plástica" y donde la superficie significante debía dejar espacio para un fondo oscuro que las palabras no podían profanar. El paradigma musical había desplazado, en la galaxia simbolista, al modelo literario que seguía amparando al realismo.

Más tarde, la biomecánica circense proveería potentes microestructuras para organizar la gestualidad desemantizada de los actores de Meyerhold. Pero fue necesario que Sergei Eisenstein diera forma a su "pensamiento en imágenes" a través del *montaje metafórico* para dotar de una gramática a la composición simbolista de la escena. Es la fértil conjunción de los aportes de Meyerhold y de Eisenstein lo que permitirá afirmar la poética simbolista en una escenificación cuya *lógica compositiva* será radicalmente diferente de la que había dado sostén a la representación realista. (No nos dejemos engañar por la periodización historiográfica convencional: las abstracciones del constructivismo ruso no hicieron otra cosa que llevar al límite la desemantización de los significantes y la "musicalización" de las formas ya autorizadas por la lógica simbolista, y otro tanto puede decirse del teatro de Oskar Shlemmer en la Bauhaus, por ejemplo).

*****

No obstante, el realismo desencantado de los discípulos de Émile Zola contenía el germen de una tercera poética de la escena que daría sus inquietantes frutos recién en la segunda década del siglo XX.

Es sabido que André Antoine, convencido de que la puesta en escena moderna debía desempeñar en el teatro "la misma función que las descripciones en la novela", no vacilaba en instalar objetos reales en un espacio que los actores podían habitar y vivenciar como si se tratara de sus propios hogares. Pero al rememorar las audacias del naturalismo teatral, los historiadores suelen insistir en la mención de la auténtica pieza de carne vacuna colgada en el escenario de un gancho de carnicero, lo cual nos da un indicio de que el público del Théâtre Libre pudo haber asistido, en esa ocasión, a un exceso descriptivo, como si esa carne expuesta –a punto de convocar quizá algunas moscas a su alrededor- hubiese agujereado de pronto la inofensiva trama de la ficción escénica, horadándola traumáticamente.

Acostumbrados a contemplar en los escenarios una transposición *sublimada* de la vida cruda, aquellos espectadores vestidos con la elegancia que la ocasión merecía, debieron preguntarse si hacía falta exponer esa materia rápidamente corruptible para denotar una carnicería, cuando hubiese bastado con vestir a uno o dos figurantes con delantales salpicados de manchas púrpuras, por ejemplo. La carne colgada, en cambio, no sólo habría exhibido una obscenidad inaudita, sino también la impertinencia de un peñón en medio de una pista de carreras. Su equivalente literario serían esas

> anotaciones escandalosas (desde el punto de vista de la estructura) (…) que parecen proceder de una especie de lujo de la narración, pródigas hasta el punto de dispensar detalles "inútiles". (…) La anotación insignificante (tomando esta palabra en su sentido fuerte: aparentemente sustraída de la estructura semiótica del relato) (…) subraya el carácter enigmático de toda descripción. (Barthes 1987 211-212)

Las incrustaciones de materia cruda en la representación escénica, esos atrevimientos con que Antoine buscaba estimular a sus actores para que olvidaran el agujero negro que se les abre al otro lado del proscenio, no eran una profundización del realismo sino su abolición, su caída en la inutilidad narrativa, en el alarde escandaloso e injustificable de la cosa gratuitamente desnuda de valor estético y redundante de significación. Brevemente dicho, el director del Théâtre Libre anticipaba involuntariamente, en algunos lustros, las provocaciones de los dadaístas del Cabaret Voltaire.

******

Una brevísima distancia media entre el "detalle *insignificante*" engastado en la escena naturalista y la neutralidad *a-significante* de la materia áspera e inclemente investigada por el informalismo plástico de ascendencia dadaísta. Por otra parte, de haber sido menos inquietante aquello que la asociaba a la descomposición y a la muerte, ¿no habría ostentado esa pieza de carne colgada en un escenario teatral la misma presencia ofensiva que un anticipado *ready-made*? Así como el urinario de Marcel Duchamp resquebrajaba las solemnes imposturas de una Institución Arte ya encadenada a la lógica del Mercado, el naturalismo de Antoine había activado sin querer el artefacto explosivo que pulverizaría la idea misma de representación artística –tanto realista como simbolista- en la segunda década del siglo XX.

Allí, en el escenario del Théâtre Libre, el teatro representacional estaba a punto de colapsar, inaugurando una nueva lógica compositiva y proponiendo a los espectadores una experiencia de muy otro orden que aquellas a las que estaba acostumbrado. Sólo faltaba, para que la representación entrara en una crisis radical, que la Primera Gran Guerra asestara su golpe definitivo a cualquier esperanza puesta en una Cultura ya inocultablemente letal para toda construcción que no fuera la de las tasas de ganancia.

La pregunta por el "querer decir" de la obra, al perder su asidero del lado del escenario y de su "más allá" semántico, empezaba a revertirse sobre la platea, y el receptor bien podía sospechar que se estaba dejando de experimentar sobre el objeto artístico mismo para hacer de sus propias percepciones, sensaciones, prejuicios y pulsiones el campo de pruebas del arte por venir.

****

Si la lógica compositiva del realismo teatral se refugiaba en los modelos provistos por las estructuras de la prosa literaria (pues la escena debía, ineludiblemente, narrar), si la composición dramatúrgica simbolista se beneficiaba del extenso bagaje formal de la música de todos los tiempos y la escena podía seguirle el paso gracias al montaje eisensteiniano, la naciente poética dadaísta retomaba el paradigma de unas artes plásticas trastocadas ya por el post-impresionismo y esparcidas por las vanguardias de comienzos del siglo pasado en terrenos de ilimitada hibridez y fertilidad artísticas.

Pese a las muchas décadas que nos separan de las bufonadas de Tristan Tzara y las astucias conceptuales de Duchamp, se diría que hace un siglo se sentaron las bases de las tres lógicas de composición fundamentales que aún hoy se despliegan, como un exiguo teclado de inagotable productividad, frente al director de escena contemporáneo. Cabe postular que todo espectáculo concreto –independientemente de las tonalidades e inflexiones estéticas que nos dé a percibir– deriva de la imbricación en diversos grados y proporciones de esos tres regímenes formales básicos.

****

En el vasto intento de empezar a validar esta hipótesis, dedicaré las páginas que siguen a la exploración del paradigma realista tal como lo abordaba Kostantin Stanislavski. Lejos de cualquier pretensión de exhaustividad ante una obra tan densa y potente como la del maestro ruso, insistiré sobre todo en el entramado técnico y metodológico que ofrecía a sus actores a la vez que esperaba de ellos un desempeño escénico deslumbrante, de pronto desembarazado de toda ortopedia procedimental.

Si persistimos en la pregunta por la contemporaneidad de Stanislavski, podemos decir que el director del Teatro de Arte de Moscú propuso a las actuaciones una estructura narrativo-dramática, dando así mayor economía y eficacia a unos comportamientos escénicos que hasta entonces costaba distinguir del mero movimiento. A Partir de Stanislavski es posible precisar el tipo de conducta física o verbal que propiamente podemos llamar acción, con benéficas consecuencias en la transmisión pedagógica de las técnicas actorales.

Simultáneamente, el maestro ruso entreveía, en esa estructuración que fácilmente podía resultar excesiva, una posible línea de fuga llamada "vivencia", capaz de horadar esa envoltura siempre protectora –tanto de los intérpretes como de los espectadores- instituida como representación teatral. Entre la estructuración metódica de los comportamientos y la búsqueda del acontecimiento vivencial, los aportes stanislavskianos se sitúan en un punto de consolidación del realismo escénico a la vez que constituyen su más productiva puesta en crisis.

Si el tiempo y las fuerzas me autorizan y me animan, en un futuro más o menos cercano tentaré, en volúmenes subsiguientes, similares incursiones en las actuaciones in-formadas por el simbolismo (por la vía de Vsevolod Meyerhold y Sergei Eisenstein) y por el dadaísmo (a través de la puerta entreabierta por Tadeusz Kantor y diversamente anunciada por Tristan Tzara, Marcel Duchamp, Alfred Jarry y Antonin Artaud).

DEVENIR INOLVIDABLE

COSAS Y PALABRAS ATADAS CON ALAMBRE

Con una frecuencia tal vez excesiva suele aludirse a la escenificación teatral como a un *dispositivo,* sin llevar demasiado lejos las consecuencias conceptuales de tal designación. El pensamiento contemporáneo atribuye a Michel Foucault la introducción técnica de este término en la jerga filosófica y, cuando interrogamos sobre su definición, se nos remite a una entrevista de 1977, realizada al filósofo por un grupo de psicoanalistas y originariamente publicada en la revista *Ornicar?* bajo el título "El juego de Michel Foucault". Allí leemos que el "dispositivo" es

> Un conjunto decididamente heterogéneo que comprende discursos, instituciones, instalaciones arquitectónicas, decisiones reglamentarias, leyes, medidas administrativas, enunciados científicos, proposiciones filosóficas, morales, filantrópicas; en resumen, los elementos del dispositivo pertenecen tanto a lo dicho como a lo no-dicho. El dispositivo es la red que puede establecerse entre estos elementos. (Foucault 1994 229-300)

La heterogeneidad un tanto desconcertante de los componentes de un dispositivo se matiza al agrupar tales componentes en dos grandes órdenes: el de las cosas y el de las palabras, el de lo visible y el de lo enunciable.

Notamos hasta qué punto la escena teatral, poblada de materia visible, audible y tangible, así como de textos pronunciados por los actores, alojada en cierto edificio o espacio delimitado, enmarcada por la institución Teatro, gobernada –casi siempre de manera poco perceptible para el público- por proposiciones normativas y/o interpretativas del director o del autor..., esa escena teatral, digo, se aviene de inmediato a la condición heteróclita de un "dispositivo" tal como lo entendía Foucault.

En principio, la partición entre lo visible y lo enunciable sería tan abarcativa como la que Descartes establecía entre la *res extensa* y la *res cogitans,* pues todo lo existente podría inscribirse en una u otra de aquellas categorías foucaultianas. Sin embargo, cada vez que nos ocupamos de un dispositivo particular, esa amplitud indefinida de lo visible y lo enunciable se ve acotada y precisada por una *historia* que ha dado al dispositivo su configuración presente y su localización concreta. Todo podría caber en un dispositivo escénico, por ejemplo, pero de hecho sus ingredientes y el modo en que éstos pueden articularse, se especifican en función de la *eficacia* que determinadas cosas, conductas y palabras, reunidas de determinadas maneras, han tenido en la historia teatral conocida.

Y hablar de "eficacia" implica asignar un propósito a cada dispositivo específico. En efecto, lo que tendemos a ver como una manera casi natural de producir un hecho escénico (seleccionar o escribir un texto, distribuir papeles entre los actores, ensayar, coordinar las actuaciones con los soportes escenográficos, lumínicos, sonoros… de la escena, publicitar el estreno, mantener un sistema de venta y difusión de la obra…) es la decantación en el tiempo de una serie de respuestas atinadas ante las urgencias y las coerciones culturales, económicas, políticas o institucionales que las sociedades fueron planteando a la práctica teatral a lo largo de su historia. Nuestro saber-hacer teatral es un archivo de soluciones acertadas legado por nuestros antepasados.

En suma, la aparición y consolidación de un dispositivo concreto –el "dispositivo de representación realista", por ejemplo- depende de una "función estratégica dominante", como subraya Foucault. Su razón de ser, su *racionalidad,* habrá sido siempre la resolución de un problema –o de una sucesión de problemas- de orden práctico. Detrás de un dispositivo, sin embargo, difícilmente encontramos un Autor o un Estratega individual o un Poder planificador centralizado que lo produce. El rastreo de tal autoría se disgregará casi siempre en una multiplicidad de aportes, hallazgos, rechazos, saberes y técnicas eventualmente acumulativos y esporádicamente sistematizados por algunos archivistas diligentes.

No obstante, tarde o temprano esas dispersiones o esas series locales y pragmáticas, esos contagios y diferencias accidentales o intencionales, podrán ser acogidas o capturadas institucionalmente, con la consiguiente canonización de sus invenciones contingentes y parciales. De hecho, son estas periódicas apropiaciones las que mantienen vampíricamente en vida a la Institución (teatral, por ejemplo), siempre amenazada de perecer por calcificación y artrosis grave.

Por otro lado, advertimos que la cuasi-definición que Foucault ofrece en su entrevista de 1977 concluye con una frase cargada de consecuencias: "*El dispositivo* es *la red que puede establecerse entre* [sus] *elementos*" (Foucault 1994 229). No son los componentes discursivos y/o no-discursivos –que, por otra parte, son variables, dinámicos y multifuncionales– los que determinan la naturaleza de un dispositivo particular, sino el *tipo de relación* que tales componentes mantienen entre sí. El dispositivo *es* la red conectora misma que lo constituye.

En un comentario sobre el término foucaultiano que aquí me ocupa, Gilles Deleuze describe esa red como "una especie de ovillo o madeja (…) multilineal" que no está al servicio de una mera circunscripción estabilizadora del conjunto de elementos, sino que más bien induce un *desequilibrio* de este último, pues "las líneas no se contentan sólo con componer un dispositivo, sino que lo atraviesan y lo arrastran de norte a sur, de este a oeste o en diagonal" (Deleuze 1990 155). Esas líneas "siguen direcciones diferentes, (…) se acercan unas a otras tanto como se alejan entre sí. Cada línea está quebrada y sometida a variaciones de dirección (bifurcada, horquillada), sometida a derivaciones" (Deleuze 1990 155).

Habría entonces un dinamismo interno, inmanente, en el dispositivo –al margen de las presiones que pudiera sufrir desde el exterior–, en la medida en que éste está sostenido por unas "líneas de sedimentación" estratificadoras, a la vez que lo ponen en crisis sus "líneas de fisura" o de "fractura". De esta manera, podríamos encontrarnos con dispositivos relativamente *totalizados* y *estructurados* –para disgusto de Deleuze-, y con disposiciones abiertas, fluidas, "rizomáticas" y más o menos caóticas.

Como señalan Hugues Peeters y Phillippe Charlier, "hablar de dispositivo permite por lo tanto hacer coexistir, en el seno de una argumentación, entidades tradicionalmente consideradas como inconciliables" (Peeters y Charlier 1999 16). De allí las sospechas que puede despertar un uso de este término que no venga acompañado de ulteriores precisiones, como si todos supiéramos de qué estamos hablando. Es por ello que los autores mencionados aluden a una "ideología dispositivista" que deja en sombras la noción foucaultiano-deleuziana hasta convertirla en un "concepto negro" que se "incorpora discretamente en el corazón de una discusión más amplia*",* de manera tal que el sustantivo "dispositivo" es "utilizado como una manera de introducir [una] problemática a la vez que se oculta su carácter problemático" (Peeters y Charlier 1999 21).

LA BLANDA JAULA DEL PELOTERO

Si bien el vocablo en que me estoy deteniendo tiene en Foucault una connotación negativa en tanto construcción al servicio del poder –como cuando nos presenta el panóptico de Bentham en *Vigilar y castigar* o el "dispositivo de la sexualidad" en *La voluntad de saber,* vale la pena prestar atención a la advertencia de Michel de Certeau cuando nos recuerda que en nuestras sociedades subsisten "prácticas técnicas mudas", consideradas "menores", pero que en sus operaciones "conservan las premisas o los restos de hipótesis diferentes" (De Certeau 1990 79).

Por lo pronto, nos inclinaríamos a decir que es en esa categoría de tecnologías silenciosas y menores, resistentes en diversos grados y de diversos modos, que se inscriben buena parte de los dispositivos teatrales contemporáneos. Pero, puesto que todo dispositivo es excedido por unas líneas que, según Deleuze, "lo arrastran de norte a sur y de este a oeste", deberíamos guardarnos de asignar a cualquier dispositivo abierto, fluyente y rizomático una condición "revolucionaria" o "transgresora" *per se*, así como los dispositivos estratificados y estructurados tampoco serían automáticamente asimilables a unas teatralidades conservadoras o serviles. Las cosas son, para bien o para mal, bastante más complejas, y sólo una exploración ("cartográfica") del objeto de estudio y de su contexto específico podría resguardarnos de tentadoras simplificaciones. Detengámonos por lo tanto en el dispositivo teatral, ya que sus estratos y sus fisuras constituyen nuestro ambiente de trabajo cotidiano.

En primer lugar, tal dispositivo nos muestra una dimensión procesual que suele estar puntuada por una singularidad ineludible: la fecha de estreno. A partir de ese evento, podemos señalar un "antes" y un "después" que diferirían fundamentalmente en el grado de "benevolencia" del dispositivo. Peeters y Charlier, ampliando la idea de "técnicas mudas" de Michel de Certeau, hablan de "dispositivos de benevolencia" como alternativa a las instituciones normalizadoras y coercitivas en que se demoraba Foucault. Se trata, según aquellos autores, de "espacios transicionales" cuyo papel sería comparable a la del "objeto transicional" de Winnicott, es decir que tendrían la función de erigirse como mediación entre un individuo frágil y desprotegido (el lactante, por ejemplo) y una imprescindible instancia proveedora y protectora (la madre, en este caso). Dicha mediación introduciría una cuña en esa relación desproporcionadamente asimétrica, haciendo gradualmente posible que el individuo inicialmente endeble enfrente por fin al mundo con sus propios medios y capacidades. Tales dispositivos benevolentes "constituyen ambientes o entornos tolerantes al error, y procuran un espacio de juego y libertad en que las acciones y las experiencias no son sancionadas" (1999 19), explican Peeters y Charliers, y el lector podrá apreciar hasta qué punto y en qué medida esos espacios podrían corresponder a lo que llamamos "ensayo teatral".

Más acá de la fecha de estreno suele extenderse entonces un territorio relativamente permisivo –al margen del grado de "despotismo" que pudieran ejercer el Director y/o sus auxiliares-, si lo comparamos con el temible e implacable rigor con que algún Público podrá juzgar nuestra obra una vez que la pongamos bajo su consideración. Se podría argumentar que el malestar persecutorio pre-estreno es una preocupación exageradamente neurótica o paranoica que no afecta a todos los artistas, pero hay siempre un cambio cualitativo en el momento de afrontar la dimensión *actual* de un Público que durante los ensayos había sido sólo una presencia *potencial*. Y cada actor resuelve a su manera ese trance singular: hay quienes dirán, inversamente, que padecen los ensayos tanto como disfrutan sus salidas a escena. (Decir "resuelve" no significa, sin embargo, que el actor pueda decidir conscientemente cómo administra sus angustias y sus goces; eso sería tanto como afirmar que el individuo puede transformar a voluntad su propia estructura clínica).

De un modo u otro, tiene sentido sostener la diferencia entre el trabajo tentativo y enmendable realizado entre colegas más o menos cómplices y la intemperie en que el actor deberá sostenerse frente a unos espectadores imprevisibles y de baja "tolerancia al error". Concedamos entonces una razonable generalidad a la observación de Peeters y Charlier según la cual los dispositivos de baja coerción,

> al autorizar un parcial relajamiento de la gravedad de lo real, facilitan la experiencia del mundo exterior, permitiendo mantener con él una relación más serena. En estos [entornos], la experiencia de separación [respecto de la instancia nutricia] no debe comprenderse como un corte neto y radical. Las fronteras entre el interior y el exterior están temporalmente suspendidas, lo cual da lugar a una articulación de esos dos mundos. En esos espacios, el registro de lo imaginario puede desplegarse para representar la realidad y darle sentido, de manera que el afuera se vuelva conmensurable con el adentro. (1999 19)

Aunque entre la consideración más o menos vaga de un Público potencial y su posterior concreción actual en la sala haya un corte nítido e insoslayable, el "dispositivo blando" llamado "ensayo teatral" está concebido para hacernos olvidar provisoria e imaginariamente esa discontinuidad de experiencias mientras nos prepara para dar el salto.

De hecho, el ámbito de benevolencia teatral no sólo comprende el período de ensayos, sino que también abarca el tiempo que los teatristas consagran a sus formaciones profesionales y a sus "entrenamientos" respectivos. Durante esas fases, el aspirante desamparado y prematuro suele ser guiado por un Director o un Maestro detentador de un *saber* confiable y de un *poder* que en el fondo no le pertenece, pues progresivamente ese Guía irá revelando su verdadero rostro, a saber, el de *lugarteniente* de un Público por venir. Una vez estrenada la obra, cuando el dispositivo teatral se ponga a prueba en representaciones sucesivas, el Público encarnará asimismo un saber, pero sobre todo un poder ante el cual los artistas podrán tal vez hallar –si no lo hicieron durante la fase de ensayos- otras respuestas que la de la sumisión o el halago.

El espacio y el tiempo dedicados al entrenamiento actoral – y, tal vez en menor medida, a la formación profesional- es una instancia de "empoderamiento", si se me permite violentar un poco el castellano. La manera en que el actor –o el aspirante a serlo- se apropia allí del saber que los maestros ponen a su alcance y las astucias resistentes con que ese mismo actor responde de modo más o menos consciente a las imposiciones y deseos de sus formadores e instructores, del Director y, en última instancia, del Público, bien pueden ser arrastradas por dinamismos repentinamente explosivos o por esfuerzos de regularidad persistente en los que reconoceríamos ese empuje obstinado que Nietzsche llamaba Voluntad de Potencia.

Si el lector ha podido pensar que la expresión "dispositivo teatral" no es más que una pedantería que nada aporta a los viejos conceptos de puesta en escena o de escenificación teatral, los párrafos transitados hasta el momento tal vez le permitan entrever algunas ventajas en esta sustitución terminológica. Bien entendido, el dispositivo teatral mantiene con la idea habitual de "escenificación" nada menos que una diferencia ontológica: en el primero, los elementos componentes (cuerpos, textos, marcos físicos o simbólicos...) pierden peso con respecto a las "líneas" de estratificación o de fractura que los vinculan o los reposicionan imprevistamente. No es que dichos elementos se desvanezcan o se "desrealicen" por completo, sino que se vuelven en extremo variables, sustituibles, inesenciales, mientras lo sustancial va volcándose del lado de la flexibilidad y la mutabilidad de los saberes técnicos e interpretativos, así como de las fuerzas que cada sujeto es capaz de ejercer sobre las cosas, sobre sus prójimos y sobre sí mismo. Los grados y los tipos de pérdidas de densidad de los componentes dependerán sin embargo de las poéticas particulares –nunca exentas de ideología- en que se inscriba determinado dispositivo.

El adelgazamiento de los elementos componentes en favor de los vectores que los cruzan, hacen del dispositivo un sistema abierto que contrasta con la clausura que suele caracterizar a una "puesta en escena" tradicionalmente entendida. En efecto, la red o la "madeja" del dispositivo atraviesan la escenificación (en tanto *objeto* estético ofrecido a la contemplación de un público) abriéndola hacia un más acá y un más allá, tanto temporal como espacial. En primer lugar, el dispositivo teatral incluye al Público como componente inseparable de la representación o la experiencia escénica. (Y escribo "Público" con "p" mayúscula para denotarlo, así, como un *lugar* en que se actualizan poderes y saberes en igual o en mayor medida que en las instancias que llamo Director o Maestro: no son necesariamente "personas", sino más bien campos de fuerzas o plexos de conocimientos transitoriamente encarnados). En segundo lugar, el espectáculo públicamente ofrecido es sólo un momento –una *stasis*- de un flujo productivo que lo antecede y lo prosigue.

Suponiendo que Stanislavski estuviese necesitado de una rehabilitación de nuestra parte, por lo pronto cabe reconocerle al maestro ruso la "ampliación del campo de batalla": en su práctica –y sobre todo en sus escritos- el Público, en su inabarcable extensión y su insoslayable intensidad, está *dentro* de los ensayos y de la formación actoral, como tendré ocasión de mostrarlo. Por otro lado, su incesante rechazo del cliché interpretativo instala una definitiva incomodidad en la actuación. Todo refugio en lo prefabricado, en la vía del menor esfuerzo o en la imitación de sí o de otro, es tomado por Stanislavski como una traición a la propia decisión implacable de ser actor. Sin que lo haya dicho con estas palabras, para el director del Teatro de Arte de Moscú nada se opone más a un actor que una persona definitivamente satisfecha de sí misma.

Quizá estemos ahora en condiciones de avanzar en una conceptualización más precisa del dispositivo y, por ende, de sus variantes teatrales.

UNA PACIENTE ORUGA TEJE SU CAPULLO

He mencionado en el apartado precedente dos instancias que in-forman los dispositivos a la vez que los exceden: el *saber* y el *poder*. En su intervención de 1988, presentada en ocasión de un Encuentro en homenaje a Foucault realizado en París, Gilles Deleuze nos da a entender, siguiendo al homenajeado, que el saber se manifiesta en "curvas de visibilidad" y en "curvas de enunciación", pues "los dispositivos son máquinas para hacer ver y para hacer hablar" (Deleuze 1990 156). El lector advertirá hasta qué punto esta observación se ajusta a los ámbitos de formación, de ensayos y de re-presentaciones o *performances* en que se despliegan los dispositivos teatrales. Éstos son, en efecto, "máquinas" cuyos componentes heterogéneos se dejan ver, hacen ver, hacen hablar y se convierten en nodos de enunciación bajo la sujeción y el amparo de ciertos "regímenes".

Si el *saber* se concreta en curvas o líneas de visibilidad y de enunciación que atraviesan el dispositivo, el *poder* se traduce, según Deleuze, en *líneas de fuerza* que "de alguna manera 'rectifican' las curvas anteriores [las del saber]" (1990 156). Tal rectificación consiste en forzar conexiones imprevistas entre puntos no-contiguos distribuidos en las líneas del saber, en "envolver" sus trayectos en haces cooperantes, en "ir y venir desde el ver al decir e inversamente". Las líneas de fuerza actúan "como flechas que no cesan de penetrar las cosas y las palabras, que no cesan de librar una batalla" (1990 156).

Para evitarnos aquí un extravío en lo abstracto, consideremos la función del Director en el ensayo teatral: ¿no es ese funcionario el habitual encargado de efectuar conexiones desconcertantes, refuerzos de sentido envolventes, convergentes o dispersivos, cortes y empalmes a contracorriente, desviaciones tangenciales en lo que se daba por cerrado y concluido, cruces insólitos entre lo que los actores muestran y dicen –a veces sin saberlo– en un espacio de tolerancia todavía resguardado de los rigores del Público Real? Además, dado el efecto a la vez ficcionalizante e impugnador de evidencias que el dispositivo teatral tiene tradicionalmente sobre la escena y sus componentes discursivos y no-discursivos, se torna patente en ese ámbito (es decir, en el escenario) un efecto extensible al dispositivo en su totalidad (y aún más allá de él), a saber, el de una difuminación de identidades tal que "lo uno, el todo, lo verdadero, el objeto, el sujeto (…) son *procesos* singulares de unificación, de totalización, de verificación, de objetivación, de subjetivación, procesos inmanentes a un determinado dispositivo" (Deleuze 1990 157).

De esta última cita se deriva asimismo que cuando hablamos de Director, de Actor, de Autor o de Público –componentes todo ellos de un dispositivo teatral más o menos institucionalizado- les adjudicamos una condición histórica y aun micro-temporal, funcionalmente provisoria, lejos de todo universalismo o esencialismo que los totalice o los petrifique. Si, por ejemplo, buena parte de los directores que produjeron incontables escenificaciones desde las últimas décadas del siglo XIX hasta el presente han podido encajar en la figura del "sacerdote interpretativo" al servicio del Significante que Deleuze y Guattari denuncian en *Mil mesetas* como un "burócrata del dios-déspota", encargado de "interpretar interpretaciones", la dirección teatral contemporánea –sin dejar de prestar cuerpo a un cierto poder- es la resultante de múltiples virajes que la fueron alejando marcadamente del inicial despotismo verticalista de un Konstantín Stanislavski o de un André Antoine, por nombrar a dos famosos tiranos.

La intervención deleuziana que vengo comentando concluye con una declaración que estimo válida tanto para quien dirige como para quien actúa, escribe o contempla un hecho escénico:

> Poco importa que se empleen términos generales para pensar los dispositivos: son nombres de variables. Toda constante queda suprimida. Las líneas que componen los dispositivos afirman variaciones continuas. Ya no hay universales, es decir, sólo hay líneas de variación. Los términos generales son coordenadas y no tienen otro sentido que el de hacer posible la estimación de una variación continua. (Deleuze 1990 162)

Entrecruzándose con las curvas sobre las que se distribuyen las variables del saber (visibilidad y enunciación), y además de las líneas de fuerza (poder) que "rectifican" las líneas anteriores, Deleuze destaca unas *líneas de subjetivación* que de alguna manera resisten y escapan a los contornos y constricciones de las líneas de poder, "pasando al otro lado". No todos los dispositivos admiten estos procesos de individuación o subjetivación en los que una línea de fuerza se vuelve sobre sí misma dando lugar a una especie de autodominio, un señorío del sujeto sobre sus propios procesos que Foucault denominaba "cuidado de sí" y al que asignaba una "tecnología de uno mismo" específica.

En los seminarios dictados a comienzos de la década de los '80s en Estados Unidos, Foucault define esta clase de tecnología como

> aquellas técnicas que permiten a los individuos efectuar, por cuenta propia o con ayuda de otros, cierto número de operaciones sobre su cuerpo o su alma, pensamientos, conducta o cualquier forma de ser, obteniendo así una transformación de sí mismo con el fin de alcanzar cierto estado de felicidad, pureza, sabiduría o inmortalidad. (Foucault 1990 48)

Puede verse sin demasiadas dificultades que, en muchos dispositivos teatrales constituidos a lo largo del siglo XX, esas líneas de subjetivación sostenidas por tecnologías del sí mismo, han recibido el nombre de *entrenamiento* actoral, distinguible del mero aprendizaje de una técnica de actuación. Tal entrenamiento es una práctica que Eugenio Barba describía, en 1976, en estos términos:

> En el teatro tradicional tienes un período de aprendizaje: la escuela teatral. Luego el actor entra en la vida profesional y sus posibilidades de desarrollo son las que le ofrecen los diferentes papeles que interpreta. En cambio, un entrenamiento como búsqueda existe en los grupos de teatro: es el grano escondido del que más tarde brotará la planta con sus frutos visibles. También es el medio para alcanzar una condición física, una habilidad determinada. Pero el entrenamiento es sobre todo un momento de libertad que permite salir al descubierto sin pensar en el juicio. (Barba 1987 105-106)

En estas palabras del director italiano sobre el entrenamiento, reencontramos –dicho de otra manera- la intuición de un "espacio transicional" protegido como el que señalaban Peeters y Charlier, y hallamos también una referencia análoga a la que Foucault daba como respuesta a "¿por qué estudiar el poder?": "El objetivo es: la creación de libertad" (Dreyfus y Rabinow 1984 308). La cita de Eugenio Barba nos da a entender asimismo que la escuela tradicional de actuación, así como una asistemática práctica "sobre las tablas", son dispositivos teatrales que difícilmente propicien unas "líneas de subjetivación" intensivas, relegando esa siembra secreta llamada entrenamiento a una inquietud personal del actor, paralela a su formación institucional o a la que recibe "en el oficio mismo".

Si un determinado dispositivo –un grupo teatral tal como lo entiende Barba, por ejemplo- hace posible unas líneas de subjetivación propiamente dichas, es posible que la "práctica de sí" allí efectuada llegue a estar "ulteriormente llevada a suministrar nuevos saberes y a inspirar nuevos poderes" (Deleuze 1990 160), llegando entonces dicha práctica a propiciar la transformación del dispositivo mismo en otro cualitativamente diferente. De allí que no todo dispositivo teatral favorezca el entrenamiento actoral en un sentido pleno, pues sería allí donde se incuban las disidencias, los compuestos técnicos o éticos inestables y las herejías que tarde o temprano podrían hacer estallar desde dentro las estructuras de una institución o descarriar el hilo de una tradición.

Ahora bien, uno de los impulsores del entrenamiento actoral en las primeras décadas del siglo XX ha sido Stanislavski, quien, al decir de Grotowski. "estaba siempre experimentando y no sugería recetas sino medios a través de los cuales el actor podía descubrirse a sí mismo, volviendo siempre, en todas las situaciones concretas, a la cuestión: ¿cómo puede hacerse esto?" (Grotowski 1971 176). Sabemos en qué medida el maestro ruso ha sido un prohijador de discípulos diversamente impugnadores del Sistema –siendo Vsevolod Meyerhold quizá el más conspicuo-, pero cabe aventurar que esas rebeldías no encontraban su mejor cauce en las probables discrepancias de café sobre lo que el teatro debía ser, sino que esas refutaciones se forjaban más bien en las fraguas de los "Estudios", en la cotidiana lucha contra una materia psicofísica resistente y taimada. Y es que una "tecnología del sí mismo" implica saberes prácticos precisos, organizados en lo que Foucault llamaba una *ascética,* recordándonos que

> En la tradición filosófica dominada por el estoicismo, *askesis* no significaba renuncia [como lo interpretaría más tarde el cristianismo], sino consideración progresiva del yo, o dominio sobre sí mismo, obtenido no a través de la renuncia a la realidad, sino a través de la adquisición y de la asimilación de la verdad. (Foucault 1990 73)

La meta última del entrenamiento stanislavskiano, la suprema finalidad de esa ejercitación orientada al "descubrimiento de sí mismo" –lo que el maestro ruso denominaba "psicotécnica"-, era la de alcanzar el estado de *vivencia* escénica, una condición generalmente malentendida como un "vivir las emociones propias del personaje que se está encarnando". En realidad, pese a que el mismo director ruso propiciaba estos malentendidos, esa vivencia buscada era el "borde extremo" del dispositivo de representación realista, el punto donde este último "prepara sus líneas de fractura", para decirlo con la expresión de Deleuze, quien aclaraba que "lo mismo que las demás líneas, la de subjetivación no tiene fórmula general" (Deleuze 1990 157). Y cabe recordar que el logro voluntario de la vivencia ha sido para Stanislavski el horizonte huidizo, la línea de fuga insistente que dio tensión a toda su vida pedagógica y artística.

LA BESTIA Y SU FRÁGIL CAZADORA

No caben dudas de que la obra de Stanislavski como realizador escénico y como director de actores se inscribe en el realismo, aun cuando los textos chejovianos y simbolistas lo empujaban con frecuencia a aventuras estéticas que nunca lo dejaban del todo complacido. El realismo no era para él una mera preferencia estética sino un credo poético que, a su entender, se resumía en un comentario de Aleksandr Pushkin sobre el drama popular: "Verdad de las pasiones, sentimientos que parecen verdaderos en las circunstancias propuestas: he aquí lo que nuestro intelecto requiere del autor dramático" (Stanislavski 2008 57).

En la obra que conocemos como *El trabajo del actor sobre sí mismo*, Stanislavski, enmascarado como el director Tortsov, cita este apotegma a sus alumnos y de inmediato comenta que lo mismo es exigible del actor, "con la diferencia de que las circunstancias, que para el autor son propuestas [por él mismo], para nosotros los artistas han de estar dadas [por el autor, generalmente]" (Stanislavski 1978 91), dejando así sugerida la matriz *literaria* que guía su trabajo con los actores. Queda además insinuado que las poéticas realistas subordinan su enunciación –por "apasionada" que ésta pudiera ser- a un régimen del significante, si hemos de atenernos a la tipificación de "regímenes" que Deleuze y Guattari proponen en *Mil mesetas*.

Sin embargo, no es que Stanislavski subordinara las actuaciones a la letra del autor, al respeto reverencial por la superficie dialógica de lo escrito –aunque no pocos pasajes de sus textos así lo den a entender-, sino que el Maestro preconizaba más bien una inscripción de la labor actoral en la *lógica* que guiaba la escritura de un autor como Pushkin, cuya influencia cubría a Dostoievski, Gogol y Tolstoi, entre otros.

Como lo he sugerido en *Antropología teatral y Acciones Físicas* (Valenzuela 2000), el actor stanislavskiano, guiado por el aforismo de Pushkin, era invitado a *(re)escribir,* en unas materias escénicas –tanto inertes como vivas, tanto palpables como puramente imaginables- que se imbrican con su cuerpo propio, una textualidad que por lo general llegaba a sus manos como una obra dramática literariamente concluida. (Mucho antes que la expresión comenzara a circular asiduamente entre nosotros, Stanislavski tenía en mente la elaboración de una "dramaturgia del actor" como precondición para acceder a un verdadero "estado creativo").

La unidad elemental, la componente básica de la mencionada reescritura en la materia escénica es la *acción,* la cual, para Tortsov-Stanislavski, "debe tener una justificación interna y ser lógica, coherente y posible en la realidad" (1978 88). Si leemos con atención esta frase, vemos que la primera conjunción "*y*" es la arista de un techo a dos aguas: de un lado está la "justificación interna" de la acción y, del otro lado, el cuidado de que esta última sea "lógica, coherente y posible en la realidad". De hecho, advertimos la misma partición en el apotegma de Pushkin, cuando éste distingue entre las "pasiones verdaderas" (o la "sinceridad de las emociones", según traducciones alternativas) y los "sentimientos que parecen verdaderos", aunque en las palabras del dramaturgo-poeta esta bifurcación pudiera ser menos perceptible.

En el ensayo titulado "*Stanislavski, Shpet and the art of lived experience*", Frederick Matern comenta que "la verdad y la sinceridad son centrales en la enseñanza de Stanislavski pero, al enfrentarse con la realidad de la representación teatral, el actor no puede olvidar que está interpretando un papel" (Matern 2013 47). Y prosigue, citando las palabras del director ruso, que "un actor debe reaccionar *como personaje* bajo la influencia de la pasión" (47), lo cual nos pondría cerca de la "paradoja sobre el comediante" que Diderot había solucionado eliminando el polo pasional. En Stanislavski, en cambio, la tensión subsiste pues, como señala Matern, "la expresión de los sentimientos tiene que 'verse' verdadera, más bien que 'serlo', pero el acto creativo de la pasión, debe ser verdadero" (48).

Dicho con un vocabulario teñido de romanticismo roussoniano, el actor de Stanislavski deberá exponerse a "las fuerzas de la más diestra, genial, refinada, inaccesible y milagrosa de las artistas: nuestra naturaleza orgánica" (Stanislavski 1978 60), y extraer todo el provecho posible de tales fuerzas. En el *acto de creación,* esa Naturaleza –que al encarnarse en el actor individual permanece ensombrecida en su "subconsciente"- es incomparablemente superior a los senderos razonables y ponderados que pudiera trazar o seguir su conciencia, pero, en la escena, la supresión de la templanza sumiría al actor en una parálisis o en un desborde divorciado de todo arte. Es por eso que, para el maestro ruso, "nuestra fuerza creadora subconsciente tampoco puede prescindir de su propio ingeniero: la psicotécnica consciente" (60-81), siendo esa psicotécnica la piedra angular del Sistema stanislavskiano, el borde del techo a dos aguas que permite al actor sostenerse entre la "verdad de las pasiones" y unas acciones verosímiles, es decir, que parezcan "verdaderas en las circunstancias dadas". Las condiciones de este equilibrio se internan de lleno en la problemática abierta por un concepto denso y equívoco, a saber, el de la *vivencia* (*perejivanie*) como horizonte último de todo el trabajo "psicotécnico".

En suma, la actuación stanislavskiana navega en el difícil filo que separa el hervor de la "naturaleza subconsciente" de las aguas tibias en que la conciencia da forma a las acciones verosímiles. Debo insistir en que esta labor se orienta –sobre todo en la última etapa de la pedagogía stanislavskiana- según una matriz *literaria* y no desde cierta interioridad accesible a la introspección y a la manipulación, como la palabra "psicotécnica" podría darnos a entender. La "psiquis subconsciente" es el objeto preciado, ignoto y escurridizo sobre el que sólo se podría incidir por la vía indirecta y limitada de la conciencia, ámbito del re-conocer que se nutre de percepciones y representaciones estructuradas. Es entonces sobre un campo representativo organizado u organizable que hace pie la psicotécnica, evitando mirar de frente a la tumultuosa Gorgona que le subyace. La conciencia es un escudo de Perseo con que el actor espera poner a su servicio sus propias fuerzas "subconcientes".

Lo que sale a la luz en una consideración atenta del método stanislavskiano de la "acciones físicas" es que ese campo representativo organizado tiene *estructura literaria*. Dicho de otro modo, en el momento de producir y articular las unidades de comportamiento escénico llamadas "acciones", éstas se disponen –más allá del hecho de estar modeladas en la materia sensible- según la misma lógica que orienta la tarea compositiva de un dramaturgo realista. Si admitimos que la construcción de la *verosimilitud* a que está obligado el actor stanislavskiano ubica a este último en las convenciones de la poética realista, ha llegado el momento de precisar lo que sugiero entender por "realismo".

LABORES DE PUNTO DE UN PEQUEÑO DIOS

Como he señalado más arriba, uno de los rasgos notables de la noción de dispositivo es que nos propone atender más a las líneas que lo recorren que a la naturaleza de los elementos que lo integran. Recordemos que, para Foucault, "el dispositivo es la red que puede establecerse entre sus elementos" (1994 229) y que Deleuze, ampliando esta idea, distingue allí las líneas del saber, del poder y de la subjetivación. Si postulamos la existencia de un *dispositivo de representación realista en el teatro,* las sugerencias de ambos filósofos deberían orientarnos en su análisis.

Diré entonces que, en un dispositivo de representación realista, el saber concierne precisamente a la manera en que debe desplegarse, ante los ojos y oídos de un "espectador promedio", la representación verosímil de cierto *mundo posible*. Es claro que la postulación de un "espectador promedio" resulta problemática, pero, por el momento, deberíamos tomarla como indicativa de que no me estoy refiriendo con ese término a una "persona de carne y hueso", sino a un *espacio de recepción* (coordinable con un determinado *espacio de producción* significante).

Siguiendo la argumentación deleuziana, representar es, aquí, "hacer ver" y "hacer oír", y ello mediante ciertas reglas o "regímenes". Y debe tenerse en cuenta que, al hablar de "régimen de visibilidad",

> la visibilidad no se refiere a una luz en general que iluminara los objetos pre-existentes; está hecha de líneas de luz que forman figuras variables e inseparables de este o aquel dispositivo. Cada dispositivo tiene su régimen de luz, la manera en que ésta cae, se esfuma, se difunde, al distribuir lo visible y lo invisible, el hacer nacer o desaparecer un objeto que no existe sin ella. (Deleuze 1990 157)

Otro tanto puede decirse, claro está, del régimen de enunciación.

Se desprende de lo anterior que *representar* no es imitar, reflejar o traducir cierta objetividad preexistente, sino distribuir sobre cierta "materia del contenido", un trazado formal de visibilidades y enunciabilidades que *hacen existir,* para un lector competente y familiarizado con determinada "forma de la expresión", cierto *mundo consistente* o cierto conjunto de *mundos* coordinados en diversos grados con vistas a una totalización admisible.

Cuando las líneas de los trazos de visibilidad y las de los trazos de enunciación convergen o conspiran en la construcción de *un solo mundo posible,* estaremos ante una representación *realista* que nos entrega ese mundo posible unificado bajo el título de "realidad". Cuando creemos estar confiablemente plantados en una realidad –

dentro o fuera del ámbito de la producción artística-, es porque el conjunto de los dispositivos sociales, entrelazando sus líneas de visibilidad y de enunciación, ha logrado un consenso descriptivo y explicativo del "mundo vivido" por una comunidad de observadores-hablantes. De este modo, el macro dispositivo social es el garante, para cada uno de sus sujetos miembros, del reconocimiento estable de una única realidad representada. Siguiendo Richard Rorty, cabe decir que la "realidad" es sólo una narrativa exitosa.

Debemos a Gottfried Leibniz la noción de "mundo posible", quien la acuñó para poner a salvo la libertad de la voluntad divina como atributo de su "sustancia infinita que quiere". Dios no debió estar obligado a hacer *este* mundo –lo cual hubiera menoscabado su omnipotencia-, sino que ante su entendimiento omnisciente debió abrirse un abanico de innumerables posibilidades, entre las cuales elegiría, claro está, la mejor de ellas (cosa que, desde el *Cándido* de Voltaire hasta la fecha, no deja de ser tomado como un chiste del buen Gottfried).

A comienzos del siglo XX, la idea leibniziana de "mundo posible" es rehabilitada fuera del marco teológico para desarrollar una semántica de la lógica modal, ámbito del saber donde se requería definir no solamente las viejas categorías de "verdadero" y "falso", sino también lo "necesario", lo "contingente", lo "posible" y lo "imposible". En términos de la noción leibniziana, lo necesario será aquello que es verdadero en todo mundo posible, lo contingente será verdadero al menos en un mundo, lo imposible será falso en todos los mundos y lo posible puede ser tanto necesario como contingente.

No hay sin embargo una definición unánimemente aceptada de los "mundos posibles", aunque, para nuestros fines, tal vez la interpretación más útil sea la de Saul Kripke, ofrecida en la década de los '60s del siglo pasado. Para Kripke, un mundo posible no se *descubre*, sino que se *estipula* mediante descripciones que podríamos considerar afines a las que emplea un dramaturgo o un narrador, por ejemplo, para familiarizarnos con el mundo en que viven y actúan sus personajes. Detengámonos brevemente en este proceso constructivo.

De hecho, especular sobre mundos posibles puede tener como consecuencia la sospecha de que la realidad en que vivimos tal vez sea una construcción amparada por el lenguaje, al mismo título que lo es un cuento o una novela. Lo que llamamos *el* (nuestro) "mundo real" se nos presenta como un universo conocido –aunque estemos lejos de haber explorado todos sus rincones o nunca hayamos cruzado las fronteras de nuestro barrio-, y creemos poder decir qué hechos o entidades son en él imposibles, probables, eventuales o de indudable realidad. De alguna manera nos fabricamos (es decir, *estipulamos*) una lista de lo existente y un conjunto de reglas o leyes que regirían sus transformaciones. Esa estipulación conforma una especie de plataforma o núcleo seguro desde el cual es posible extrapolar ese saber local a la vastedad del "mundo real" presente, pasado y futuro, vastedad que seguramente nunca llegaremos a conocer empíricamente. Se diría que *modalizamos* nuestro sector de la realidad efectivamente vivido de un modo que nos permite extender las categorías de "necesario", "imposible", "contingente" y "posible" a los ámbitos de experiencia fuera de nuestro alcance.

Ahora bien, no sólo constatamos de hecho fuertes discrepancias entre las proyecciones que pueden hacer nuestros semejantes y las nuestras, sino que nosotros mismos nos descubrimos contradiciendo nuestras estipulaciones básicas sobre lo que afectivamente es y cómo ello puede cambiar. Aun el mundo posible que tomamos por "lo familiar" se encuentra así contaminado por otros mundos contrafactuales, contradictorios o alternativos respecto del primero. Se diría que cotidianamente transitamos por un enjambre de mundos, cada uno de ellos dotados de componentes y leyes internas ajenas en diversos grados a las que amueblan y organizan lo que llamamos (nuestra) realidad.

Para no naufragar en ese remolino de estados posibles, necesitamos concebir relaciones que los conecten y los "traduzcan" entre sí. Utilizando la terminología de Kripke, diríamos que nos es precisa una *accesibilidad* entre los mundos posibles que transitamos, de modo que su diversidad y sus incompatibilidades no nos impidan seguir creyendo en *la* realidad, es decir, seguir atribuyéndole unidad y consistencia. Dicho de otra manera, para preservar nuestra "estabilidad mental" debemos convertir esos mundos alternativos en *submundos* del nuestro. Así, el abandono de lo "realmente existente" o el haber asistido a las alteraciones de sus leyes se deberá, por ejemplo, a que hemos soñado, a que hemos sido engañados, a que hemos alucinado transitoriamente... Admitimos así que "la realidad" es constantemente forzada, envuelta, atravesada, contaminada por acontecimientos que no estaban en nuestros planes, así como por la fuerza de nuestros *deseos* y nuestras pulsiones. Lo que nos importa, sin embargo, es que, al final de un trayecto sinuoso lleno de sorpresas y desvíos, tales travesías hayan preservado en suficiente medida ese andamiaje ficticio que llamamos nuestro "yo", manteniendo reconocibles para nosotros el entorno que nos rodea y la "interioridad" que nos habita. Si no fuera pedir demasiado, quisiéramos incluso que esas aventuras nos hayan enriquecido y fortificado.

Esta recapitulación restauradora de identidades es precisamente el efecto de un dispositivo de representación realista sobre nuestra conciencia. En tal dispositivo todo está arreglado para que, admitiendo la pluralidad de mundos posibles que coexisten en los avatares del vivir, siempre seamos capaces de tender vínculos de *accesibilidad* entre ellos, de manera tal que *una* realidad pueda mostrarse como verdadera y necesaria, teniendo a las demás como sus satélites.

Lo que en un teatro se representa ante nosotros "realistamente" sería entonces un espacio y un tiempo en que uno o varios sujetos pueden habitar múltiples universos de manera sucesiva o simultánea, pero que, al cabo de esa travesía heteróclita, todo tiene la posibilidad de encajar consistentemente en la perspectiva del espectador, de modo que éste puede responderse cualquier pregunta sobre "quién hacía qué y por qué" en la trama representada, aunque los personajes retratados pudieran seguir ignorándolo una vez concluido el relato, prolongando así su ignorancia más allá de los marcos representacionales.

En gran medida, el hecho de que un observador-espectador-lector pueda enhebrar la totalidad de los mundos posible representados bajo la legalidad vigente en uno de ellos dependerá de sus saberes previos, de su perspicacia y del interés en resolver el rompecabezas que se le plantea. Consecuentemente, el dispositivo de representación realista debe acoger o suscitar tales predisposiciones, alimentándolas y conduciéndolas por senderos diversamente sinuosos sin agotar la paciencia descifradora del observador-espectador-lector. Los saberes requeridos para una buena recepción van desde el mero sentido común, incluyendo las supersticiones que lo pueblan, pasando por intuiciones o nociones más o menos vagas, por una *doxa* pseudocientífica o por diversos grados de erudición académica, llegando aun hasta unas teorías *ad-hoc* que el receptor puede ir elaborando mientras transcurre ante sus ojos y oídos una representación particular.

Dicho de otro modo, además de la accesibilidad inter-mundos representados, el dispositivo realista debe hacer *accesible en última instancia* el plano de todo lo representado para un observador-espectador-lector que no deja de estar inserto en su propio "mundo real". Hay entonces una accesibilidad interna que enlaza la totalidad de mundos representados, y hay una accesibilidad externa que vuelve congruente esa totalidad con el "mundo real" del receptor. El sentido final de la obra, completado y resuelto por el receptor al cabo de su despliegue narrativo, será objeto de un goce compensatorio de las vicisitudes de un itinerario incierto que ha progresado –bajo el imperio del suspenso- desde una inicial dispersión o competición de mundos, hasta su (re)integración en un único mundo posible.

PRIMERO HAY QUE SABER SUFRIR...

Como seguramente el lector recordará, el primer capítulo de *El trabajo del actor sobre sí mismo en el proceso creador de las vivencias* concluye con la descripción de una experiencia extraordinaria. Kostia –*alter ego* de Stanislavski presentado como un alumno principiante- asombra a sus profesores y condiscípulos del Teatro de Arte de Moscú con una actuación brillante y por completo intuitiva, pues carecía del saber técnico que la Institución aún no había comenzado a impartirle. En uno de los últimos párrafos del capítulo, Kostia-Stanislavski nos detalla que, una vez superada una momentánea pero angustiosa parálisis ocasionada por lo que hoy llamaríamos "pánico escénico", y habiendo pronunciado las palabras de Otelo "¡Sangre, Yago, sangre!",

> pareció que por un segundo la sala se había puesto en tensión y que un rumor recorría el auditorio, como si fuera el viento que pasa por la copa de los árboles. (...) En cuanto sentí esa aprobación, hirvió en mí una energía incontenible. No sé cómo terminé la escena. Sólo puedo recordar que las candilejas y el negro agujero desaparecieron de mi conciencia, y me sentí libre de todo temor. (1978 58)

El siguiente capítulo del libro está dedicado al análisis de este trance de muerte y resurrección gloriosa, señalado por Stanislavski como la meta última de su trabajo artístico y pedagógico con sus actores. A lo largo de ese segundo capítulo, el Maestro contrapone un arte conducente a este ápice de actuación –para el cual reserva el título honorífico de "arte de la vivencia"–, a un menos prestigioso "arte de la representación" y a un desdeñable "oficio" actoral en que se refugian los clichés, las exageraciones, las convenciones obvias, la mecanicidad y las "emociones teatrales".

Una primera característica de la "vivencia" (*perejivanie*) experimentada por Kostia es su *inefabilidad* e incluso la dificultad del actor para rememorar las sensaciones implicadas en ese episodio extático. Y es que la intensidad de esta clase de vivencia es tal que ningún cuerpo podría soportarla durante un tiempo medianamente prolongado. Según explica Tortsov a Kostia,

> Cuando se actúa de ese modo, hay ciertos momentos en que se alcanzan grandes alturas y se conmueve al espectador. En esos instantes el actor vive o crea según su inspiración, improvisando. Pero, ¿se siente capaz y con suficientes fuerzas

físicas y espirituales como para actuar en los cinco extensos actos de *Otelo* con el mismo impulso con que interpretó accidentalmente en la función de prueba la breve escena de "¡Sangre, Yago, sangre!"? (...) Empresa tal estaría más allá de las posibilidades no sólo de un artista de un temperamento excepcional, sino aun de un verdadero atleta. (1978 64)

Advertimos entonces una segunda nota fundamental de la vivencia stanislavskiana: su condición de pico bruscamente sobresaliente en medio de la orografía suave de una actuación técnicamente guiada y controlada. Para el maestro ruso, es la Naturaleza subconsciente la que aflora en esos momentos privilegiados en que al actor sólo le cabría "dejarse hacer", pues ella es "más sabia que cualquier artista". Para el resto de su desempeño escénico, el actor deberá contar con una "psicotécnica", sin la cual se agitaría en un vacío interpretativo expuesto a los vicios y trucos del "oficio".

Desde cierto punto de vista, el esfuerzo pedagógico de mayor alcance será, para Stanislavski, el de convencer al practicante de que la psicotécnica le es tan útil como deseable le es la vivencia, sin que la primera logre convertirse nunca en una causa controlable de la segunda. En principio, el segundo capítulo de *El trabajo del actor sobre sí mismo* nos da a entender que entre el uso de los recursos psicotécnicos y la vivencia hay una *no-relación,* de modo que ambos "estados actorales" sólo podrían alternarse y relevarse mutuamente.

No obstante, en el párrafo citado leemos que en los instantes de vivencia el actor "crea según su inspiración, *improvisando".* Podríamos pensar entonces que bastaría con desarrollar una técnica de la improvisación escénica para contar con un acceso voluntario y dominable a la actuación vivencial. Keith Johnstone, por ejemplo, habría dado una respuesta viable al problema que para Stanislavski permaneció irresuelto, a saber, el de cómo alcanzar el "estado creativo" en público y en el momento requerido. Pero los caminos de la inspiración parecen ser bastante menos dóciles a la razón instrumental. Tengamos entonces la paciencia de no simplificar apresuradamente las cosas.

Como quedó indicado más arriba, el término ruso que se ha traducido por "vivencia" es *perejivanie* -según una transliteración posible del cirílico-, siendo ésta una palabra pródiga en ambigüedades y matices no recuperados por su equivalente castellana. Habitualmente vertida como "vivencia" en el contexto actoral, entonces, una *perjivanie* es sobre todo una *experiencia* de fuerte carga emocional que, sin embargo, no es meramente *padecida* por el individuo, sino que en cierto modo ha sido buscada por éste. El aspecto activo de la *perjivanie* es afín a la idea de que el desarrollo personal, en cuanto autoconstrucción del individuo, reclama una participación intencional del propio sujeto. (Tal es, por ejemplo, la connotación que Vygotski da a la *perejivanie* en su conferencia de 1934 sobre "El problema del ambiente"). En la lengua rusa, una "experiencia", entendida como algo que nos sucede implicando una pasividad de nuestra parte, se expresa en la palabra *opit*.

En buena medida, John Dewey describe la *perejivanie* (sin mencionarla con este término, claro) en su artículo titulado "Tener una experiencia" (1939), cuando propone que

> una experiencia incluye lo que los hombres hacen y sufren, aquello por lo que se esfuerzan, lo que aman, en lo que creen y por lo que resisten, y cómo los hombres actúan y son actuados, las maneras en que hacen y sufren, desean y disfrutan, ven, creen, imaginan. (Dewey 1939 256)

En la acepción compleja que Dewey da a la palabra "experiencia", este autor señala dos rasgos que pueden ayudarnos a entender el vocablo ruso. En primer lugar, aun cuando se le presente al sujeto como una "unidad original", indisoluble en el momento de vivirla, su posterior análisis revela una duración dotada de un desarrollo, "un comienzo y un movimiento hacia su cierre", manifestando cada experiencia "su propio movimiento rítmico particular" (1939 555).

Por otra parte, una experiencia tendrá la intensidad y la importancia que Dewey le atribuye si acontece como *respuesta a una crisis,* si se ha originado en una "situación perturbadora o indeterminada [que] puede llamarse problemática. (...) Sin un problema, hay sólo un andar a tientas en la oscuridad" (1939 229), y no transitando una verdadera experiencia. En Stanislavski, como puede verse al final del primer capítulo de *El trabajo del actor sobre sí mismo*, la vivencia (*perejivanie*) es la feliz resolución de un problema crucial para el actor: ¿cómo desprenderse de la influencia paralizante que produce sobre su cuerpo "el agujero negro más allá de las candilejas"? Un problema que se plantea y se resuelve *en el cuerpo*, y no en un plano intelectual, aunque la palabra esté allí tan comprometida como la carne.

Perejivanie deriva del verbo *perejivat*, donde la raíz *jivat* ("vivir") viene precedida por *pere*, que significa "cargar con algo", "sobrellevar", "sobrevivir" a cierto desastre: justamente lo que le sucede a Kostia cuando, tras una violenta parálisis, pronuncia un conmovedor "¡Sangre, Yago, sangre!". *Perejivat* significa entonces haber pasado por un trance doloroso, por un peligro que pudo ser mortal, y haber "*vivido nuevamente*". De allí que algunos traductores propongan "reviviscencia" como equivalente de *perejivanie*, un "volver a vivir" como pura evocación un hecho tal vez sepultado en la memoria del sujeto. La auténtica *perejivanie*, en cambio, supone la actualidad del dolor, una persistencia que obliga a reiteradas "elaboraciones" sucesivas. Es la experiencia traumática o singular en su inextinguible ardor la que en cierto modo "empuja" o motiva un trabajo de digestión y asimilación. La *perejivanie* implica una "superación que conserva" –una superación del dolor conservándolo, en este caso-, a la manera en que lo expresa la palabra alemana *Aufhebung*.

En tanto "conservación superadora" de una experiencia intensa, la *perejivanie* tiene un marcado efecto de *autoconstrucción subjetiva*, similar a la que los griegos atribuían a la *katharsis* frente a una representación trágica. Y es por ello que el maestro ruso nos presenta la turbadora y gozosa *perejivanie* de Kostia mientras intentaba interpretar a Otelo, antes de entrar en las revelaciones técnicas sobre el arte de actuar que el lector seguramente espera en el momento de abrir un libro como el de Stanislavski. Sin esa *perejivanie* originaria, la psicotécnica sería sólo una caja de herramientas para el desempeño de un "oficio" y no el vehículo para reconquistar y elaborar algo del acontecimiento creador.

De hecho, en su intento de esclarecer a sus alumnos sobre el significado de la vivencia –y en aparente contradicción con lo que acabo de exponer-, el mismo Stanislavski-Tortsov se desliza hacia un psicologismo que servirá de respaldo a muchos ulteriores comentaristas del Sistema para interpretar la *perejivanie* como una "reviviscencia" desprendible ya del momento crucial de una "puesta en (real) peligro de sí". En tal sentido, Tortsov ejemplifica la vivencia buscada citando a Tomaso Salvini (1829-1916):

> "Todo gran actor debe sentir, y siente efectivamente, lo que representa. Creo incluso que no sólo está obligado a sentir esa emoción una o dos veces, hasta que aprende su parte, sino en mayor o menor grado en cada interpretación, la primera o la milésima vez" (Stanislavski 1978 62).

El párrafo transcrito es un fragmento –publicado en 1891- de la polémica que Salvini mantuvo con su rival, el actor de la Comedie Francaise Constant Benoît Coquelin (1841-1909), sobresaliente seguidor de las enseñanzas de Denis Diderot y eximio practicante de lo que Stanislavski llamaba el "arte de la representación".

La vivencia entendida al modo de Salvini –afín al recurso psicotécnico que el maestro ruso llamaba "memoria emotiva"- supondría una recaída introspectiva, psicologista, que pasa por alto la insistencia del propio Stanislavki en que la actuación será una pura repetición mecánica, "sin desgaste de los nervios y las fuerzas espirituales" del intérprete, en tanto éste se desconecte de "las más profundas fuentes de su subconsciente", allí donde "surgen sentimientos que no siempre resultan inteligibles" (1978 61) y donde su voluntad no tiene acceso directo. Frente a la "fuerza subconsciente" que debe animar la experiencia escénica buscada, el Maestro reconoce que al no entender y no poder estudiar este poder rector, nosotros, en nuestro lenguaje de actores, lo llamamos simplemente "naturaleza". Pero si violamos las leyes de nuestra vida orgánica normal, dejando de crear verazmente en la escena, de inmediato el susceptible subconsciente se alarma y vuelve a ocultarse en sus escondrijos. (1978 61)

Vuelve aquí la exigencia de la "verdad de las pasiones" (o, más tenuemente dicho, de la "sinceridad de las emociones") contenida en el "aforismo de Pushkin". Puede decirse que la mera evocación consciente en escena de cierta *perejivanie* originaria en que la "vida del personaje" le habría sido revelada al actor por su propia y misteriosa "naturaleza", bien puede ser tan mecánica y descomprometida como la recuperación —a través de la "memoria muscular"- de los rasgos exteriores de ese mismo personaje. La recuperación introspectiva de lo vivido tendría así el mismo efecto ahuyentador del "susceptible subconsciente" que la repetición auto-imitativa deplorada por Stanislavski en los "artistas de la representación". Digamos entonces que no hay *perejivanie* si el "subconsciente" no está involucrado, y ello impide que tal experiencia pueda caer bajo un pleno control técnico.

Para decirlo de otra manera, la *perejivanie* no se inscribe en la psicología del actor sino en una *ética* de la actuación. Frente a lo desconocido que desestabiliza y obnubila el entendimiento, no es la conciencia evocativa o racionalizadora quien responde, sino un *ethos* que consiste en sostenerse sin desfallecimientos en el seno mismo de lo que, haciéndonos presentir nuestra muerte, nos otorga en el mismo acto una vida que no es una simple subsistencia biológica. Tal es, en suma, el intraducible significado de la palabra *perejivanie,* un término de inocultables resonancias románticas que en la enseñanza stanislavskiana designa a la vez el punto de partida —como si de una "satisfacción originaria" se tratara- y el resultado contingente o eventual un modo radicalmente inconforme de asumir la profesión actoral por debajo, por detrás o al lado de todo aprendizaje y de todo ejercicio técnico.

LA QUERELLA DE LAS PELUCAS EMPOLVADAS

¿Cuán descartable es el arte de la representación para el actor stanislavskiano? ¿Cuán lejos está Diderot del maestro ruso? Por lo pronto, ha quedado claro que no hay un cuerpo actoral que soporte una "actuación vivencial" prolongada. Se diría entonces que es necesario que el actor en escena "descanse" en su psicotécnica hasta que tenga lugar una nueva *perejivanie* (o hasta que ésta le acontezca por primera vez). En esos tiempos de espera activa, su "pasión verdadera" hormigueará en las sombras mientras haya un público presente, pero su conciencia de actor estará ocupada en reproducir acciones lógicas y coherentes ya ensayadas, animadas o teñidas por "sentimientos que parecen verdaderos en las circunstancias dadas". De este modo la psicotécnica, que tal vez durante los ensayos fuera promotora de hallazgos encomiables, puesta a trabajar en escena y en presencia de espectadores bien podría inclinarse hacia la clase de "degeneración" que Tortsov reprochaba a los actores de la escuela de la representación, capaces de retener las manifestaciones externas –es decir, conscientes- de sus fortuitas vivencias, para luego "aprender a repetirlas mecánicamente" (1978 62).

Aun la "memoria emotiva", encargada de "dar vida al papel" –un recurso que Lee Strasberg decía deber más a Pavlov que a Freud—, no deja de ser *re-presentativa* de sentimientos que, aunque constatables, devienen inauténticos al provenir de un contexto diferente de aquel en que se actualizan. Fuera de la *perejivanie,* fuera de ese sabio arrebato en que la voluntad del individuo "deja hacer" a la Naturaleza, un actor que rememora lo ensayado será tan "representativo" como el diderotiano Coquelin, cuyas palabras cita Stanislavski en su capítulo sobre "Arte de la escena y oficio de la escena":

"El actor no vive; representa. Debe permanecer indiferente al objeto de su actuación, pero su arte debe ser perfecto. El arte no es la vida real, ni aun su reflejo. El arte es en sí mismo creador. Crea su propia vida, bella en su abstracción fuera de los límites del tiempo y del espacio." (1978 68)

Estas frases de 1880 preanuncian el credo simbolista de Gordon Craig y aun las bases de la todavía lejana poética de Tadeusz Kantor, devolviéndonos en última instancia a las sutilezas que encierra esa *Paradoja sobre el comediante,* tan rápidamente defenestrada por el director del Teatro de Arte de Moscú.

Cuando Tortsov comienza a citar a Coquelin frente a sus discípulos, deja escuchar esta primera sentencia: "El actor crea su modelo en la imaginación, y luego, como hace el pintor, toma cada uno de los rasgos y los traslada, no a la tela sino a sí mismo" (1978 67-68). Entramos aquí de lleno en el problema central que afrontaba la estética de Diderot en el siglo XVIII.

Si Coquelin debatía con Salvini a fines del siglo XIX, Diderot lo había hecho, un siglo antes, con la escuela "emocionalista" de la actuación encabezada por Rémond de Sainte-Albine, enseñanza en la que podemos ver la anticipación de muchas de las intuiciones de Stanislavski. Por ejemplo, en el segundo capítulo de *El trabajo del actor sobre sí mismo,* Tortsov había exonerado a aquellos actores que "tratan de realizar algo superior a las propias fuerzas, algo que no se conoce ni se siente" (1978 74). En tales casos, se suele recurrir a una "actuación forzada", colmada de "largos períodos de tensión nerviosa, de impotencia artística y de actuación ingenua" (64) en los que en vano se intenta "transmitir con la voz y los movimientos los *resultados* de una vivencia inexistente" (70). De manera similar escribía Sainte-Albine en *Le Comédien, ouvrage divisé en deux parties* (1747):

> ¿Experimentas fuertemente una impresión? Ella se pintará sin esfuerzo en tus ojos. ¿Estás obligado a torturar tu alma para sacarla del letargo? El estado forzado de tu interior se notará en el juego de tus rasgos y te asemejarás más a un enfermo trabajado por cierta exaltación extraña que a un hombre agitado por una pasión ordinaria. (De Santis 2011 8)

En los textos stanislavskianos son frecuentes las recaídas en el principal postulado emocionalista: "Cuando no se experimenta un sentimiento vivo, análogo al del personaje que se representa, ni hablar de una auténtica creación" (1978 69), escribe el Maestro en *El trabajo del actor sobre sí mismo*. La palabra "experimentar" tiene aquí un sentido claramente diferente al de "imitar", como ya lo sabían los partidarios de Sainte-Albine a mediados del siglo XVIII. En el caso de Stanislavski, "experimentar" implica atravesar apariencias para ir en busca del "estado de ánimo" de ese prójimo ficticio llamado "personaje". Como señala Vincenzo de Santis en su ensayo *"Maladies de l'acteur"*, en esa época

> muchas obras –donde las teorías médicas y estéticas se entremezclan- presentan al actor como un individuo de espíritu inestable: la creación del papel teatral se vuelve el fruto de un verdadero transformismo psicológico. El poeta J. Dorat preconiza la tesis de la asimilación no-imitativa: el actor debe sentir las pasiones, "apropiarse" del "alma" del personaje y evitar una actuación puramente "mimética", decía en su *Essai sur la déclamation tragique* de 1758. (2011 9)

Los teóricos del Siglo de las Luces constataron entonces que la facilidad para esa captura del "alma" de un semejante es especialmente notable en "las almas demasiado sensibles, [en] todos aquellos cuya delicadeza de las fibras nerviosas es extrema" (2011 9). En el *Art du cómedien* (1782), Touron de la Chapelle afirma que el actor posee "un carácter trastornado y proteiforme al que todo afecta, que pasa en un instante de la alegría a la tristeza y de la tristeza a la alegría" (10). En un siglo que no logra discernir claramente entre la "histeria femenina" y la "hipocondría masculina" (ambas "afecciones vaporosas", en la terminología de la época), la noción de *"melancolía"* sirve para englobar un síndrome de extravío de sí frecuente entre los artistas de la escena. Así, en un *Essai de médicine théorique et practique* de 1783, se lee que los "melancólicos" son aquellos enfermos que se ven alternativamente tristes y gozosos; se los ve reír, cantar, llorar, enfadarse, exhalar profundos suspiros y aun, de pronto, guardar un silencio taciturno. (…) [Pero] en sus delirios hacen versos, componen aires musicales sin nunca haberse dedicado a la poesía ni a la música. (De Santis 2011 9)

Hay resonancias de este párrafo en Stanislavski, cuando Tortsov comenta, en el capítulo a que vengo refiriéndome, que él "[conoce] el caso de dos niñas que nunca habían visto un teatro, ni un espectáculo, ni siquiera un ensayo, y actuaron en una tragedia, aunque, lamentablemente, empleando los clichés más viciosos y triviales" (1978 73-74).

De esta vecindad entre el temperamento actoral y la melancolía mórbida se deriva una primera consecuencia: para algunos críticos, la "sensibilidad" exacerbada de actrices y actores era un rasgo singularizante y prestigioso; para otros, era sólo el umbral de una locura sin retorno ni gloria. En 1805, el médico psiquiatra Dominique Esquirol (1772-1840), por ejemplo, sentenciaba que el exceso de pasiones es la causa principal de la alienación mental. El consagrado actor Francois-Joseph Talma (1763-1826), en cambio, escribía que su colega Lekain,

> algunos años antes de su muerte, contrajo una enfermedad a la que debe el perfecto desarrollo de toda la madurez de su talento. Esto puede parecer extraño, pero no es menos verdadero. Son crisis violentas, ciertos desórdenes en la economía animal los que a menudo exaltan el sistema nervioso y dan a la imaginación una inconcebible actividad: el cuerpo sufre y el espíritu está lúcido. Se ha visto a enfermos asombrar por la vivacidad de sus ideas, y a otros en quienes la memoria (…) les recordaba circunstancias y acontecimientos completamente olvidados. (…) Las emociones son más fáciles y más profundas, todas nuestras sensaciones adquieren un mayor

grado de delicadeza. Pareciera que esas conmociones purificaran y renovaran nuestro ser, y es lo que Lekain ha experimentado después de su enfermedad. (De Santis 2011 13)

Para Talma, el "exceso de sensibilidad" se "imprime en el sistema nervioso" operando así una transformación permanente de la persona. El dispositivo teatral que se perfila en la segunda mitad del siglo XVIII, preanunciando el romanticismo del siglo entrante, muestra así una *línea de subjetivación* que se abre paso entre peligrosas pasiones y bordea los abismos de la demencia: una senda excesiva, remotamente precursora de la peste artaudiana.

La actriz Clair Hippolyte Leris (La Clairon) (1723-1805), por ejemplo, confiesa que "sólo desafiando los dolores de la muerte" pudo sobrellevar los veinte años de interpretaciones trágicas que le había impuesto la Comedie Francaise. En esa prueba de fuego profesional, le había sido "indispensable ser continuamente penetrada por los acontecimientos más tristes (...), las búsquedas más profundas y desgarradoras (...) y el olvido de la propia existencia", según consta en sus *Mémoire et Réflexions sur l'art dramatique*. Pero sólo la templanza resultante de tales experiencias le dio "una fuerza más que humana para actuar bien la tragedia durante más de diez años" (De Santis 2011 14).

Detrás de las autoalabanzas propias de una vedette prerromántica, las palabras de La Clairon –como las de Talma- dejan entrever el nacimiento moderno de la *ética del actor,* asumida como un proceso de autotransformación en que el individuo no se resiste ya a sus propias pasiones, sino que las acoge como fuerzas benéficas. Se trata de un "paciente y metódico desarreglo de todos los sentidos" implícitamente exigido (y aceptado) por una profesión que tiene rasgos de "enfermedad sagrada", como ya lo entendía el viejo Aristóteles.

Sin embargo, la condición melancólico-histérica de muchos actores y la enajenación mental que no dejaba de amenazarla, dieron lugar a la reacción antipasional de la que Denis Diderot ha sido su portavoz más visible. No obstante, casi veinte años antes de la *Paradoja sobre el comediante,* Antoine Francois Riccoboni ya había erigido la "inteligencia" del actor como fuerza creadora capaz de ponderar la relación entre cada detalle interpretativo particular y el efecto que debe producir la "totalidad de la acción" esperable de un determinado papel. De este modo, el trabajo del actor debía dar un giro decisivo, abandonando la entrega exclusiva a los "tonos de su alma" para atender también a lo que el espectador efectivamente recibe de la escena. "Asombrados por una entrega perfecta de la imagen de la verdad", escribe Riccoboni en *L'Art du théâtre* (1750),

> algunos creyeron al Actor afectado por el sentimiento que él representaba. (…) Siempre me ha parecido demostrado que, si se tiene la desgracia de sentir verdaderamente lo que se debe expresar, se está fuera del estado que permitiría actuar. (De Santis 2011 13)

Es la preocupación por el efecto sobre el público antes que por el "sentir lo que se dice" lo que motiva este "enfriamiento" de la actuación, una toma de distancia que tendrá en Diderot a su precursor más agudo y cuyos ecos, como sabemos, se harán sentir aun en Brecht. De hecho, la promoción de un actor "distanciado" será característica en los practicantes y en los teóricos para quienes el teatro debe cumplir, antes que nada, una misión moralizante, edificante o didáctica. El "actor inteligente" suele *politizar* la representación escénica en detrimento de los ensalmos chamánicos de esta última.

En efecto, a los cultores del "emocionalismo" parecía bastarles con la entrega a las propias pasiones para que el mismo estremecimiento se propagara entre los espectadores como una epidemia incontenible. Los partidarios de la "inteligencia actoral", en cambio, saben que a una interpretación enardecida bien puede responderle una recepción indiferente. Es necesaria, por lo tanto, una *técnica del énfasis,* por así decirlo, o una *retórica del gesto*.

En sus reflexiones sobre el arte del actor, Diderot no sólo reaccionaba contra el emocionalismo de sus contemporáneos, sino que también se apartaba de las convenciones impuestas sobre la actuación por el "teatro de la palabra" heredado del siglo XVII francés.

Frente a esta estética de la monotonía declamatoria, Diderot se erigía como un "poeta de la energía", como un defensor de una "estética dramática" pues su propósito era el de devolver a los escenarios una Vida entendida como el conjunto de fuerzas que se manifiestan en un cuerpo humano actuante. Tales fuerzas son, en principio, de orden *físico*, distribuyéndose entre las que se exteriorizan obrando, actualizándose (*energeia*), y las que se retienen aún como potencia y capacidad de hacer (*dynamis*).

Es necesario recorrer no sólo las páginas de la *Paradoja sobre el comediante* sino también los escritos diderotianos sobre la pintura (*Salones; Pensamientos destacados sobre la pintura, la arquitectura y la poesía*…) o la pantomima (*Carta sobre los sordos y los mudos; El sobrino de Rameau*…), para advertir el modelo pictórico que guía sus reflexiones sobre el arte teatral. Siguiendo la línea de sus argumentos, puede decirse que un "cuadro" escénico –al igual que un cuadro pictórico– entrega al contemplador cierto contenido "en acto": el tema representado debería ser entonces una *energeia* que "sale" del marco de la representación para conmover de inmediato al receptor. Para Diderot, el cuadro es un conjunto orgánico cuya vida, dependiente de una *composición* acertada, consiste en darnos a ver su contenido como un "estar sucediendo" ante nuestros ojos, lo cual es una nota característica de la *energeia* en tanto fuerza actualizada. No obstante, es necesario subrayar que la "vida" de un cuadro –pictórico o teatral- resulta de un trabajo *compositivo*, de un "régimen de visibilidad" en que se compromete la inteligencia del artista:

> Diderot afirma que un cuadro hecho de la reunión, sin orden y sin unidad, de un gran número de figuras, no merece el nombre de una "verdadera composición". (…) En el *Discurso sobre la poesía dramática*, Diderot asimila las leyes de la unidad que deben gobernar la acción escénica de los actores, a las leyes de la composición pictórica. Con la noción de composición, el drama se interpreta como una sucesión de escenas que forman otros tantos cuadros conmovedores. (Hisashi 1999 41)

El efecto semántico de esta unidad compositiva lograda por la representación realista es el de entregarnos una multiplicidad de figuras subsumidas en un solo mundo posible. Es claro, por otra parte, que el efecto de la composición no es solamente "cognitivo" sino también afectivo, y la cualidad conmovedora de un cuadro equivale a su aptitud para exceder su espacio de representación (es decir, para dilatar inesperadamente sus horizontes hasta entonces "comprimidos" en cierta virtualidad) e invadir instantáneamente el espacio de recepción.

Ahora bien, la composición unificada es también una condición necesaria para que el cuadro alcance su pregnancia o "fecundidad del instante", es decir, la *promesa de futuro* que, paradójicamente, debería estar encerrada en una imagen inmóvil. Siendo el mundo representado un ámbito fluyente, móvil y circulante, el pintor tendrá que elegir con inteligencia un momento que preserve –y aun potencie- el dinamismo de aquello que pinta. La acción congelada guardará así *en potencia* una posible acción subsiguiente, invitando al contemplador a liberar su imaginación anticipadora a partir del mundo que su entendimiento cree haber reconocido en el cuadro.

En ese *suspenso* de la representación reside una segunda fuerza, una *dynamis* o "aptitud para devenir", que hace del cuadro actual la metonimia de un conjunto unitario que abarca tanto el presente como los probables eventos ya sucedidos y, sobre todo, los que el momento representado en la obra proyecta hacia un porvenir cercano. Esa *energía retenida* es precisamente lo que Diderot espera de un *gesto* actoral. La fuerza del gesto diderotiano reside entonces en una *energeia* expresiva –o expresada- y en una *dynamis* tan poderosa como contenida, y ambas deben unirse inextricablemente. Pero es necesario enfatizar que el logro de tal conjunción no depende de lo que el actor "siente", sino de una sabia y meditada construcción. A Stanislavski no le era ajeno el trabajo constructivo del actor –una muestra acabada de ello es el "método de las acciones físicas"-, pero reconocía en la *perejivanie* una dimensión de la actuación que, teniendo a la técnica como su trampolín, escapaba a toda inscripción discursiva o pictórica para manifestarse como *experiencia* pura, es decir, aún "no-procesada" por la percepción o la inteligencia.

PICADILLO DE CARNE

Los mayores desafíos lanzados al trabajo pedagógico y artístico de Stanislavski provenían de un dispositivo de representación irreductible al del realismo. La dramaturgia simbolista –más penetrante y duradera que el movimiento poético que la había impulsado alrededor de 1880- enfrentaba al Sistema con unos textos "carentes de acción", con escasos asideros para ser abordados mediante comportamientos escénicos que se orientaran hacia una meta precisa y que fueran puestos en tensión por unos obstáculos bien dosificados. Y debemos recordar que, para el Maestro, un cuerpo actoral impedido de construir en escena una acción "lógica y coherente", dirigida a un objetivo, es fácil presa de las fuerzas paralizantes que provienen de una sala más o menos colmada de espectadores.

La dramaturgia simbolista –y su incipiente dispositivo de representación esbozado por algunos jóvenes directores franceses y aun por Meyerhold en el contexto ruso- desconcertaba a unos actores acostumbrados a construir sus comportamientos manteniendo una continuidad lógico-narrativa tanto interna (psicológica) como externa (física). Un cuerpo actoral privado de estos hilos conductores que el realismo stanislavskiano veía como imprescindibles, se exponía en escena a una "regresión" en la que sus miembros y su voz dejarían de obedecerle, sumiéndolo en la inmovilidad y el balbuceo.

Poco antes de inaugurar el Estudio que habría de conducir Vsevolod Meyerhold y mientras trabajaba en la puesta en escena de *Los ciegos* de Maurice Maeterlinck, el Maestro había llegado a una conclusión inquietante: "acababa de reconocer que nuestro teatro se había metido en un callejón sin salida. No había caminos nuevos, y los viejos se estaban desmoronando a simple vista" (Stanislavski 1976 199). Aun cuando sus colegas del Teatro de Arte no parecían advertir esa crisis, para Stanislavski en aquellos tiempos "sobrevino nuevamente un período de búsquedas (...) no sólo en el arte escénico, sino también en las demás artes: la literatura, la música y la plástica" (200).

Puesto que el maestro ruso intuía que "el realismo y el costumbrismo se daban como fenecidos, y que había llegado el tiempo de lo irreal en el escenario" (200), comenzó a buscar una inspiración innovadora en los cuadros de Mijail Alexándrovich Vrubel (1856-1910), un expresionista onírico que preanunciaba ya el vanguardismo ruso que habría de imperar en las primeras décadas del siglo XX.

Cuando, tras un largo esfuerzo de observación penetrante, Stanislavski creía haber capturado el huidizo "contenido interior expresado en el cuadro",

> trataba de fijar en la memoria, físicamente, lo que acababa de hallar e intentaba llevarlo hasta el espejo para poner a prueba, recurriendo al propio ojo, las líneas encarnadas en el cuerpo. Pero, para mi mayor extrañeza y sorpresa, en el reflejo dado por el espejo, sólo me encontraba con una caricatura de Vrubel, con el grotesco juego histriónico, pero en la mayoría de los casos, con la anticuada rutina, muy ajada, de la ópera. (1976 199-200)

Esta experimentación frustrante desestabilizaba los procedimientos que el Maestro había ideado en su práctica pedagógica para evitar que sus actores y alumnos cayeran en la tentación de contentarse con una mera mímesis exterior del personaje a encarnar. De manera comprable a la hermenéutica romántica de Friedrich Schleiermacher, Stanislavski proponía al actor que se aproximase al texto dramático y al papel que se le hubiera asignado de un modo empático, intentando "apoderarse del estado de ánimo" del autor y poniendo el propio cuerpo y la propia inteligencia en resonancia con el "contenido interior" plasmado en la obra por el dramaturgo. Cabe preguntarse, sin embargo, si tal "estado de ánimo" perseguido no era en realidad otra cosa que el propio estado anímico del actor-lector, para quien el texto o el papel asignado funcionarían como una superficie especular. El maestro ruso no ignoraba las trampas de la proyección yoica, pero esperaba que, frente a los cuadros de Vrubel, un *punctum* horadara esa pantalla proyectiva hiriendo súbitamente su identidad personal.

Ahora bien, cuando en uno de "esos chispazos subconscientes de inspiración, parecía que hacía pasar al mismo Vrubel a través de mí, de mi cuerpo, mis músculos, mis gestos, mis poses" (1976 199-200), tales fulgores se extinguían antes de que el Maestro pudiera descubrir, frente a un espejo, sus efectos más visibles en su propio cuerpo. "En esas ocasiones –confiesa Stanislavski- me sentía (…) como un paralítico que intenta expresar un bello pensamiento, pero contra su voluntad, su boca únicamente expresa sonidos desagradables y repugnantes" (200).

Es claro que la experimentación stanislavskiana era una cacería de la dimensión *no-especularizable* de los cuadros de su admirado pintor, es decir que el director del Teatro de Arte pretendía lograr, en la actuación escénica, un efecto análogo al de la pintura, ese "no sé qué" que escapa a la imagen reproducida como fugándose por un eje perpendicular a la tela, esa efusión inasible sin la cual el "arte de la vivencia" no podría distinguirse de un mero "arte de la representación".

Un primer diagnóstico sobre las tercas dificultades de esa captura no consigue tranquilizar demasiado al Maestro:

> "No –me decía-, el problema no es para mis fuerzas; las formas de Vrubel son demasiado abstractas, demasiado inmateriales. Se hallan a una distancia muy grande del cuerpo humano concreto, con sus líneas establecidas de manera permanente, inmutable". Es imposible cortar del cuerpo vivo los brazos y los hombros para darles la inclinación que figura en el cuadro, tampoco se podrían alargar los brazos, piernas y dedos, como lo expresa el pintor. (1976 200)

Podríamos estar tentados de concluir que el maestro ruso ansiaba, en este pasaje de *Mi vida en el arte,* conquistar o fabricar un "cuerpo sin órganos", una carne desarticulada, con sus piezas dispersas y disponibles para una recombinación fantasiosa, un cuerpo troceado que habría permitido al actor seguir de cerca a esos pintores, músicos, escultores y aun bailarines que, habiendo liberado los cuerpos y las voces de sus contornos y volúmenes demasiado humanos, dejaban atrás la pesada solidez del realismo para alcanzar en sus obras "lo subconsciente y lo sublime".

Como sabemos, la imagen artaudiana del cuerpo sin órganos ha sido recuperada por el proyecto anti-edípico de Gilles Deleuze y Felix Guattari para referirla a un cuerpo no-formado, no-organizado y descodificado, buscando contradecir la clausura que ellos atribuían a las nociones de "organismo", de "significación" y de "subjetividad" supuestamente defendidas por el psicoanálisis. Para Deleuze y Guattari, el "cuerpo sin órganos" (CsO) es un sustrato material incontenido, un archipiélago heterogéneo, idealmente libre de las exigencias o estratificaciones del lenguaje, del Estado, de la familia y de las demás instituciones sociales, que precedería, penetraría o circundaría al "cuerpo propio" y a la conciencia en tanto instancias organizadas y organizadoras.

Sin embargo, esa condición desestructurada y fluyente es sólo un horizonte hacia el cual puede tender la experimentación de un individuo mientras éste recorre un proceso en delicado equilibrio entre un apartamiento de la organización (lingüística, fisiológica, institucional...) y un extravío en el caos irreversible y mortífero. Para Deleuze, el CsO es comparable a un "germaplasma" autorreproductivo que, según la teoría propuesta por el biólogo August Weissmann a fines del siglo XIX, se alojaría en los organismos o "somaplasmas". Desde esta perspectiva, la pintura de Vrúbel pudo haber sido para Stanislavski portadora de un CsO que el Maestro habría buscado en vano exhumar y despertar en las oscuridades de su propio cuerpo.

Pero la experimentación stanislavskiana frente a los cuadros de Vrubel tenía especificaciones que nos llevan a dejar por el momento las generalidades del "cuerpo sin órganos" para internarnos en cambio en el territorio más operativo de las técnicas de la escena.

En efecto, la disolución de la carne a que aspiraba el maestro ruso era una operación preliminar, un paso propedéutico hacia una libertad que él envidiaba, por ejemplo, en bailarines y acróbatas:

> ¿Y el ballet? ¿No se habían emancipado, sus mejores representantes, de sus cuerpos materiales? ¿Y los acróbatas del circo que, como pájaros, vuelan por los aires de trapecio en trapecio? Es difícil creer que tienen cuerpos materiales. ¿Por qué, entonces, los artistas dramáticos no podemos emanciparnos de la materia y prescindir de los cuerpos? (Stanislavski 1976 201)

Es claro que podríamos preguntarnos si esas emancipaciones envidiadas no son sólo un tránsito hacia nuevas sujeciones, hacia nuevas codificaciones del cuerpo propio. Quizá esas "desmaterializaciones" sean solamente la impresión de vuelo que nos produce un acróbata en su salto de un trapecio a otro, es decir en el provisorio desasimiento de un soporte asegurador que busca recuperar prontamente otro agarradero. En cualquier caso, bien podríamos tomar las comparaciones dancísticas y circenses de Stanislavski como una alegoría del vértigo sufrido-gozado por un actor mientras transita ese fugaz estado de gracia que en otros textos el Maestro llama "vivencia".

Por el contrario, el cuerpo indisponible, torpe, "demasiado sólido", invadido por estereotipos, rígido y tartamudo que el director del Teatro de Arte descubría en sí mismo, podría ser una versión atenuada del cuerpo atacado por el pánico escénico, por el tipo de catástrofe que había sufrido por Kostia apenas puso un pie en el escenario para interpretar su fragmento de Otelo. En ese momento,

> El excesivo esfuerzo por extraer de mí la emoción y la impotencia de realizar lo imposible crearon en todo mi cuerpo una tensión que llegó al espasmo; mis manos y mi cabeza se inmovilizaron, se volvieron de piedra. Todos mis movimientos se paralizaron. Todas mis fuerzas desaparecieron ante esa tensión inútil. Mi garganta se cerraba, mi voz sonaba como un

grito. (...) Ya no podía controlar los movimientos de mis manos y las piernas ni el habla. Me sentía avergonzado de cada palabra, de cada gesto. (Stanislavski 1978 57)

¿Es entonces deseable la desorganización del cuerpo propio sin tener en vista una organización alternativa? El párrafo citado nos describe las crudas consecuencias de una desposesión del cuerpo por fragmentación, aun cuando tomemos esa dispersión en un sentido figurado. Anhelar la disolución del propio cuerpo -como lo hacía Stanislavski frente a los cuadros de Vrubel- podría tener un efecto liberador mientras ese anhelo se mantenga en la intimidad de un vínculo empático entre dos artistas, entre el pintor y el actor, pero para este último sería muy diferente perder el control corporal en una intemperie expuesta a la mirada de terceros. La presencia de un público demandante provoca sobre el actor la angustia de la indisposición de sí, del estar anegado en su propia materia indómita cuando de él se espera un desempeño escénico que roce lo sublime.

Para el maestro ruso habría sido plenamente pertinente la advertencia popular: "Ten cuidado con lo que deseas, porque podrías obtenerlo". Este doble signo de lo codiciado escapa a la concepción deleuziana del deseo que, amparada por Spinoza, nos lo presenta como potencia puramente positiva y productiva, indiferente a toda falta y a toda angustia. Es por ello que, si nos apegamos a la letra del maestro ruso, la concepción psicoanalítica del cuerpo y sus pulsiones se nos muestra más apropiada para dialogar con sus escritos.

En los textos del director del Teatro de Arte se reitera una alternancia conmutativa, sin causa aparente y sin transiciones, entre sufrimiento y éxtasis. Leemos en *Mi vida en el arte,* por ejemplo, que

> por naturaleza se carece de una voz melódica y de una plástica adecuada para el escenario: [allí] casi todos hablan [y se mueven] a tropezones. (...) Sin embargo, en los momentos de inspiración, cuando por causas inexplicables se comienza a sentir, no el significado superficial de las palabras, sino la hon-

dura que se esconde tras ellas, se encuentra la sonoridad buscada, la sencillez y nobleza perseguida en vano durante tanto tiempo. (…) Y en esos minutos, suena la voz y surge la musicalidad de la palabra; sólo la naturaleza sabe aprovechar el aparato humano. (…) Sabe extraer fuertes sonidos hasta de un afónico. (Stanislavski 1976 202)

Reaparece aquí la sabia e inescrutable Naturaleza que Stanislavski confina en el "subconsciente" actoral, alojándola en las inaccesibles *profundidades* del ser. Se impone, en su concepción, el arraigado mito de una interioridad originaria y autosostenida que nuestra conciencia es capaz de iluminar muy parcialmente. Pero, ¿no será ese mundo interior un *pliegue* de lo exterior, como sostenía Deleuze mientras leía a Foucault? O bien, en términos lacanianos, ¿no será aquello que creemos hospedado en nuestra más honda intimidad, precisamente lo que nos es irreductiblemente externo, es decir, lo radicalmente Otro?

Es llamativa, en el relato stanislavskiano, la ya señalada vecindad entre el pavor y el logro de inesperadas proezas. A continuación del párrafo que acabo de citar, escribe el Maestro:

Uno de nuestros camaradas tenía la voz extremadamente débil, tanto que casi no se le oía en la sala. Ni el canto ni ningún otro medio artificial para reforzarle la voz fueron eficaces. En una ocasión, durante un paseo que diéramos en el Cáucaso, nos atacaron unos enormes perros ovejeros, hincando sus colmillos en nuestras pantorrillas. Presa del terror, mi compañero comenzó a gritar tan alto, que se le podía oír a un kilómetro de distancia; poseía una voz fuerte, pero en cuanto a utilizarla, sólo sabía hacerlo debidamente la propia naturaleza. (1976 202)

Vemos aquí repetirse idéntico patrón que en el paso súbito del pánico escénico a la vivencia inspirada: la misma voz largamente recluida en las catacumbas del cuerpo se proyecta a un kilómetro de distancia un segundo después de un incidente imprevisto, como si no hubiera tabique alguno entre lo muy interno y lo muy lejano. Es claro que la jauría desbocada es sustituible, en el apólogo stanislavskiano, por un Público cuyo solo presentimiento sería capaz de inutilizar al actor como si su cuerpo hubiese sido transitoriamente tomado por uno de esos síntomas histéricos que Freud observaba junto a Charcot en las pacientes de La Salpetrière a fines del siglo XIX. Y de la misma manera, sin que medie una causa orgánica detectable, ese mismo cuerpo podría de pronto sorprender a todos con una expresividad inusitada.

Si el Maestro se esforzaba en vano por apresar el "contenido interior" de los cuadros de Vrubel, quizá la llave para liberar sus propias potencias somáticas apresadas bajo un caparazón de hábitos no estaba en la profundidad visceral sino en la superficie, allí donde la materia corporal interactúa con un entorno concreto, humano y demandante. El problema de poner el cuerpo actoral a la altura de los desafíos de un arte moderno que no sólo trastocaba los temas y las formas, sino que parecía haber alterado radicalmente la sustancia misma de la expresión, tal vez estaba reclamando del teatrista un desprendimiento de la Madre Naturaleza para instalarlo en ese estrato artificial y alienante en que la materia viva deviene signo.

PARTIR SIN COMPRAR BOLETO DE VUELTA

El paso del cuerpo impotente y ominoso al cuerpo controlable, percibido por el propio sujeto como orgánicamente constituido, ha sido uno de los primeros problemas abordados por Jacques Lacan en los inicios de su obra psicoanalítica, poco después de haber obtenido su doctorado en psiquiatría con la tesis *De la psicosis paranoica y su relación con la personalidad*. En 1936 presenta su conocida teoría sobre "el estadio del espejo" para dar cuenta del fenómeno de la identificación afectiva en una fase de la evolución ontogenética claramente anterior al llamado complejo de Edipo, un período en la vida humana en que no se puede hablar siquiera de un cuerpo que su portador pueda distinguir claramente del ambiente que lo rodea.

La cría humana –a diferencia de lo que sucede con la mayoría de las especies animales- es arrojada al mundo en un estado tal de indefensión que sería incapaz de sobrevivir sin prolongados cuidados y provisiones de parte de un adulto. No es exagerado decir que el nacimiento humano es prematuro y que su desadaptación respecto del medio circundante lo acompañará a lo largo de toda su existencia.

Hay, en los primeros meses de vida, un lento progreso en que "algunas sensaciones exteroceptivas se aíslan esporádicamente en unidades de percepción", correspondiendo esos "objetos" rudimentarios a "los primeros intereses afectivos" por los que el niño reacciona "precoz y selectivamente al alejamiento y al acercamiento de las personas que se ocupan de él" (Lacan 1982 [1938] 34). No obstante, "el retraso de la dentinción y de la marcha, un retraso correlativo de la mayor parte de los aparatos y de las funciones, determinan en el niño una impotencia vital total que perdura más allá de los dos primeros años" (1982 [1938] 38).

El cuerpo del lactante, como el del aspirante a actor que sale desprevenido al escenario con una sala colmada de espectadores, sufre una doble ruptura vital: por una parte, lo que en otros animales es una relación connatural, instintiva, con el medio ambiente, en el humano es sólo descontrolada impotencia; por otra parte, la unidad misma de su materia viviente está azotada y vapuleada por pulsiones que la vuelven indisponible para cualquier comportamiento coordinado, siendo la angustia "nacida con la vida" el primer fenómeno afectivo. Al respecto, observa Lacan en su largo artículo "La familia", escrito en 1938 para el volumen VII de la *Encyclopédie Francaise*, que

> la discordancia, en ese estadio del hombre, tanto de las pulsiones como de las funciones, es sólo la consecuencia de la incoordinación prolongada de los aparatos. Ello determina un estadio constituido afectiva y mentalmente sobre la base

de una propioceptividad que entrega el cuerpo como despedazado; por un lado, el interés psíquico se desplaza a tendencias que buscan una cierta recomposición del propio cuerpo; por el otro, la realidad, sometida inicialmente a un despedazamiento perceptivo, se organiza reflejando las formas del cuerpo que constituyen en cierto modo el modelo de todos los objetos. (Lacan 1982 [1938] 54)

Para Lacan, la condición rudimentaria del sistema nervioso humano en el momento del nacimiento hace imposible que el advenimiento a la vida pueda ser considerado como un "trauma psíquico". Las huellas que ocasiona en un cuerpo la brutal separación respecto del útero materno encuentran su expresión psíquica bastante más tarde, en ese otro acontecimiento desgarrador llamado "destete". Según Lacan, "traumático o no, el destete deja en el psiquismo humano la huella permanente de la relación biológica que interrumpe" (1982 [1938] 32), a tal punto que la separación del seno materno —como antes del útero que lo cobijaba en equilibrio parasitario- nunca será del todo sublimada, alimentando en el futuro sujeto una persistente nostalgia: "ilusión metafísica de la armonía universal, abismo místico de la fusión afectiva, utopía social de una tutela totalitaria..., formas todas de la búsqueda del paraíso perdido anterior al nacimiento y de la más oscura aspiración a la muerte" (1982 [1938] 43).

Es precisamente en el período del destete, con su renovación de la experiencia arcaica de un cuerpo troceado e impotente, que comienza lo que Lacan denomina el "estadio del espejo" y cuyo desenlace sentará las bases para la constitución del "yo" del sujeto. Este "estadio" lacaniano es una reelaboración de la "prueba del espejo" constatada por el psicólogo experimental Henri Wallon en 1931 para diferenciar las reacciones del chimpancé y las del niño frente a sus respectivas imágenes especulares. Hacia los comienzos de la década de 1950, Lacan consideraba el estadio del espejo no sólo como un proceso ontogenético vivido por un ser humano entre los seis y los dieciocho meses de vida, sino sobre todo como una estructura permanente de la subjetividad, como un paradigma de la experiencia imaginaria de lo que sostiene la "relación libidinal" del sujeto con su propio cuerpo.

Alrededor del sexto mes de existencia, el lactante, afectado por la fragmentación somática arriba descrita, descubre en la superficie del espejo un cuerpo vivo enviablemente íntegro al que inicialmente toma por un rival que le fascina y le amenaza a la vez. El estadio del espejo se extiende entonces desde este descubrimiento inquietante de un otro cuya completud le apabulla, hasta el reconocimiento identificatorio de esa imagen como propia, lo cual conlleva un júbilo que Lacan atribuye al "triunfo imaginario de anticipar un grado de coordinación muscular que aún no ha logrado en realidad" (Evans 1997 82). En tanto que estructura, el estadio del espejo se presenta como una matriz en la que la fase de fragmentación es seguida por una fase totalizadora que no se presenta progresivamente sino "de a saltos", como destellos disparados por un detalle, por una insignificancia difícilmente perceptible para un observador externo.

Esa matriz será el molde narcisístico de toda identificación futura del sujeto, teniendo a la imagen especular como un poderoso atractor. Y es necesario insistir en el efecto jubiloso que tiene sobre el niño el súbito descubrimiento de que "ese otro soy yo". Al decir de Lacan, esa percepción

> se manifiesta bajo la forma (...) característica de una intuición iluminativa, es decir, con el trasfondo de una inhibición atenta, revelación repentina del comportamiento adaptado (en este caso, gesto de referencia a alguna parte del propio cuerpo); luego, el derroche jubiloso de energía que señala objetivamente el triunfo; esta doble reacción permite entrever el sentimiento de comprensión bajo su forma inefable. (1982 [1938] 53)

Inmediatamente, tras este festivo hallazgo, el infante buscará en el adulto que lo contempla a sus espaldas, la confirmación de la identidad descubierta, esperando de la palabra del Otro la sanción de un "sí, eres tú".

Trasladando estas consideraciones a la experiencia actoral, diríamos que ese hallazgo jubiloso equivaldría a un intenso placer, compensatorio del extremo displacer sufrido segundos antes por Kostia a causa de su "pánico escénico". El paso de la fragmentación –es decir, el paso de un cuerpo virtualmente fragmentado- a la recomposición triunfante de una *totalidad* (corporal) controlable obedecería entonces a un "principio del placer" entendido, con Freud, de manera fisiológico-energetista, a saber, como una *descarga* más o menos inmediata de un exceso de excitación que habría perturbado la homeostasis del organismo. El virtual despedazamiento del cuerpo, experimentado por el actor frente a una sala que él percibía como colmada, sería así un insoportable desequilibrio que la subsiguiente "recuperación de sí" vendría a restaurar.

Sin embargo, la referencia de Lacan al "estadio del espejo" en su artículo de 1938, fundándose en ese renovado desvalimiento posnatal que implica el destete, está inmediatamente precedida por la siguiente observación:

> el sujeto asume, a través de sus primeros actos de juego, la reproducción de ese malestar mismo y, de ese modo, lo sublima y lo supera. El ojo inteligente de Freud observó con ese criterio los juegos primitivos del niño: la alegría de la primera infancia al alejar un objeto fuera del campo de su mirada y luego, después de reencontrar el objeto, renovar en forma inagotable la exclusión, significa que lo que el sujeto se inflige nuevamente es la repetición del destete, tal como lo ha soportado, pero en relación con el cual es ahora triunfador al ser activo en su reproducción. (1982 [1938] 50-51)

Lacan se refiere aquí al capítulo de *Más allá del principio del placer* (1920) en que Freud describe los llamativos juegos de su nieto de dieciocho meses de edad. Lo primero que solicita su atención es que el pequeño arroja todo tipo de objetos debajo de los muebles o en rincones fuera de su vista, profiriendo en ese acto un prolongado "o-o-o-o" con aire de satisfacción. Freud y la madre del niño creen oír, en esa exclamación, un rudimentario *"fort"* ("se fue"), y comprueban que "esa acción enigmática se repite de continuo". Se diría que el único uso que el nieto hacía de los objetos era el de "jugar a que se iban". Pero en una oportunidad en que el juguete era un carretel de madera atado con un hilo, Freud advierte que, tras arrojar el objeto por encima de la baranda de su cuna, el bebé lo recuperaba tirando del hilo, "saludando ahora su reaparición con un amistoso *Da*" *("acá está")*. El padre del psicoanálisis y abuelo del niño deduce entonces que el juego completo consiste en un "desaparecer y un volver" de los objetos, acompañando ese vaivén con fonemas traducibles como *fort-da*. El "principio del placer" nos llevaría a concluir que el *"da"* corresponde a una recuperación jubilosa (intensamente placentera) de un objeto penosamente perdido en el momento el *"fort"*, y que el juego binario "sublima" las frecuentes ausencias y retornos de la madre del infante. El *fort-da* sería así una *técnica* que convierte al sujeto en "un triunfador al ser activo en la reproducción" del catastrófico abandono implicado en el destete, como sugiere Lacan.

No obstante Freud nota que, en la enorme mayoría de los casos, el juego del *fort-da* se efectúa sólo en su "primer acto", es decir, en la tarea de hacer desaparecer los objetos. (Cierto día, frente al espejo del guardarropa materno, el niño juega incluso a hacerse desaparecer a sí mismo). Y el abuelo percibe también que esas incansables reproducciones de una ausencia perturbadora están acompañadas de una "paradójica satisfacción" que contradice el principio del placer. Dicho de otro modo, el niño vuelve una y otra vez a revivir una experiencia traumática, ominosa y aun mortífera como si intentara "elaborarla" de alguna manera, aunque el intento falle una y otra vez, debiendo repetirse indefinidamente. Freud conjetura que tales repeticiones son tentativas de domesticar una hipotética "pulsión de muerte" ligándola a representaciones imaginarias o simbólicas. Más tarde, Lacan llamará *goce* a esta paradójica satisfacción freudiana.

Tal vez en el juego del *fort-da* reencontraríamos la *perejivanie* en su sentido menos traducible, a saber, como experiencia profundamente perturbadora de la que el sujeto ha salido relativamente airoso.

Diríamos entonces que la secuencia transitada por Kostia, entre el pánico escénico y el júbilo de emerger triunfante ante una platea fascinada, es un juego de *fort-da* en el sentido freudiano que cabe asignar a esa expresión. Pero vemos también que si la actuación vivencial – el instante de "¡Sangre, Yago, sangre!"- podría aún inscribirse en el registro del *placer* en tanto que descarga de tensión, el padecimiento que le precede –como si de su "causa" se tratara- bien podría haber desbaratado al actor en una definitiva "muerte escénica", pues éste no tenía la garantía de un "hilo salvador" que le asegurara la recuperación de sí.

El hilo del carretel, el seguro de retorno tras la pérdida de sí hubiese sido precisamente la posesión de una "técnica de la vivencia" por parte del actor. Sin embargo, el fracaso stanislavskiano en la búsqueda de una técnica de la "inspiración" y su reconocimiento de la impenetrabilidad del "subconsciente" por vías directas, mantienen la *perejivanie* en una zona de irreductible e inmanejable peligro. La recurrente puesta en riesgo de la propia vida-en-el-oficio, esa compulsión de poner en juego el propio prestigio artístico en un combate de final incierto, ubica la *perejivanie* en ese "más allá del placer" que el lacanismo designará como *goce*. Si la "vivencia" stanislavskiana sólo puede medio-decirse, si es inexplicable para quien la ha protagonizado, situándose por lo tanto más allá de la técnica positivamente entendida, es porque se interna en la opacidad del *goce*, reservando al menos un resto fuera del alcance de una psicología y, por lo tanto, de una "psicotécnica".

TODO UN MAR SE AGOTA EN UNA GOTA

Insisto entonces en que si la *perejivanie* es tan esquiva al discurso –como podemos comprobarlo en el segundo capítulo de *El trabajo del actor sobre sí mismo*-, si se muestra irrecuperable para una evocación verbal, es porque aquélla concierne al *goce* actoral y no al saber-hacer en la escena. Y tomo aquí la palabra "goce" en el sentido entrevisto por Freud, a saber, como paradójica satisfacción más allá del principio del placer. Se trata de un goce que más tarde Lacan situaría fuera del significante, incompatible con toda representación. En tanto inefable y no-especularizable, el goce ostenta la cualidad de lo *intransferible*: hay una esencial soledad –y aun un autismo- en el sujeto gozante. El goce del otro nos es, por lo tanto, inaccesible e inconcebible.

En el terreno teatral, específicamente, no hay garantía alguna de que los respectivos goces del actor y del espectador sean simultáneos, simétricos, coordinables, ni conmensurables en calidad o en intensidad. Si la alegoría del escenario (realista) como espejo de la sala ha sido un longevo lugar común de la cultura occidental, en lo que respecta a los eventuales goces de uno y otro lado del proscenio, deberíamos figurarnos más bien un espejo de doble faz como superficie divisoria. Actores y públicos gozan según sus maneras respectivas, cada vez más azarosa e independientemente a medida que unos y otros se internan en los territorios desconcertantes de las teatralidades "experimentales" de nuestros días.

Sólo las variantes más lineales de la narrativa realista –aquellas que responden al esquema conflicto / suspenso / resolución- pueden apostar aún a mantener al público atrapado en el previsible trayecto que va de una tensión acumulativa a su descarga final. Basta formularlo de este modo para advertir que ese tránsito lineal se mantiene en los cauces del principio del placer, sin aventurarse a un goce propiamente dicho, y es por ello que sus efectos –relativamente calculables- se agotan en los marcos de la representación misma. Un "teatro de placer" suele responder a una demanda de "consumo de bienes culturales" y, como decía Brecht, "en esa esfera ya nada se produce; sólo se consume, se disfruta y se defiende" (Brecht 1973 110).

El teatro de placer está al cubierto de la inquietud, del malestar y aun de la herida irresuelta e irresoluble -sujeta a indefinidas repeticiones fallidamente reparadoras- que la palabra *perejivanie* conlleva. El teatro de la vivencia propone en cambio una experiencia que, a diferencia de la que ofrece el teatro de placer, sigue obsesionando al espectador mucho después de que la sala se vacía y se apagan las últimas luces del escenario. Tal es la *producción* de un teatro de goce. Permítanme ilustrar lo que acabo de escribir con unas evocaciones de Lee Strasberg.

Tras haber asistido en Chicago a la última interpretación de Laurette Taylor en *El zoo de cristal* y pese a haber admirado, durante la representación, el trabajo de la actriz, el director del Group Theatre anota que nada de lo que ella hizo en escena explica en qué consistió su actuación, y que

> muchos han tratado de describir esa interpretación, pero en general lo único que puede decirse es: "Bueno, no fue nada en particular, ningún elemento. Fue... eso, simplemente fue". Esta descripción, por extraña que parece, es justa. Es una manera de expresar el hecho de que la interpretación de Taylor era una vivencia. (Strasberg 1989 37)

Las palabras de Strasberg señalarían aquí una doble "vivencia": la que se supone en la actriz, por un lado, y la que se atribuye a (¿todos?) los espectadores, por otro, incapaces de poner en palabras lo que hacía de esa actuación un evento memorable. Y el director norteamericano agrega que "algunos de sus compañeros de elenco me dijeron que en ocasiones no se sabía qué iba a decir la actriz [en escena]" (1989 37), palabras que ilustran la observación de Stanislavski citada más arriba, según la cual, en los instantes de vivencia, "el actor vive o crea según su inspiración, improvisando" (1978 64).

Strasberg concluye sus referencias a Laurette Taylor comentando que aquel trabajo en *El zoo de cristal* "fue una gran actuación porque no fue una actuación" (1989 37). Dicho de otro modo, una "interpretación vivencial" es una "línea de subjetivación" –para decirlo en los términos de Deleuze- que opera en los bordes del dispositivo de representación realista, que fuerza sus límites hasta el punto de "pasar al otro lado", franqueando así el portal hacia un dispositivo alternativo y aun cayendo fuera de toda representación. En esa condición limítrofe de la *perejivanie* reside precisamente su inefabilidad y su ingobernabilidad.

Debemos recordar, sin embargo, que un estado de "vivencia" continua sería insostenible para cualquier actor, según lo advertía el maestro ruso. La *perejivanie* es un acontecimiento que resalta sobre un fondo de "actuación técnica" que sirve al actor o a la actriz para "descansar del goce".

Detengámonos en otra remembranza de Strasberg en que se subraya el carácter puntual de la vivencia, considerada en este caso desde su perspectiva de espectador. "La única vez que experimenté una sensación similar a la que generaba Taylor fue con Eleonora Duse, cuyo trabajo, sin embargo, demostraba otra intención y conciencia" (1989 37), comenta el maestro newyorkino. La intensidad de esa experiencia se vuelca en la frase siguiente: "El debut de Eleonora Duse en Broadway fue un gran momento histórico para mí y para muchos" (37).

Al asistir, a principios de la década de 1920, a una versión de *La dama del mar* de Ibsen, protagonizada por la diva, Strasberg dice haber aguardado "toda la velada que se produjera uno de esos momentos –un desborde de temperamento, una intensa vibración emocional- que para mí formaba parte de una gran interpretación". El director esperó en vano tales efusiones; a cambio de ello, advirtió "algo fuera de lo común: una presencia, una sensación de algo que sucedía ante mis ojos, un hecho fugaz, pero que quedaba grabado en mi conciencia. Era como un sabor que permanece largo tiempo en el paladar" (37). La *perejivanie* del espectador se vuelve explícita en esta evocación: "Salí del teatro embargado por sentimientos confusos, contradictorios. En verdad había visto algo fuera de lo común, pero no la interpretación que esperaba: ni un solo desborde de las emociones" (37).

La dama del mar se representaba en italiano –lengua desconocida para Strasberg-, lo cual le permitió apreciar el conmovedor trabajo de "actuación pura" de la diva. El pasaje memorable referido por el director era "la escena en que Duse le suplica a su esposo que le permita partir con el forastero, y él por fin acepta, su rostro se ilumina con una sonrisa maravillosa" (37). El comentario subsiguiente es una observación que echa luz sobre la *perejivanie* sin exponer su secreto: "La sonrisa de Duse es algo extraño: parecía nacer de los dedos de los pies y ascender por todo el cuerpo hasta llegar al rostro y a la boca, donde aparece como el sol asomando detrás de las nubes" (1989 38). Esta frase nos resitúa de inmediato en la escena de *Mi vida en el arte* donde Stanislavski presiente en los cuadros de Vrubel un destello que debería orientarlo hacia la actuación anhelada sin encontrar, no obstante, su clave técnica.

Oscuramente sospechaba el maestro ruso que era necesario despedazar el cuerpo propio, *refuncionalizarlo* –permitir, por ejemplo, que los pies puedan sonreír- y recomponerlo de modo que su comportamiento escénico se aparte de todo cliché. Es por ello que he sugerido que las tribulaciones de un Stanislavski desafiado por Vrubel bien podría leerse desde el "cuerpo sin órganos" artaudiano. Pero sin que en ese momento el Maestro pudiera percatarse, el modelo pictórico le cerraba el paso hacia una solución técnica –en caso de que la hubiera- al problema actoral que le afligía. Si acaso hubiera un saber-hacer encaminado hacia la inducción de una vivencia en el espectador habituado al realismo, dicha habilidad se orientaría más bien según un modelo *dramatúrgico-literario,* como lo dejan entrever las reflexiones de Strasberg en torno a la labor escénica de Eleonora Duse:

> Cuando [la diva] sonrió, yo pensé: "Este es el verdadero meollo de toda la obra. En realidad, no quería partir. Sólo quería la libertad de elegir". Medité durante un largo rato sobre la escena, hasta que caí en la cuenta: "¿Qué es esto? Acabo de ver una obra que no conozco bien, representada en un idioma que no entiendo, y la actriz me la ha revelado con un solo gesto". (1989 38)

Si en un gesto está contenida toda la obra, diríamos que ese gesto en una *sinécdoque* de dicha obra, valiéndonos de la terminología retórica. Tomar (o sustituir) el todo por una parte es, como se sabe, una operación sinecdótica a la que podemos considerar como un caso particular de *supresión metonímica.* Volviendo a *Mi vida en el arte,* cuando el maestro ruso abordaba la imposible tarea de fragmentar su cuerpo, lo que de hecho buscaba era dotar a cada una de sus partes de una elocuencia tal que fuera posible expresar, desde la pequeñez del detalle, la abrumadora sugestión de la totalidad de la representación, es decir, de la obra dramática completa. Dicho de otra manera, cada pequeña parte del cuerpo actoral debía ser capaz, al menos potencialmente, de condensar en un gesto el "superobjetivo" de la obra representada. En esta problemática, podríamos conjeturar que, de haber llevado más lejos sus investigaciones por la vía de los significantes del comportamiento escénico, Stanislavski se habría acercado inesperadamente al "actor inteligente" de Riccoboni y Diderot.

Strasberg concluye sus referencias a la velada inolvidable con la siguiente reflexión:

> Duse me enseñó esa noche que actuar no es sólo producir un desborde de temperamento o siquiera demostrar una emoción profunda. En ella vi la vida del personaje revelada minuto a minuto. Duse tenía una facilidad extraordinaria para aparecer sentada en escena y crear una persona que pensaba y sentía, sin esa intensidad especial que caracteriza la conducta guiada por las emociones. (1989 38)

Dicho con otras palabras, Eleonora Duse era una *maestra del gesto,* capaz de realizar el ideal diderotiano sin que podamos averiguar hasta qué punto el talento metonímico de la actriz era el fruto de un cálculo minucioso o de una inspiración inconsciente reacia al análisis. Los párrafos de Strasberg nos autorizan a distinguir en ellos una *"perejivanie* de espectador", sin darnos indicio alguno sobre lo que la actriz experimenta en tales "instantes fecundos". Entre la *perejivanie* del actor y la del espectador cabe sospechar más bien una no-simultaneidad como regla general; son, según lo he indicado más arriba, goces no obligados a una sincronía. En cualquier caso, podemos decir que actrices como Eleonora Duse son capaces de ubicar su trabajo en el borde último del dispositivo de representación realista, sin propiamente trascenderlo (lo cual en absoluto menoscaba sus méritos). Vale la pena entonces seguir citando a Strasberg en busca de una ulterior aclaración sobre lo que acabo de escribir.

"Vi a Duse nuevamente en *Espectros* de Ibsen", nos dice el director del Actor's Studio. De esa oportunidad, recuerda que

> En el primer acto, la Señora Alving ve a Osvaldo que seduce a Regina fuera del escenario; bruscamente, le es develado todo el pasado oculto. En el caso de Duse, fue como si la rodeara una gran ola. Alzó los brazos como si un muro estuviera por desplomarse sobre ella, pero ese muro era de telarañas invisibles que envolvían sus manos y ella las agitaba impotente; se debatía para liberarse. (1989 38-39)

Vemos aquí el carácter *doblemente metonímico* del gesto de la actriz, pues éste alberga a la vez el *espacio* "fuera de cuadro" en que su hijo "seduce" a su media hermana Regina y el *tiempo* vital que la Señora Alving malgastara en su larga sumisión a un marido bestial y a la mascarada burguesa de los sagrados valores familiares. La totalidad "comprimida" en la metonimia gestual de Duse es, por lo tanto, de orden *narrativo-dramático*: contiene el *mundo posible* (narrativamente) desplegado por *Espectros* y expande infinitamente ese mundo al sugerirnos tanto su extensión invisible –aunque imaginable- para el público de la sala, como las interioridades "intensivas" (dramáticas) de sus personajes, interioridades que el espectador sólo puede inferir pausadamente de lo hecho y de lo dicho por ellos en el transcurso de las escenas de la obra. Por otra parte, los "espectros" aludidos en el título deambulan tanto en la *extensión* del afuera como en la *intensión* (o "intensividad") de los sujetos.

Una nota a pie en el texto de Strasberg se torna particularmente luminosa a este respecto, lo cual la hace merecedora de una transcripción en extenso:

Muchos años después de haber visto a la Duse, Clifford Odets me presentó a Charles Chaplin, que para mí era la personificación del actor profesional. Clifford trató de hacerme participar de la conversación. "Lee, cuéntale a Charlie tus recuerdos de la Duse. Eso bastó para poner en marcha a Chaplin. Durante una hora nos demostró los diversos estilos de interpretación, la diferencia entre los actores chinos y japoneses, la manera como los italianos manipulan la utilería. Finalmente, hizo una imitación de la Duse. Pero el gran mimo no supo captar su estilo porque ella no hacía nada fuera de la escena y el personaje. No poseía gestos propios, de ahí que fuera imposible imitarla. Era sólo un vehículo para expresar la idea de la obra. (1989 38)

Si Stanislavski hubiese contemplado la exhibición chaplinesca alrededor de 1906 –época en que el Maestro atravesaba una crisis profesional por pérdida de "entusiasmo creador"-, es muy posible que hubiese diagnosticado en el mimo una gestualidad "vaciada de interioridad". Strasberg –sin dejar de ser stanislavskiano- percibió allí, más que una ausencia de interioridad, una carencia de pertinencia/pertenencia *textual*: lejos de toda abstracción y a diferencia de la demostración de Charlot, "cada gesto de la Duse era real, revelaba el contenido de la obra". (1989 40)

El director newyorkino vislumbraba de este modo la necesidad de un giro técnico que el maestro ruso de hecho realizaría al empezar a dar consistencia a su "método de las acciones físicas", a saber, la admisión de que una actuación determinada no debía llenarse con los "contenidos interiores" del personaje abordado en su aislada singularidad, sino que debía construirse progresivamente, por capas, bajo la guía de los contenidos y las formas literarias subyacentes a los diálogos, hasta llegar a ser "sólo un vehículo para expresar la idea de la obra".

Lo que el actor realista deberá imitar (es decir, construir) no será ya un personaje-persona dotado de un "mundo interior" –aunque el espectador del realismo siempre creerá atisbar ese mundo desde la platea-, sino que deberá erigir e ir transformando las sucesivas *circunstancias dadas* que desde la obra articulan y organizan, a cada instante, en las determinaciones que habrán de pesar sobre sus comportamientos en la escena. Para decirlo con un vocabulario deleuziano, la "realidad del personaje" irá tomando cuerpo por sucesivas prolongaciones, encadenamientos, entrelazamientos y estratificaciones de las "líneas de visibilidad" y de las "líneas de enunciación" del dispositivo representacional y no por el simple trámite de "crear el personaje en la imaginación y luego trasladar cada uno de sus rasgos a sí mismo", como quería la tradición realista dominante.

CÓMO GOZA UN AVE FÉNIX

Los párrafos de Lee Strasberg que he citado en el apartado que precede describen con claridad lo que podemos llamar un *goce espectatorial* ocasionado por una experiencia (*perejivanie*) tan indeleble como reticente. Dicho goce es, como tal, refractario a las evocaciones verbales del espectador, pero los esfuerzos descriptivos de Strasberg nos permiten reconstruir al menos lo que podríamos llamar la "dimensión cognitiva" de esa experiencia, un aspecto que las poéticas realistas pueden instigar técnica e intencionalmente en sus públicos. Se diría que la obra realista está construida de modo tal que recompensa al lector/espectador con un *reconocimiento* final tras haberlo conducido por senderos inciertos, dispersivos, diversamente zizagueantes e intrigantes en grados variables.

Dejemos de lado un realismo lineal, compuesto según la mencionada secuencia conflicto/suspenso/desenlace y obediente a un "principio del placer" que no decepcionará al receptor, ya que éste conoce de antemano la forma del decurso narrativo que la obra habrá de entregarle a cambio del precio pagado en la boletería. En dramaturgias realistas más exigentes, donde el juego discursivo y formal interfiere con la linealidad de la historia relatada, el lector o el espectador probablemente sentirá que es invitado a armar un rompecabezas sin tener a la vista la imagen final de deberá reconstruir. Esa imagen concluyente será el *mundo posible* unitario y exhaustivo en que calzarán ajustadamente las piezas inicialmente diseminadas, entregadas por el dramaturgo de acuerdo a un cálculo discursivo cuidadoso.

Lo que finalmente se le concede al armador del rompecabezas es una suerte de clave de acceso universal que repentinamente conectaría entre sí las ínsulas de un archipiélago, los submundos posibles hasta entonces desparramados en la trama. Esos islotes habrían estado *en suspenso*, subtendidos por la fe del receptor aguardando esa clave conectiva que tarde o temprano los realizadores de la obra deberían proveerle. Es claro que este suspenso del reconstructor no es del mismo tipo que el propuesto por la construcción mencionada al comienzo del párrafo anterior. Aquel "suspenso lineal" se sostiene en la pregunta que el lector/espectador se formula sobre la suerte del protagonista de la narración: ¿logrará o no la meta que se propone? Hay, en este caso, una *identificación* del receptor con el personaje y su destino, y esa relación identificatoria alimenta el suspenso de la trama.

El trayecto del espectador que arma el rompecabezas es, en cambio, homólogo al del infante que transita por el "estadio del espejo" lacaniano: parte de una fragmentación informacional que lo sumerge en el malestar del sinsentido para acceder luego, súbita y jubilosamente, a una totalidad reconfortante. Ese momento reintegrador depara al receptor la dicha de quien se recupera de una pérdida angustiante, la alegría de *re-conocer* un mundo que se le había desfamiliarizado. Tras haber sido sumergido en la extrañeza de un cuerpo semiótico que había dejado de considerar como propio, tras perderse en un espacio sin brújula semántica, al lector/espectador le es concedido exclamar de pronto, frente a un rompecabezas perfectamente armado, "¡Esa imagen completa soy yo... sin ser yo!". Del mismo modo Kostia, al pronunciar imprevistamente su "¡Sangre, Yago, sangre!", pudo haberse dicho: "¡Soy Otelo... sin ser Otelo!", así como el bebé frente al espejo lacaniano pudo haber vociferado, finalmente, "¡Ese otro soy yo!".

Tal es el *goce identificatorio* que concita la obra realista: el de reconocer(se) luego de un extravío, el de reencontrar una legalidad subyacente tras haber sufrido la desconcertante anarquía de una multiplicidad aparentemente irreductible. Cuando el lector/espectador cree comprender las *leyes de formación* del mundo posible, le basta con conocer una parte de él para imaginar fehacientemente la índole y composición de los espacios y los tiempos que escapan –y que tal vez escaparán por siempre- a su constatación empírica. Dicho de otra manera, el sujeto extrapola a la vastedad del mundo lo que conoce de la pequeña región que le es dado percibir, amparado por las leyes que cree comprender respecto de la formación y funcionamiento de ese mundo. Sobre esta extrapolación descansan todos los "sesgos cognitivos" del observador, sesgos que un dramaturgo realista deberá saber explotar hábilmente.

Lo que aquí está en juego es la ilusión de controlar un todo teniendo posesión sólo de una parte. Es esta ilusión sinecdótica o metonímica la que, entregada de golpe luego de un extravío angustiante y cuando toda esperanza estaba perdida, es esa fulguración, digo, la que provoca lo que podemos llamar el *goce realista*. Es el goce del "*da*" de un niño que habría arrojado un carretel sin hilo, empujado solamente por la paradójica satisfacción del "*fort*" que le antecede. Se diría que el lector/espectador "de placer", el amante de las formas lineales, en cambio, prefiere evitar esa pérdida de un mundo que es, simultáneamente, pérdida de sí, concentrándose más bien en las tribulaciones de un personaje cuya identidad varía en el correr de los sucesos sin nunca disolverse.

Debo insistir en la contingencia y en la mutua independencia de los goces que pudieran experimentar actores y espectadores desde sus respectivos lugares en una obra en desarrollo. Si bien podemos postular satisfacciones homólogas de uno y otro lado del proscenio -pues ambas responderían a una matriz *fort-da* sin hilo en el carretel, por así decirlo-, tales satisfacciones no están obligadas a la simultaneidad ni a la conmensurabilidad, al igual que sucede en el (des)encuentro sexual de los amantes. Y en esa no-relación entre el escenario y la sala hay, además, una asimetría de intensidades, digámoslo así. La diferencia fundamental reside en las afectaciones de los respectivos cuerpos de actores y espectadores.

En el actor stanislavskiano es particularmente palpable la *histerización* de su cuerpo. El naufragio vivido por Kostia en su primera aparición actoral en público ("mis manos y mi cabeza se inmovilizaron, se volvieron de piedra; todos mis movimientos se paralizaron...mi garganta se cerraba") *subsistirá*, mientras esté en escena, *debajo* del cuerpo diestro una vez que el aspirante a actor haya conseguido "dominar" su pánico y crea tener nuevamente al público "en un puño". Ese cuerpo histérico subyacente es el que da la "temperatura" y la "presencia" a una actuación que "desde fuera" se muestra como dueña de sí, precisa y eficaz, mientras que, "por dentro" y "bajo la piel" es, como decía Artaud, "una fábrica recalentada".

En su libro dedicado al pintor Francis Bacon, Gilles Deleuze sostiene que

> De todas las artes, la pintura es, sin duda, la única que integra necesariamente, "histéricamente", su propia catástrofe. (...) En otras artes, la catástrofe no está más que asociada. Pero el pintor, él, pasa por la catástrofe, abraza el caos e intenta salir. (Deleuze 2005 60)

Si el filósofo hubiese tenido la ocasión de visitar las páginas stanislavskianas, tal vez hubiese ampliado su lista de artistas "caófilos" o "caótidas" para incluir a los actores, aunque seguramente hubiese evitado respaldar sus reflexiones con referencias a un "síntoma histérico" o al *corps morcelé* lacaniano. Fiel a su spinozismo intransigente y a su antifreudismo militante, Deleuze hubiese esquivado las menciones de una pulsión de muerte o de una angustia ante el vacío, para esbozar —como lo hace en *Lógica de la sensación*- una "clínica puramente estética, independiente de toda psiquiatría y de todo psicoanálisis" (2005 33). Sin embargo, el filósofo describe una "histeria" pictórica que recorre tanto los cuerpos retratados en los cuadros de Bacon como a Bacon mismo, a "la pintura misma" y aun a "la pintura en general", y define esa histeria siguiendo el cuadro psiquiátrico establecido en el siglo XIX, es decir, como un despliegue de "contracciones y parálisis, hiperestesias o anestesias, asociadas o alternantes, o bien fijas o bien migrantes, según el paso de la onda nerviosa, según las zonas que carga o a las que se retira" (2005 30).

Apartándose de la perspectiva psicoanalítica que quizá subrayaría la *fijeza* del síntoma histérico, Deleuze enfatiza el carácter móvil y dinámico de esa "onda" histerizante que recorre un "cuerpo sin órganos" sentido "bajo el organismo", pues el encuentro de esta onda con fuerzas exteriores engendra lo que él llama la *sensación*, cuya lógica se propone justamente trazar en su libro. De manera análoga, podríamos decir que el "cuerpo histerizado" persiste bajo el desempeño *organizado* del actor en la escena, dando así sostén a lo que solemos llamar su *presencia*, pues, como sugiere Deleuze, "lo histérico es a la vez lo que impone su presencia, pero también aquello por lo que las cosas y los seres están presentes, demasiado presentes, y que da a toda cosa y comunica a todo ser ese exceso de presencia" (2005 31).

Tal es, asimismo, el modo de estar escénicamente presente del actor stanislavskiano y quizá de todo actor realista que haya abandonado las tranquilidades del cliché o que haya renunciado a los amparos de una actuación puramente mimética. Como el pintor que describe Deleuze, ese actor vivencial "se propone deslizar las presencias bajo la representación, más allá de la representación" (2005 32). Esa presencia histerizada es lo que, con otro vocabulario, llamaríamos la "energía" del actor.

Volviendo al marco psicoanalítico que he venido invocando en estas páginas, debo puntualizar que el actor stanislavskiano no necesariamente es un histérico desde el punto de vista clínico. Cuando el cuerpo actoral transita por la "fase traumática" de la *perejivanie*, por el desasimiento de sí, experimenta lo que podríamos llamar una "histeria transitoria", susceptible de cesar apenas el actor abandona la escena. Se trata de hecho de lo que Freud describía, en *Más allá del prin-*

cipio del placer, como una pasajera "neurosis traumática" cuyas manifestaciones son, según dice el autor, muy similares a las del síntoma histérico.

Desde un punto de vista diacrónico, el paso de la impotencia zozobrante a la actuación cargada de "presencia" tiene el carácter de un *acto* cuyo prodigioso efecto es el de transmutar la "energía" paralizante y paralizada en una explosiva y dinámica "energía creadora". Es llamativo que ese acto esté precedido por una especie de cólera contenida. Justo antes de proferir la famosa frase de Otelo, recuerda Kostia que "en medio del desamparo y la confusión, me dominó la ira contra mí mismo, contra los espectadores. Por unos minutos estuve fuera de mí, y sentí que me invadía un valor indecible" (Stanislavski 1978 57).

Esta cólera contra sí mismo y contra el público parece tener un papel productivo fundamental. En *Lógica de la sensación,* Deleuze afirma que el "acto de pintar" surge después de "un trabajo preparatorio invisible y silencioso [que es], sin embargo, muy intenso". Tras preguntarse en qué consiste ese acto de pintar, el filósofo apunta que

> Bacon lo define así: hacer marcas al azar (trazos-líneas). Limpiar, barrer o arrugar las partes o las zonas (manchas-color); lanzar pintura, bajo ángulos y a velocidades variables. (…) Es como una catástrofe que sobreviene a la tela, en los datos figurativos y probabilísticos. (Deleuze 2005 58)

Se trata, como se ve, de operaciones agresivas en diversos grados que, en su conjunto, se nos muestran como un *ataque al cuadro*. Y Deleuze agrega una observación fundamental: "Es como el surgimiento de otro mundo" (58).

Tal es exactamente el efecto de la frase "¡Sangre, Yago, sangre!" pronunciada justo después de que el actor "abochornado, [se había aferrado] con fuerza al respaldo de un sillón": se diría que, en ese contacto accidental, una "fuerza exterior" hubiese chocado de pronto con la "onda histérica" de un "cuerpo sin órganos", produciendo una asombrosa transformación a la vista de todos. La frase shakespeariana rubrica el *acto,* cargado de potencia demiúrgica, que el actor ejecuta en público, pues todo el mundo posible de *Otelo* se despliega de un golpe ante el intérprete y ante sus espectadores. Del mismo modo que el *acto de pintar* de Deleuze-Bacon, el *acto vivencial* de Kostia-Stanislavski resulta de hecho de una violencia no-premeditada contra el cliché y la mímesis convencional, es decir, contra una "figuración" escénica demasiado obvia. En palabras del filósofo francés, ese acto

> es un caos, una catástrofe, pero también un germen de orden o de ritmo. Es un violento caos en relación con los datos figurativos, pero es un germen de ritmo en relación con un nuevo orden de la pintura: "abre caminos sensibles", dice Bacon. (Deleuze 2005 59)

Un pánico escénico como el experimentado por Kostia en su primera actuación es, sin duda, catastrófico. Y nada asegura que un actor pueda salir airoso de esa inmersión en el caos. Reiterando lo que he escrito más arriba, los momentos culminantes de la *perejivanie* nos la revelan como una apuesta a todo o nada en que el actor, como el pintor de Deleuze, "afronta ahí los grandes peligros, para su obra y para sí mismo" (2005 60).

Si la pintura de Bacon pudiera hablar, tal vez nos daría un testimonio similar al de Kostia: el cuadro, no sin orgullo, ostentaba en su faz una bella figuración para embelesar a su autor, dando por descontada su aprobación complacida; pero he aquí que el artista, por toda respuesta, no tiene mejor idea que emborronar e insultar la tela con inusitada violencia. Podemos imaginar el desconcierto paralizante del pobre cuadro: ¿es que mi autor ha sido presa de una intempestiva esquizofrenia?; ¿no ha sido él mismo quien pintó en mí las hermosas figuras que ahora destruye? Despunta ante nosotros, consecuentemente, una hipótesis a contrapelo del sentido común: ¿no ocupa el público teatral, respecto de la actuación en curso, el lugar del pintor en el proceso pictórico? ¿No será ese público, aparentemente pasivo, el verdadero autor del espectáculo?

El público fenoménico, el público tangible que ocupa sus lugares en la sala y cuyas funciones de receptor nadie pone en duda, no suele padecer de esquizofrenia: aprueba, rechaza o se desconcierta ante lo que la mayoría de las veces se le ofrece como obra terminada. Se hace difícil, por lo tanto, dejar de pensarlo como esencialmente consumidor. Tal vez será necesario, entonces, despersonalizar al público, concebirlo como un *campo de fuerzas* –en el sentido físico de la palabra-, para empezar a vislumbrar sus potencias productivas bifrontes.

EL MITO DE LA CAVERNA

Si bien los textos stanislavskianos nos muestran la histerización del cuerpo actoral seguida de una triunfante actuación vivencial -como si esta última hubiese logrado redimir y apaciguar al cuerpo "atacado"-, hay que admitir también la coexistencia, la sincronía de tales momentos mientas transcurre la representación frente al público. Por otro lado, podríamos decir que la histerización "natural" de un cuerpo que se expone a las miradas de una sala poblada de observadores ha sido reforzada por un proceso técnico-social que, habiendo comenzado en la segunda mitad del siglo XVIII, fue modificando radicalmente el dispositivo de representación teatral en el transcurso del siglo XIX.

En *La invención del arte,* Larry Shiner propone que el concepto de "arte" –y, sobre todo, el de "bellas artes"- como campo autónomo se gesta en Occidente entre los siglos XVIII y XIX. Refiriéndose a las artes de ejecución "en vivo" (*performing arts*) nos dice que, en las residencias de la aristocracia europea,

> incluso cuando la música no estaba destinada a servir de fondo para otras actividades, el público de los salones pocas veces prestaba atención. La situación en los teatros de ópera no era mejor que en los salones: los aristócratas que se sentaban en el escenario y la compañía mixta, ubicada en el pozo,

conversaban, silbaban, arrojaban manzanas y reñían entre sí. (…) Los cambios de escenario se realizaban a la vista de todos y la sala era iluminada por miles de velas, de tal modo que cada espectador pudiese ver a los demás con claridad. Incluso la disposición física tendía a favorecer más la socialización que la escucha. (Shiner 2004 210)

Hacia fines del siglo XVIII se instalan asientos fijos en la platea y se eliminan los del escenario, contrarrestando así la excesiva "vida social" del público asistente. Sin embargo, como subraya Shiner, habrá que esperar hasta mediados del siglo XIX para que las exhortaciones "al público de teatro para que permaneciera sentado manteniendo un silencio atento y respetuoso hacia la obra se conviertan en regla" (2004 188).

Esta dificultosa marcha hacia la "educación espectatorial" respecto de las artes escénicas tuvo un considerable auxilio en el progresivo oscurecimiento de la sala que, no sin resistencias, fue consolidándose a lo largo del siglo XIX para llegar, con Wagner, a la total oscuridad en palcos y platea. Sin embargo, ya en el siglo XVI los escenógrafos italianos habían comenzado a argumentar a favor de la conveniencia de apagar las luces en el área del público para incrementar el disfrute de las imágenes que ofrecía el escenario. Ya en el siglo XVII, los teatros italianos sólo iluminaban la sala en las funciones de gala, cuando era preciso que el público asistente brillara más que los actores.

Con la sala completamente a oscuras, el actor tiene la inquietante impresión de estar al borde de un abismo insondable. En varias ocasiones, Stanislavski alude en sus escritos a "la interminable y vaga penumbra" (1978 54) que se extiende ante el actor cuando éste mira la platea desde el escenario, al "espantoso vacío" (1978 55) que lo atrae irresistiblemente, al "horrendo agujero negro que se abre sobre los espectadores" (1976 224) y a la necesidad de concentrar la atención en una tarea escénica para evitar ser tragado por el hueco que se abre "más allá del arco del proscenio".

Para decirlo con mayor precisión, el actor siente del otro lado del proscenio la ominosa asechanza de lo que Freud llamaba "la Cosa (*das Ding*) en su muda realidad", perturbadoramente presente en su inmovilidad. Que ese público al cual va a consagrar su arte desaparezca de la percepción del actor, convierte esa presencia en *Cosa* sin atributos, fuera de toda imagen y fuera de toda circunscripción. Ese Público –y permítanme indicar con la mayúscula su afinidad con *das Ding*- desaparecido de la vista y de la audición es, consecuentemente, fuente de *angustia* para el actor. Con las luces de la sala encendidas, en cambio, el Público recupera sus movimientos y sus voces, deviniendo público visible y audible con el que se podría dialogar y equilibrar fuerzas.

El "abrazo del caos y el intento de salir de él" que Deleuze atribuye al pintor es claramente extensible al actor stanislavskiano, y es por ello que el maestro ruso dedica el primer capítulo de su libro pedagógico a relatarnos el encuentro del actor con la Cosa expectante del otro lado del proscenio, dándonos a entender que allí, en esa "interminable y vaga penumbra", reside la causa eficiente de toda actuación viva. Ese Público a oscuras es a la vez causa y pizarra vacía donde el actor habrá de dejar sus trazos; él es su lienzo intacto, su piedra en bruto, su hoja en blanco (o su "volumen en negro") demandando ser llenada.

Refiriéndose a la obra de Bacon, Deleuze niega la virginidad del lienzo y afirma que el pintor trabaja sobre una superficie inicialmente llena de estereotipos y clichés, todavía invisibles para el observador, contra los cuales el artista debe luchar. Otro tanto podría decirse del Público, claro está, pues en él también se agitan o duermen expectativas y prejuicios; bullen en esas cabezas y cuerpos invisibles tópicos sobre lo que esperan ver y oír sobre el escenario.

El pintor, a solas frente a su tela, puede olvidar momentáneamente a los destinatarios de su obra; el actor no puede hacerlo, pues ellos están ahí, demasiado presentes, como una materia oscura que lo afecta directamente en su cuerpo, induciéndole una histeria tan intensa como transitoria. Diríamos entonces que ese Público que lo causa y sobre el cual habrá de "escribir" su actuación, tiene para el intérprete al menos una doble e inseparable condición: por un lado es portador –consciente a no- de una *historia de las formas,* de un saber teatral incorporado, más o menos erudito o tosco, desde el cual habrá de juzgar, comparar y asimilar aquello que el actor le ofrezca; por otro lado, es un vacío deseante que en silencio le demanda un brillo y un arte que el actor sabe esquivos o, cuanto menos, contingentes. El intérprete está así expuesto a las fuerzas conjuntas y entrelazadas de al menos un Público Simbólico, portador de formas y saberes, y de un Público Real que sólo se le manifiesta como un *"espantoso vacío"* provisoriamente fuera de toda imagen y de toda descripción verbal.

En tanto los receptores de su obra están materialmente diferidos para el pintor de Deleuze, ese artista combate principalmente contra las seducciones y las solicitudes complacientes de un Público Simbólico, mientras que el actor stanislavskiano percibe, antes que nada, el "horrendo agujero negro" del Público Real. Ambas dimensiones del Público –más una tercera que merecerá el nombre de Público Imaginario y sobre la que volveré más adelante- conforman su potencia productiva en tanto *causa eficiente* del trabajo y de los goces del artista.

¿De qué manera se ejerce sobre el actor ese influjo causal del Público? Se diría que ese condicionamiento tiene dos fases. Hay, en primer lugar, una *alienación* respecto del Público, una enajenación que convierte al actor en un "extraño para sí mismo", difuminándole los límites de lo que le es exterior e interior, ya sea porque el sujeto hace suyos -o se deja atravesar por- los prejuicios y los clichés espectatoriales (al modo del "lienzo lleno" que afronta el pintor de Deleuze) o porque queda capturado en el campo de fuerzas del "espantoso vacío" de Stanislavski. La ira subterránea que induce en el actor esa alienación desemboca en el *acto* de separación respecto de la instancia enajenante: es el "¡Sangre, Yago, sangre!" de Kostia o el "limpiado, herido, rasgado o arrugado" del lienzo en el pintor, un *acto* violento que Deleuze –siguiendo a Bacon- llama *diagramático,* entendiéndolo como "una catástrofe que sobreviene a la tela". Ese desahogo súbito es, para Deleuze, un "trazo de sensación", libre de toda intención significativa o significante, en que "la mano del pintor [o el cuerpo actoral, diríamos] trastorna su propia dependencia" (2005 59); pero ese acto es, simultáneamente, un germen del cual habrá de nacer "un nuevo orden o un nuevo ritmo" en la obra.

De manera similar, el acto de *separación* respecto del poder alienante del Público es, a su vez, una *voluntad de potencia* actoral que mide sus fuerzas con las de los espectadores en la actuación realista. Ese acto inaugura una construcción verosímil, un orden presentado como un *mundo* posible que, dotado de suficiente consistencia y brotando inesperadamente, alienará a su vez al público empíricamente presente en la sala. La misma "energía" que paralizaba de pánico al cuerpo actuante parece ahora haber sido devuelta al Público como una "tensión, [como] un rumor que [recorre] el auditorio como si fuera el viento que pasa por la copa de los árboles". (Stanislavski 1978 58)

Dicho con otras palabras, al vórtice devorador de la Cosa (*das Ding*), el actor stanislavskiano responde con un *objeto* (*objekt*, diría Freud) que oficia de construcción protectora y lúdica (es decir, apta para jugar con las fuerzas de la platea). Ese actor contesta con una materialidad discursiva capaz de transmutar la conmoción del goce intransferible en placer encauzable y quizá compatible –en todo o en parte- con las demandas de los espectadores. El objeto escénico –que el actor realista construye con "acciones que parecen verdaderas en las circunstancias dadas"-, en la medida en que discurre en el tiempo y puesto que ningún cuerpo está en condiciones de soportar una *perejivanie* prolongada y continua, reclama una técnica actoral, "una psicotécnica bien elaborada que ayude a la naturaleza", diría Stanislavski. Esa técnica permitiría que los momentos de "auténtica vivencia" puedan alternar con una actuación verosímil, cautivante y eficientemente sostenida.

Como veremos en el capítulo siguiente, el maestro ruso había advertido que el dispositivo de representación teatral no sólo incluye al Público como componente esencial, sino que hace de este último la causa eficiente de todo lo que acontece en escena. De este modo, el dispositivo de representación no queda acotado por las paredes del edificio teatral o por los límites del "convivio" espectacular, sino que se expande por el espacio social y se interna en las brumas de la Historia de las Formas que a cada teatrista particular le es preciso reconstruir según sus capacidades y deseos.

Por otro lado, la *perejivanie* stanislavskiana toca los límites del dispositivo de representación realista, unos bordes que no son espaciales ni temporales, sino libidinales, por así decirlo, pues se trata de las fronteras donde el principio del placer, entrelazado con el principio de realidad, colindan con su "más allá". En efecto, ese objeto de disfrute llamado obra teatral, que el espectador de preferencias realistas consume con el anhelo preconsciente de *reconocer* el mundo representado en escena (aun cuando inicialmente haya sido conducido por senderos ignotos), ese objeto disfrutable, digo, puede de pronto abrirle la puerta a un inesperado y ambivalente goce que lo deja sin aliento.

En esos instantes en que, como diría Eugenio Barba, se deja de asistir a la *representación* de una experiencia (ajena) para vivir en carne propia "la experiencia de una experiencia", el espectador es llevado por la obra "más allá del principio del placer", empujándolo a una *perejivanie* que lo expone al afecto subyacente a sus propias pulsiones, conmocionando su cuerpo. La "vivencia" actoral stanislavskiana va en busca de la "vivencia" del espectador, aunque sin ninguna certeza de que tales goces particulares lleguen a ser simultáneos o siquiera sincronizables.

DEBERSE AL PÚBLICO

ALGO NOS IMAGINA

¿Qué hace un no-actor en un escenario bajo la exigencia de actuar? Quizá deberíamos subrayar las últimas palabras, pues estar "exigido", soportar la "exigencia de actuar" sería aquí tan decisivo como el hecho de no ser actor, de no poseer el saber-hacer necesario para exponerse a la mirada pública y retener durante varios minutos, mediante la palabra o el hacer escénicos, una atención expectante por parte de unos observadores circunstanciales. El término "exigencia" merecería tal vez un suplemento hiperbólico, agregándole "sin escapatoria posible". No porque alguien mantenga a ese no-actor en el escenario a punta de pistola, sino porque éste percibiría toda excusa para evadir esa obligación como una inaceptable falta ética. Ese no-actor estaría, en primer lugar y fundamentalmente, obligado ante sí mismo.

Como en incontables interrogaciones que conciernen a nuestro oficio, el viejo Stanislavski nos ofrece un ejemplo para atenuar la abstracción de estas consideraciones iniciales. El primer capítulo de *El trabajo del actor sobre sí mismo,* titulado "Diletantismo", comienza con el siguiente párrafo:

> Esperábamos hoy emocionados nuestra primera lección con Tortsov, pero éste entró en el aula sólo para sorprendernos con el anuncio de que proponía montar un espectáculo en el que debíamos interpretar algún fragmento de nuestra elección. La función se haría en el escenario, con la presencia de espectadores, todo el elenco y las autoridades del teatro. (Stanislavski 1978 49)

Se trata, como se ve, de un grupo de no-actores puestos ante la exigencia de actuar, no inmediatamente, pero sí en un muy corto plazo.

La reacción de los alumnos, *"pasmados de asombro",* habría podido preverse (y seguramente Tortsov la había previsto): *"¿Actuar en nuestro teatro? ¡Era un sacrilegio, una profanación del arte! Quise pedir a Tortsov que la función se realizara en un lugar menos solemne, pero el director salió del aula antes de que pudiera hablarle"* (1978 49). Advirtamos que el Maestro enciende la mecha, comprueba la efectividad de la carga explosiva y desaparece antes de ser acribillado a preguntas de todo tipo, no sólo sobre el momento y el lugar en que habría de cumplirse la tarea, sino también, quizá, sobre los conocimientos técnicos que permitirían realizarla.

> Al principio muy pocos estuvieron de acuerdo. (...) Pero poco a poco también los demás empezamos a acostumbrarnos a la idea (...) y pronto la representación nos pareció interesante, útil y hasta imprescindible. Al pensar en ella, latía con violencia nuestro corazón. (Stanislavski 1978 50)

En el momento que acaba de describirse, la tarea, inicialmente impuesta desde el exterior, pasa a ser un "compromiso personal" envuelto en un gozoso arrebato. Pero para que esto sucediera, los no-actores tuvieron que pagar el precio del estupor y aun de la reacción airada ante una demanda imposible de satisfacer. En esos instantes "pasmados de asombro", las seguridades personales –quién soy, qué vengo a hacer aquí, en el Teatro de Arte de Moscú...- fueron afligidas por una crisis; las "identidades" de estos ilusionados aprendices quedaron en vilo durante varios minutos, hasta que la certeza (imaginaria) de poder estar a la altura de lo exigido vino a socorrerlos.

Sobrevino entonces una suerte de embriaguez jubilosa en que

> alrededor de nosotros se pronunciaban cada vez más a menudo y con más confianza los nombres, al principio, de los autores rusos, como Gógol, Ostrovski, Chejov, y después también los de los otros genios de la literatura universal. Inad-

vertidamente, también nosotros fuimos abandonando nuestra humildad (...) y por fin mi elección recayó en Otelo (1978 50).

El entusiasmo envalentonado de Kostia -relator de esta primera experiencia actoral vivida en la intemperie de una ignorancia técnica- persistirá varias horas después de haber vuelto a su casa y de haber comenzado a leer el texto de Shakespeare. "Apenas había llegado a la segunda página, sentí el impulso de actuar. A pesar mío, mis manos, mis brazos y mis músculos faciales empezaron a moverse, y no pude contener el deseo de declamar" (50). De inmediato, el aspirante a actor improvisa un disfraz de moro y le parece que, siendo Otelo un africano, "en él debían traslucirse algo así como los impulsos del tigre". Comienza entonces una ejercitación física apoyada en el mobiliario de su habitación, donde instantes antes había estado leyendo *Otelo*: pasos sigilosos, saltos, deslizamientos ágiles y abrazos apasionados a algún almohadón, conformaron un repertorio de "movimientos felinos" que por momentos "resultaron perfectos".

Perfectos... ¿para quién?, podríamos preguntarnos de inmediato. Para el mismo Kostia, diríamos sin vacilar. Pero tenemos la sensación de que, además, este no-actor imagina, no del todo conscientemente, un testigo invisible. No es que el alumno de Tortsov se crea observado por una persona física, sino más bien por un observador que es nadie y, a la vez, es todos los públicos posibles. Por ello podríamos hablar de un Público que cobija complacientemente los ensayos y errores del aprendiz, como si se tratara de un espejo cóncavo tan receptivo y resguardante como un regazo materno. Ese Público Imaginario parece devolver a Kostia una versión de sí mismo completa, integrada, "perfecta", que contrasta con los cuerpos desmembrados e inmovilizados por el desconcierto inicialmente provocado en los no-actores por la "orden de trabajo" de Tortsov.

Vemos repetirse formalmente, en este ensayo de Kostia a solas, la operación prodigiosa que Jacques Lacan describiera en su exposición sobre "El estadio del espejo como formador de la función del yo", cuya primera versión data de 1936. Como tuvimos ocasión de verlo en el primer capítulo de este libro, ese "estadio" abarca el paso de la experiencia fragmentada e intermitente de un cuerpo incontrolable (el cuerpo real del bebé por él vivido, diríamos) a la "jubilosa asunción", en la superficie del espejo, de una imagen que se muestra como "totalidad", como *Gestalt* estable y autocontenida, y que el niño logra finalmente reconocer como propia. Tal es el rasgo que define a ese registro Imaginario en que se inscribirán nuestras ulteriores experiencias infantiles y adultas: la ilusoria y encubridora percepción de totalidades, de síntesis, de autonomías, de semejanzas, de relaciones duales y de significados allí donde subyacen grietas, fuerzas inconciliables, estructuras mudas y fragmentaciones irredimibles.

Ahora bien, aun siendo invisible e intangible ese Público que asiste virtualmente a un ensayo como el de Kostia, puede suceder que algún individuo concreto ocupe eventualmente su lugar. De hecho, los días inmediatamente sucesivos los alumnos de Tortsov trabajaron en el teatro y, aunque cada uno de ellos estaba concentrado en la preparación de su propio monólogo, podían verse y juzgarse entre sí. La víspera de la "función de prueba", por ejemplo, Kostia recibe la visita de su compañero Pushin:

> Me ha visto y quiere saber qué pienso de su interpretación de Salieri; pero no puedo decirle nada: a pesar de haber observado cuando hacía su papel, de nada me di cuenta por la nerviosidad que sentía mientras esperaba mi turno. Sobre mí mismo no hice preguntas. Temía la crítica, que podía destruir los últimos restos de confianza en mí mismo (Stanislavski 1978 56-57).

No obstante, Pushin dio su opinión sobre el desempeño de Kostia sin que nada catastrófico pasara.

El amigo Pushin se comportó como un director benevolente que habló muy amablemente de la pieza de Shakespeare y del papel de Otelo. Pero formula algunas exigencias que me resultan excesivas. Estuvo muy interesante al explicarme la amargura, la sorpresa y el choque del Moro ante la idea de que tanta maldad pudiera existir bajo la hermosa máscara de Desdémona. Esto la hace aún más terrible a los ojos de Otelo (1978 57).

Puede decirse que Pushin es un avatar, un lugarteniente o una materialización contingente de ese Público que habría "presenciado", desde su inexistencia, el primer ensayo de Kostia. De manera general, todo director de escena es una concreción, comparable a la de Pushin, de cierto Público futuro –aún inexistente- cuyas apreciaciones sobre las actuaciones y sobre la obra escenificada ese director debería poder anticipar, como se dice corrientemente en los ámbitos del oficio teatral. Debo insistir entonces en el carácter impersonal y virtual de lo que aquí denomino Público, con "P" mayúscula, condición que contrasta con la presencia empírica de un director u opinador individualizado y también con la tangibilidad del público que efectivamente se sentará en las butacas de la sala cuando la función comience.

Si leemos con atención las citas referidas a la visita de Pushin advertimos que Kostia teme que por boca del compañero solícito hable un Público potencial carente de la receptividad comprensiva y de la disposición elogiosa de aquel Público Imaginario que había juzgado "perfectos" sus movimientos felinos y su caracterización del Moro en aquella noche de aproximaciones inspiradas. Como pudo leerse, el alumno de Tortsov no se atrevía a preguntar sobre su actuación previendo que la palabra de su compañero podría matarlo, hablando figuradamente. Si Pushin estaba a punto de hablar en nombre de un Público potencial, quizá éste no sería un espejo complaciente dispuesto a adular el narcisismo del no-actor en trance de ensayar. Consecuentemente, el Público Imaginario halagüeño no es la única entidad virtual que determina y acompaña los tanteos entusiastas o desalentados de un actor o de un no-actor "en busca de su personaje".

PONERSE EN FORMA

Aun cuando Kostia temía que su amigo pronunciara un juicio demoledor sobre su trabajo, Pushin le obsequió una opinión razonada –y aun "sabia"- sobre Otelo y su relación con Desdémona. Si el propósito de esas observaciones era el de dar auxilio al atribulado no-actor, la meta fue cumplida, pues el aprendiz señala que "cuando se fue mi amigo, traté de abordar algunos pasajes del papel según la interpretación que él me había expuesto, y casi lloré de compasión por el Moro" (1978 57).

Es claro que un ocasional director de teatro podría haber aconsejado a Kostia con palabras similares a las de Pushin. Este último no intervino simplemente halagando el trabajo de su compañero -ni descalificándolo ferozmente-, sino que el aporte de este cuasi-director podría ser calificado como *técnico,* en la medida en que operó transformadoramente sobre el "material" compositivo-interpretativo que Kostia venía elaborando.

Si admitimos que Pushin –o cualquier otro director teatral- es el lugarteniente de un Público por venir, y puesto que el amigo, valiéndose de un discurso argumentado, induce en Kostia un hacer actoral que el aprendiz aprecia como un avance, la función que cumple el consejero –y el Público que éste representa o anticipa- ya no es la del espejo adulador que envuelve al practicante en el goce imaginario de haber alcanzado una actuación "perfecta". Si Kostia pareciera seguir mirando con cierta complacencia la imagen del Moro que hasta ese momento ha construido, se diría que las palabras de Pushin son pronunciadas "desde atrás" del aprendiz, como si éste ocupara el lugar de un niño vacilante y el cuasi-director se situara como un adulto que lo acompaña en la contemplación de la imagen especular, mientras le susurra frases alentadoras, pero que lo empujan a seguir avanzando en su composición en lugar de permitirle abandonarse en una inmovilidad fascinada o decepcionada.

Lo que antecede nos da a entender que si bien el Público Imaginario y sus posibles lugartenientes (cuasi-directores u observadores circunstanciales) pueden colmar de entusiasmo al no-actor (e incluso a actores consumados) y ponerlos a trabajar febrilmente, también podrían intervenir como instancias paralizantes, por así decirlo, ya que a veces o bien bañan al sujeto en la autocomplacencia de haber alcanzado la perfección, o bien lo hunden en el desaliento autopunitivo y rencoroso por no estar a la altura de un aplauso cerrado. Debemos advertir que el registro Imaginario de nuestra experiencia en tanto seres humanos no sólo es la fuente de una asunción euforizante del completamiento de nosotros mismos y del mundo que nos rodea, sino que también se muestra como la agresividad que nos embarga hacia esa imagen integrada que contradice –casi burlonamente- la impotencia real que nos habita. En este último caso, todo sucede como si el cuerpo real del sujeto volviera a imponerse sobre ese cuerpo integrado, controlable y virtuoso que un espejo –efectivo o figurado- alguna vez le devolviera, mientras lo inundaba de goce imaginario; y ese retorno de lo Real allí donde reinaba lo Imaginario es vivida como el más negativo de los sentimientos.

Vale la pena aclarar que cuando en este contexto hablo de "espejo", no me refiero a un dispositivo óptico necesariamente presente y palpable, sino, en general, a ese espejo virtual y portable que parece acompañarnos en el ajetreo cotidiano dando sostén a nuestro narcisismo o a lo que Freud llamaba nuestro "Yo ideal". Tal es, asimismo, uno de los aspectos del Público Imaginario a que me vengo refiriendo.

A veces un espejo real puede resquebrajar o hacer trizas la imagen que nuestro Yo ideal nos "vende" como acabada. Al cabo de esa primera noche inspirada en que Kostia admiraba el Otelo engalanado y felino que había encarnado durante "casi cinco horas", el relator confiesa que:

Antes de quitarme el ropaje (...) me deslicé hacia el vestíbulo, donde había un gran espejo; encendí la luz y observé mi imagen. No vi en modo alguno lo que esperaba. Las poses y los gestos que había descubierto durante mi labor no eran lo que me había imaginado. Más aún: el espejo reveló en mi estampa más angulosidades y líneas desagradables que no me había notado hasta entonces. El desencanto hizo que mi energía se esfumara instantáneamente (Stanislavski 1978 51).

El espejo tangible del vestíbulo se presentó ante Kostia no como representante de un Público Imaginario halagüeño y "contenedor", sino más bien como el atisbo de un Público –aún sostenido en una imagen, pero manifestándose desde un "más allá" del espejo– despiadadamente crítico que hizo desaparecer todo el ilusorio encanto que hasta entonces lo envolvía. (Digamos de paso que aquello que el practicante perdió al pasar del "espejo mental" en que se veía a sí mismo como un Moro perfecto, al espejo real que lo decepciona, eso que ahora le falta, digo, es lo que el psicoanálisis lacaniano llama "falo").

Aun cuando los alumnos de Tortsov disponían de las instalaciones del Teatro de Arte de Moscú para ensayar antes de la "prueba", ellos estuvieron siempre librados a sus propias intuiciones y capacidades para resolver los problemas que les planteaban las escenas elegidas. Ningún asistente del Maestro acudiría en ayuda de los atareados no-actores. Ellos mismos tendrían que inventar o descubrir procedimientos de escenificación e interpretación que suplieran un saber-hacer aún no transmitido por Tortsov ni por sus ayudantes.

Kostia llegó a su primer ensayo en el teatro con un exiguo bagaje: había practicado en su casa los movimientos que él suponía propios de Otelo, había improvisado un vestuario acorde y había descubierto que, untándose la cara con una pasta marrón a base de chocolate y manteca, adquiría el aspecto de un moro, de manera que "por contraste con el color moreno de la piel, los dientes parecían más blancos. Sentado ante el espejo, aprendí a sonreír y hacer gestos para destacar el contraste del color de mi dentadura y poner los ojos en blanco" (1978 51). Estos "hallazgos" caseros eran para el no-actor una especie de "cuerpo propio" ampliado hasta abarcar aun el espacio físico que, en la intimidad de su hogar, había dado apoyo a esos movimientos felinos que tanto lo satisfacían.

Dado que el ayudante de Tortsov había propuesto que cada alumno "planeara sus propias escenas y distribuyera la utilería", Kostia advirtió que

> era [para él] de suma importancia distribuir los trastos de modo tal que pudiera orientar[se] entre ellos como en [su] propia habitación. Sin esta disposición del ambiente no podía alcanzar la inspiración. Pero no lograba el resultado deseado. Hacía esfuerzos inútiles por convencer[se] de que estaba en [su] propio cuarto, pero esto sólo era un estorbo para la representación (1978 52).

El salón de ensayos y la utilería allí distribuida eran para Kostia un territorio extraño, un campo ajeno que contrastaba fuertemente con esa habitación que había sido vivida como una prolongación de su Yo, es decir de ese "cuerpo propio" cuya condición *imaginaria* –en tanto configurada por una imagen especular- ya ha quedado señalada.

Por otra parte,

> el texto era un obstáculo en vez de una ayuda, y de buena gana habría querido desembarazarme de él o reducirlo a la mitad. No sólo las palabras del papel, sino también los pensamientos del poeta, extraños para mí, y las acciones indicadas por él, representaban un freno a la libertad de que había gozado durante los ejercicios en mi casa (1978 52-53).

Además,

> ¿cómo introducir en la escena inicial de Yago y Otelo, relativamente tranquila, el modo furibundo de mostrar los dientes

y hacer girar los ojos, los arrebatos del 'tigre' que me inspiraban para el personaje? (...) Por una parte leía el texto del papel y por la otra hacía los gestos del salvaje, sin relacionar lo uno con lo otro (53).

Finalmente, el otro aprendiz que habría de acompañarlo en la escena elegida interpretando a Yago, no se había ocupado demasiado de la "caracterización externa" de su personaje y, en cambio, había memorizado impecablemente los parlamentos escritos por Shakespeare. Ese *partenaire* aparecía ante Kostia como un intérprete seguro y despreocupado, tan imperturbable y autosuficiente como lo eran, para el aprendiz de actor, el escenario teatral, la utilería allí distribuida y el texto de *Otelo*.

Kostia estaba, en suma, a merced de fuerzas o de inercias que le eran extrañas y frente a ellas contaba con armas de poca utilidad. "Pero no podía dejar a un lado estos recursos del juego del tigre y de la puesta en escena que había creado, puesto que no contaba con nada que pudiera remplazarlos" (1978 53).

Si algo necesitaba Kostia, y con mucha urgencia, era un maestro, un director o un cuasi-director que le enseñara *cómo tender puentes* entre *lo propio* (los movimientos ensayados, el vestuario, el maquillaje...) y *lo extraño* (el salón de ensayos del teatro y su utilería, el texto shakespeariano, su compañero de escena...). Esta "reconciliación" – no exenta de contradicciones- entre *lo propio* y *lo otro* será precisamente el objeto de la enseñanza técnica que Tortsov habrá de dispensar a sus no-actores durante el resto del año, y a esa enseñanza están dedicadas casi todas las páginas que componen *El trabajo del actor sobre sí mismo*.

En efecto, la pedagogía stanislavskiana ofrece respuestas a tres cuestiones decisivas del oficio actoral concebido en un marco realista: cómo hacer de las *circunstancias dadas* una "causa eficiente" del comportamiento escénico; cómo habitar un texto hasta el punto de que la sucesión de los comportamientos escénicos equivalga a una *reescritura*, en el espacio y en el tiempo de la escena, de las palabras del autor; cómo establecer con el *partenaire* circunstancial una "comunión" —cargada de tensiones, no obstante- que enlace productivamente las actuaciones de los compañeros de escena.

En la medida en que el aprendiz logre vincular *lo propio* y *lo otro* en escena, recuperará y desplegará allí "las fuerzas motrices de la vida psíquica" y la soltura corporal que le permitirán mostrar "sinceridad de las emociones, sentimientos que parecen verdaderos en las circunstancias dadas", según el aforismo que Stanislavski atribuía a Pushkin y que, desde la perspectiva del maestro ruso, describía en admirable síntesis la actuación realista ideal.

Ahora bien, el tendido de puentes es obra de los símbolos, si tomamos esta palabra en su etimología. Recuérdese que "símbolo" (*symbolon*) deriva del verbo griego *symballein*, literalmente, "arrojar con", es decir "poner juntos", "reunir", "comparar", "intercambiar", "encontrarse" y aun "explicar". El ámbito originario del símbolo es el del *intercambio*: para sellar los contratos comerciales, los antiguos griegos disponían de una pieza de alfarería (la *tésera*) partida irregularmente en dos pedazos que quedaban en poder de cada uno de los contratantes. Poseer la mitad de la *tésera* era, en lo sucesivo, la prueba de tener derechos contractuales, y éstos se demostraban en el encuentro de las partes interesadas, haciendo calzar perfectamente los dos trozos de terracota. El *symbolon* estaba constituido por los dos trozos de un objeto quebrado, y su ulterior ensamble era la prueba de un origen común y la materialización de un reconocimiento mutuo.

Volviendo a la indefensión escénica del no-actor, diríamos que éste se esfuerza, intuyéndolo oscuramente, por hallar en alguna parte una *dimensión simbólica* que le permita reunir *lo propio* con *lo otro*. He sugerido que es la técnica —transmitida en una escuela de teatro, por ejemplo- la encargada de propiciar esa articulación de las entidades disímiles que confluyen en el desempeño actoral: el cuerpo propio y sus aditamentos, el espacio escénico, la utilería, el texto dramático... Pero, ¿en qué consiste esa técnica transmisible?

Aun cuando Stanislavski y otros maestros insistían en que la técnica del actor se enraíza en lo profundo de su "naturaleza humana", no es difícil advertir que el saber-hacer actoral no es *natural* sino *histórico*. Lo que entendemos aquí por técnica es el repertorio de procedimientos de construcción formal que a lo largo de los siglos o desde épocas más o menos recientes, han probado ser eficaces para sostener un vínculo entre el artificio que unos actores elaboran en escena y la recepción, "lectura" o goce de este artificio por parte de determinados espectadores.

Desde los orígenes del arte escénico se han venido acumulando reglas útiles para dar forma al comportamiento actoral de modo que éste logre retener –y entretener- la atención del público durante el tiempo que dura la representación. Ese conjunto de reglas formales que "funcionan", con marcada independencia de los géneros, de los contenidos o de los modos de organizar el discurso escénico, y que se aplican a la resolución de problemas compositivos e interpretativos durante los ensayos, es lo que llamamos *técnica* actoral. Podemos afirmar ahora, sobre la base de lo dicho en los párrafos precedentes, que la técnica de la actuación (y de la escena, en general) tiene un carácter *simbólico*, y que ello le permite tender puentes entre lo propio y lo otro.

No es que la técnica "simbolice" algo, como cuando decimos que cierta forma o rasgo simboliza –de manera más o menos fija y unívoca- cierto contenido. En tal acepción de la palabra "símbolo" se postula una relación dual entre la materia simbolizante y su sentido, mientras que cuando defino aquí la condición simbólica de la técnica actoral, ésta queda ubicada como una instancia *tercera*, puramente formal, entre dos términos concretos y tangibles. La técnica forjada en el marco de una poética realista debería entonces terciar, por ejemplo, entre el Otelo que Kostia viene componiendo, por una parte, y el texto de Shakespeare, por la otra.

El "papel" es un orquestado conjunto de palabras salidas de la pluma shakesperiana que se presenta ante el aprendiz como una totalidad autosuficiente y cargada de sentido. La rústica composición de Kostia –incipientes trazos de lo que luego debería ostentar la condición de un "personaje"- aspira también a llenarse de significación, pero hasta el momento el sentido de esa construcción se muestra escurridizo e intermitente para el actor. Por su parte la técnica, en tanto que entidad simbólica, está desprovista de todo significado y ello pareciera concederle una liviandad instrumental, una función puramente conectora entre el *papel* (que a su vez integra la totalidad literaria llamada *Otelo*) y el esbozo con que se debate Kostia. La técnica de actuación realista, ofreciéndose como puente entre el texto del autor y el boceto-en-proceso del actor, se erige, así, como una promesa de que algo del robusto sentido shakesperiano habrá de transferirse finalmente a la composición actoral que por ahora se muestra vacilante.

Si atendemos al objeto que los griegos llamaban *symbolon*, vemos que, si bien éste estaba concebido con vistas a la reunión, al encuentro, a la coincidencia, a la comparación y al intercambio, sólo podía cumplir tales funciones si previamente sufría una ruptura, un corte, una separación de sus partes. La operación simbólica, la *unión* de al menos dos términos presupone, en consecuencia, una previa *separación*. Ha sido necesario que Kostia se sintiera desposeído, apartado de las totalidades imaginarias que había logrado componer en sus ensayos a solas, para que surgiera en él la muda o balbuceante demanda de una técnica, de un saber-hacer con las cosas de la escena. En este punto de crisis, el no-actor se predispone a convertirse en un *sujeto de la técnica*.

De manera general, para que una técnica actoral –ya sea que ésta se subordine al realismo o a cualquier otra poética- haya podido llegar hasta nosotros como conjunto de reglas eficaces aplicables a la tarea de dar forma al comportamiento escénico, esa técnica ha debido desprenderse, separarse de los contextos concretos en que tales procedimientos fueron originariamente descubiertos o inventados. A esta separación, a este corte con respecto a una realidad originaria y a su organización como *sistema* o *estructura*, debe lo simbólico –y en particular, la técnica de la actuación- su condición de abstracción transmisible.

Si el registro Imaginario de nuestra experiencia era el reino de las totalidades, de las síntesis, de la autonomía y de la *semejanza*, lo Simbólico es el registro de la *diferencia* y de la mediación. El símbolo lacaniano es un recordatorio de discontinuidades, una indicación de que, por más ajustadamente que calcen las dos mitades de una *tésera*, entre ellas subsistirá siempre una pequeña grieta, una línea divisoria que nos dice que el Todo primordial es definitivamente irrecuperable, que hay en nuestra vida un obstinado trasfondo de desamparo.

Si Kostia había podido establecer un euforizante vínculo imaginario con Otelo en sus primeras aproximaciones al papel, si había podido ilusionarse de estar pertrechado para afrontar los desafíos de la obra y de la escena, lo vemos ahora, en su primer ensayo en el escenario del teatro, desconcertado y desalentado ante las nuevas realidades que se le presentan. Una fisura afligente ha rasgado aquella inicial omnipotencia imaginaria.

Kostia está así capturado en la irresuelta dialéctica de lo propio y lo otro. El saber técnico que hubiese venido en su socorro constituiría una tercera instancia, una caja de herramientas y de procedimientos que deberían reparar dicotomías, religando así las partes diseminadas y restableciendo la conexión imaginaria que las hacía Una. Lo que nos muestra el relato stanislavskiano es que esa instancia mediadora será esbozada a duras penas por los alumnos durante los días previos a la "prueba" programada por Tortsov, y que aquélla se irá haciendo presente, como construcción progresiva, en los meses subsiguientes, es decir en el período en que los aprendices comenzarán a convertirse en actores o, mejor dicho, en *sujetos de la actuación*. Y esa construcción de la mediación técnica hará necesaria la presencia de sus lugartenientes circunstanciales, a saber, de Tortsov y sus ayudantes.

Cada vez que un actor —asistido o no por su maestro o su director- echa mano al repertorio técnico que la historia del oficio ha venido poniendo a su disposición, actualiza de alguna manera a esos públicos que a lo largo de los tiempos se sintieron afectados —conmovidos, iluminados, sorprendidos- por incontables actores y actrices que, a través de los siglos o en épocas recientes, recurrieron a similares procedimientos formales. Puesto que tales espectadores ya no existen —como tampoco existen los actores y las actrices que los sedujeron-, cabe hablar de un Público como instancia Simbólica impersonal y abstracta que se manifiesta como conjunto de reglas que, aplicadas al comportamiento escénico, hacen posible que los actores afecten a los públicos concretos —de "carne y hueso"- con los que efectivamente se confrontan.

El Público Simbólico está virtualmente presente en cada ensayo donde los actores y actrices aprenden o aplican las reglas compositivas e interpretativas que harán *posibles* —aunque no *seguros*- los efectos que ellos esperan producir sobre sus públicos por venir. El maestro, el director o los auxiliares que presencian ese ensayo serán lugartenientes de ese Público Simbólico en la medida en que intervengan sobre las actuaciones en curso transmitiendo, recordando o prescribiendo un repertorio sistemático de técnicas destinas a poner-en-forma el trabajo de los actores y las actrices.

TENTACIÓN DE ABISMOS

Los días que transcurrieron entre la inesperada "orden de trabajo" de Tortsov y el momento en que los alumnos debían presentar sus escenas ante un selecto grupo de espectadores, se convirtió en un período de experiencias decisivas para los no-actores y en la ocasión de que éstos se asumieran como autodidactas en la búsqueda urgente e intuitiva de algún saber técnico —por rudimentario que éste fuese- para salir más o menos airosos del aprieto.

Ensayando en el teatro Kostia descubre, entre otras cosas, el efecto de lo que más tarde aprenderá a llamar "circunstancias dadas" sobre su comportamiento verbal en escena. Preocupado por "la repetición de las mismas sensaciones y los mismos recursos" en sus ensayos sucesivos y por el "estancamiento" de su trabajo que esas repeticiones implicaban, el alumno advierte, al retomar la práctica en su casa, que

> en la habitación contigua algunas personas se [habían reunido] para tomar el té. Con el fin de no atraer su atención se me ocurrió trasladarme a otra parte de la habitación y repetir las palabras del texto lo más bajo posible. Para mi asombro, estos cambios insignificantes me reanimaron, obligándome a mirar de un modo nuevo mis ejercicios y hasta mi papel (Stanislavski 1978 53).

Alentado por esta renovación imprevista, el practicante se apresura a concluir que, en cada ensayo, "todo debe ser improvisado: la puesta en escena, la representación del papel y el modo de abordarlo". Al volver al teatro al día siguiente, el resultado de este experimento extremo fue la confusión, el olvido del texto y de "las entonaciones que acostumbraba darle".

Tras varias horas intentándolo con su compañero de escena, Kostia se va acostumbrando

> al ambiente en el que se desarrolla el trabajo y a las personas que participan. (...) Los elementos que antes no estaban de acuerdo empiezan a armonizar (...) [y] siento con menos intensidad los divorcios con el autor (1978 56).

Esta "mejor adaptación" subjetiva, fruto de pasar la escena una y otra vez aun sin que un tercero observara técnicamente a Kostia y a su *partenaire*, no garantizaba, claro está, que las actuaciones mismas hubiesen mejorado y menos aún que hubiesen dado un salto cualitativo. Y para romper esta ilusión de control sobre los elementos teatrales y los procedimientos inventados, el siguiente ensayo tuvo lugar "en el escenario mismo". Lo inesperado del impacto le dio un giro traumático, es decir, abrumador e inmanejable: "Apenas había pisado el tablado apareció frente a mí la inmensa boca del arco del proscenio y detrás una interminable y negra penumbra. Por primera vez veía desde la escena la platea, ahora vacía y desierta. Me sentí totalmente desconcertado" (1978 57).

He venido insistiendo, a lo largo de este capítulo, en la condición *impersonal* de ese Público que puede postularse como causa última del desempeño del actor en la escena. La sala vacía que ahora enfrenta el aprendiz, materializa de alguna manera esa "impersonalidad" de un Púbico que no equivale a la suma de los espectadores físicamente presentes en la platea. Y Kostia habría quedado largamente inmóvil frente a "la interminable y negra penumbra", si una voz anónima y sin procedencia visible no hubiera exclamado: "¡Comience!". A esa orden de trabajo le responderá, del lado del alumno, una pasada "mecánica" de la escena varias veces ensayada, con grandes dificultades para "concentrar la atención en lo que sucedía alrededor [de él]" y casi sin poder ver "a Shústov, que estaba a [su] lado" (1978 54).

El segundo día de ensayo sobre el escenario del Teatro de Arte reitera, tal vez con mayor intensidad, el inquietante encuentro sin intermediarios con ese Público que no necesita existir para producir efectos sobre la subjetividad de Kostia: "Me dirigí al frente del escenario y empecé a mirar al espantoso vacío más allá de las candilejas, para habituarme a él y librarme de su atracción, pero cuanto más me esforzaba en no tomarlo en cuenta, más pensaba en él" (1978 55).

En ese momento, un acontecimiento nimio llega a insinuarle una solución, una manera pre-técnica de escapar a la imperiosa fascinación del vacío: mientras Kostia permanecía absorto en el proscenio,

> un hombre que pasaba a mi lado dejó caer un paquete de clavos; le ayudé a recogerlo, y de repente tuve la grata sensación de sentirme a mis anchas en el escenario. Pero rápidamente recogimos los clavos y de nuevo me sentí oprimido por la amplitud del espacio. ¡Y un instante atrás me sentía magníficamente! Todo esto era natural: mientras realizaba la tarea, no pensaba en el espacio tenebroso que tenía frente a mí. (1978 55)

Tras la caída de los clavos y la subsiguiente actividad distractiva, el aprendiz tuvo que esperar su turno para mostrar su trabajo en el escenario. Y Stanislavski desliza aquí, por boca de Kostia, una constatación decisiva: "Esta angustiosa espera tiene su lado bueno. Se llega a un punto en que se *desea* que venga cuanto antes el momento de actuar, *de pasar por aquello que se teme"* (1978 55. El énfasis es mío). Estas palabras revelan, en toda su ambivalencia, el carácter de ese *deseo* inexplicable que empuja a determinados individuos a enfrentar "el espantoso vacío más allá del proscenio": el *deseo de actuar* es indisociable del acto de "pasar por aquello que se teme", y la *causa* de ese deseo es el Público, lugar impersonal de cuya influencia el aspirante a actor no puede sustraerse.

Debo subrayar que el Público que Kostia descubrió en la platea vacía del Teatro de Arte de Moscú no es el mismo que aquel otro Público –igualmente intangible- que lo envolvía y lo alentaba en sus primeros tanteos jubilosos de Otelo, en esa búsqueda en la que el personaje de Shakespeare parecía someterse precozmente a los talentos actorales silvestres y aún incultos del aprendiz. Tampoco es ese Público Simbólico que podemos postular como un reservorio de los procedimientos técnicos que dieron pruebas de ser notablemente operativos en la historia de la actuación, y que ahora el aspirante a actor puede asimilar o reinventar para poner-en-forma su comportamiento en la escena.

El Público de la sala desierta no es, por lo tanto, un Público Imaginario ni un Público Simbólico. O, mejor dicho, ese lugar ominoso exhibe ante el alumno una dimensión del Público que no es Imaginaria ni Simbólica. El primer rasgo que podemos atribuirle a esta Alteridad amenazante es el de instalar la *angustia* en el actor en ciernes. Cuando esa angustia irrumpe sin velos ni salvavidas circunstanciales (como lo había sido el paquete de clavos que de pronto cae en el tablado, por ejemplo), su ominosa invasión puede disolver toda esa cuidadosa construcción que el no-actor (y aun el actor consagrado) traía preparada y probada en sus obsesivos ensayos previos. Todo lo que el sujeto se había propuesto *representar* en escena puede quedar anulado por este Público implacable que empezamos a intuir como siempre presente detrás de las construcciones formales y materiales que el actor erige, entre otras finalidades, para protegerse de sus temibles efectos.

Llegado el turno de mostrar su ejercicio en el escenario –cuyo telón estaba inicialmente cerrado-, Kostia descubre que el personal del teatro

> había armado [allí] un decorado con elementos de diferentes obras. Algunas partes estaban mal colocadas y el moblaje era muy variado. (…) Con un gran esfuerzo de imaginación podía encontrar en ese ambiente algo que recordaba mi propia habitación. (1978 55)

Pero

> en cuanto se levantó el telón y la sala apareció ante mí, me sentí enteramente dominado por su poder. (…) Empecé a sentirme apremiado, tanto en la acción como en la recitación: mis pasajes favoritos pasaban como postes de telégrafo vistos desde un tren. La más ligera equivocación, y la catástrofe habría sido inevitable. (55)

Al día siguiente, en el "ensayo general", Kostia pudo constatar otro efecto de esa angustia que el Público suscitaba en él. "Al acercarse el momento culminante [de la escena] me asaltó un pensamiento: 'Ahora me atasco'. Se apoderó de mí el pánico y me callé, confuso, con unos círculos blancos girando ante mis ojos" (56).

El deseo de actuar, que el practicante había experimentado aún con más fuerza que la angustia de afrontar un Vacío lleno de Público y despoblado de espectadores, ese deseo, digo, se le muestra también como indistinguible del deseo de esa Alteridad sin rostro: "Otra sensación nueva para mí fue que mi ansiedad me llevaba a sentir una obligación: la de interesar al público para que en ningún momento se sintiera aburrido". Y agrega que "este sentimiento me impedía entregarme a lo que estaba haciendo" (55).

Cuando finalmente llega el día de "la función de prueba" y la hora de ingresar al gran escenario iluminado, "el miedo y la atracción de la sala se hicieron más fuertes que antes", inyectando en Kostia la paradójica excitación causada por lo que se teme y se desea a la vez. Sintiéndose inerme ante una platea que él percibía como colmada, el no-actor intentó en vano "extraer todo lo que había en [su] interior, (...) pero dentro de [él se] sentía vacío como nunca" (57).

Quizá Kostia –o tal vez el mismo Stanislavski- ya más calmado y a solas, habría encontrado consuelo en Antonio Machado, cuando el poeta se lamentaba en estos términos:

> Somos víctimas de un doble espejismo. Si miramos afuera y procuramos penetrar en las cosas, nuestro mundo externo pierde solidez, y acaba por disiparse cuando llegamos a creer que no existe por sí, sino por nosotros. Pero, si convencidos de la íntima realidad, miramos adentro, entonces todo nos parece venir de fuera, y es nuestro mundo interior, nosotros mismos, lo que se desvanece. (Machado 1997 274)

Estas frases están a punto de decir lo que el psicoanálisis lacaniano ha constatado tempranamente, a saber, que, en la experiencia subjetiva, lo más íntimo es lo más ajeno, que esa separación entre "interioridad" y "mundo exterior" que damos por obvia, resulta y depende en realidad de la construcción imaginaria denominada "Yo".

Cuando esa construcción se desvanece –lo cual sucede cuando el actor enfrenta sin mediaciones al Público- sobreviene una angustia que de inmediato se localiza en el cuerpo:

> El excesivo esfuerzo por extraer de mí la emoción y la impotencia de realizar lo imposible crearon en todo mi cuerpo una tensión que llegó al espasmo: mis manos y mi cabeza se inmovilizaron, se volvieron de piedra. (...) Todas mis

fuerzas desaparecieron ante esa tensión inútil. Mi garganta se cerró, mi voz sonaba como un grito (Stanislavski 1978 57).

Sobreponiéndose a duras penas a la parálisis, Kostia intenta repetir lo ensayado a solas, pero

> la mímica, toda la interpretación se tornó violenta. Ya no podía controlar los movimientos de las manos y las piernas ni el habla, y la tensión fue en aumento. Abochornado, me aferré al respaldo de un sillón. En medio del desamparo y la confusión me dominó la ira contra mí mismo, contra los espectadores. (57)

El aspirante a actor no podía sentirse en peores condiciones para ofrecer al público "todo lo que había en [su] interior", deseando recibir a cambio una aprobación sin retaceos. Los espectadores sentados en la platea del Teatro de Arte están a punto de quedar fuera del alcance de Kostia o, lo que es lo mismo, el alumno está al borde de caer fuera de la bien predispuesta atención expectante que su público le había concedido inicialmente. El no-actor está en vías de precipitarse fuera del campo de interés positivo de los espectadores presentes, quedando por ello mucho más alienado en el Público intangible que ha venido asediándolo o envolviéndolo durante los días precedentes. Como consecuencia, la ira lo invade y su "identidad" deja de pertenecerle: "Por unos minutos estuve fuera de mí, y sentí que me invadía un valor indecible. Al margen de mi voluntad lancé la famosa línea: '¡Sangre, Yago, sangre!'. Era el grito de un sufrimiento insoportable. No sé cómo la dije"(1978 57). Se diría que el no-actor ha transitado aquí por la conversión "catastrófica", repentina, de la huida en ataque, tal como suele suceder con un animal acorralado.

Esta despersonalización de Kostia y la subsecuente violencia de su exclamación "visceral" hacen pensar en la confesión de un criminal cuando dice, por ejemplo, que "llega un momento en que me desengancho, ya no soy yo, sé que yo la golpeo, pero en ese momento yo dejé de ser yo". Todo sucede como si de la angustia paralizante, el perturbado alumno hubiese salido mediante un *pasaje al acto* atento al consejo de los delincuentes consuetudinarios: "Hay que lanzarse; no se piensa, se actúa; es como estar fuera de todo".

Pero un verdadero pasaje al acto hubiese consistido, por ejemplo, en el abandono del escenario por parte del no-actor o en un virulento insulto a la platea. Si Kostia se mantuvo, confuso y airado, en ese ruedo dominado por un Público obsceno y devorador que exhibía ante él su desnudo, brutal e ilimitado deseo, fue porque apostaba –sin ser del todo consciente de ello- a recuperar al más tratable Público Imaginario y al servicial Público Simbólico que, con altibajos, habían venido amparándolo en sus afanosos ensayos. La exclamación de Kostia fue entonces un *acto* en el sentido que el psicoanálisis da a esta palabra, es decir "una decisión, una osadía [brotada de un "valor indecible"], algo del orden de lo que inaugura, lo que funda, lo que crea" (Miller 1993 181), como lo definía Jacques-Alain Miller. Un acto que, en este caso, convoca de pronto a las dimensiones más amigables del Público, a esos sentidos o significados movilizadores y a esos apuntalamientos formales improvisados desde la intuición del principiante en las horas de ensayos solitarios.

La angustia del no-actor ha propiciado así un *acto* a modo de respuesta singular, irrepetible, inédita y, por lo tanto, intraducible en palabras. "No sé cómo lo dije". Y ese acto logra entonces traer en su ayuda, como si se tratara de un escudo reflectante para enfrentar a la Gorgona, a ese Público situado en la intersección de lo Imaginario y lo Simbólico que días atrás había hablado por boca de su amigo: "La interpretación de Otelo que había hecho Pushin reapareció en mi memoria con gran claridad y despertó mi emoción" (1978 57). Y aunque Stanislavski no deja constancia de ello, podemos suponer que la "puesta en escena" tantas veces practicada por Kostia, las poses, los gestos y los movimientos felinos, alcanzaron el valor y la consistencia de un puente, de un *symbolon* que lo rescató de su pozo angustiante, transmutando la "mala energía" paralizante en irradiación irresistible:

> Me pareció que por un segundo la sala se había puesto en tensión y que un rumor corría por el auditorio, como si

fuera el viento que pasa por la copa de los árboles. En cuanto sentí esa aprobación hirvió en mí una energía incontenible. No sé cómo terminó la escena. Sólo puedo recordar que las candilejas y el negro agujero desaparecieron de mi conciencia y me sentí libre de todo temor. (1978 58)

Si he dicho más arriba que la conexión simbólica podía oficiar de puente entre dos realidades significativas (el esbozo de Otelo trazado por Kostia y el papel de Otelo escrito por Shakespeare, por ejemplo), vemos asimismo que lo simbólico puede vincular —más precariamente- instancias a-significantes, puras intensidades (la zozobra paralizante de aprendiz y el rumor asombrado de la platea) mediadas inesperadamente por una frase visceral ("¡Sangre, Yago, sangre!"). Pero no debemos perder de vista que esa ligazón es aún más efímera que la articulación entre dos entidades que se dejan traducir en imágenes o en palabras: la mediación entre intensidades —entre "energías", sean éstas buenas o malas para el sujeto- tiene la fuerza de un acontecimiento, pero cualquier descripción ulterior de sus causas o sus efectos tendrá apenas la índole insatisfactoria del balbuceo o del medio-decir.

Si bien Kostia estuvo a punto de caer fuera del círculo de la paciencia cordial que todo público dispensa a los actores cuando éstos comienzan sus actuaciones, un *acto* osado impulsado por una voluntad que excedía su control consciente le permitió finalmente jugar o sintonizar con la ignota causa del deseo de un Público que circundaba y penetraba por igual la escena y la sala. De pronto se hacía manifiesto que el deseo del sujeto actuante era el deseo de un Público que no se reducía al conjunto de espectadores físicamente presentes.

El "valor indecible", la "energía incontenible" que de pronto hervía en el aprendiz, era el aporte del Público Real, insistencia ominosa que se asoma en las grietas y en las lagunas de los significados iluminadores y de los saberes técnicos que in-forman el desempeño actoral. Diremos entonces que la *causa* de la actuación está entre el sujeto actuante y ese campo impersonal que he llamado Público, y que este último se nos muestra en tres dimensiones o registros: Imaginario, Simbólico y Real. Ese sujeto actuante, por otro lado, no es el "yo" del actor que se imagina dueño de su hacer y su decir en el escenario, sino una instancia despersonalizada que más bien "es actuada" por el Público que lo confronta.

He sugerido en un párrafo precedente que Stanislavski no da detalles de la actualización que Kostia pudo haber hecho de su ensayada "puesta en escena" frente a los espectadores; el Maestro nos da a entender más bien que los andamiajes, el esqueleto soportante de sus comportamientos habían "desaparecido de su conciencia" y que sólo le quedó "la emoción de Otelo". Es posible conjeturar entonces que, si el Público Simbólico (o la dimensión Simbólica del Público) tiene un lugar decisivo en el largo tiempo dedicado a la *composición* o *construcción* del comportamiento escénico, en el momento de la *interpretación vivencial* todo se juega entre el Público Real y el Público Imaginario, en este caso materializados en los espectadores presentes (el público con "p" minúscula). Y puede decirse que el actor, mucho más que interpretar un texto, interpreta aquello que un público ignora de su propio deseo.

BIENAVENTURADOS LOS INOCENTES Y LOS DESAHUCIADOS

Los tres Públicos que vengo distinguiendo están, por así decirlo, mutuamente entrelazados. Si bien los he señalado de manera sucesiva en el relato de la "prueba actoral" sufrida y superada por Kostia, ha sido atendiendo al hecho de que en cada etapa de ese proceso uno de los Públicos (o una de las dimensiones del Público) aparecía como predominante. Puede decirse que lo Real asoma en la experiencia actoral cada vez que naufragan los recursos y procedimientos salvadores, cada vez que el actor se queda sin el sostén de los significantes o de las imágenes que lo absorben, lo movilizan y lo contienen. Esa amenaza latente está siempre al acecho, hay que contar con ella y construir los comportamientos escénicos al modo de una balsa que no naufrague en el deseo infinito y sin nombre del Público (deseo que, aunque pudiera perseguir un objeto diferente, tiene su correlato en el que moviliza al sujeto-de-la-actuación). Kantor lo dice con palabras inmejorables cuando postula el nacimiento mítico de un ACTOR ante un AUDITORIO o Público:

> He aquí que, del círculo común de las costumbres y ritos religiosos, de las ceremonias y actividades lúdicas, ha salido ALGUIEN, alguien que acaba de tomar la temeraria decisión de separarse de la comunidad cultural. (...) Frente a los que se habían quedado de este lado, se ha levantado un HOMBRE, EXACTAMENTE igual a cada uno de ellos y sin embargo (en virtud de alguna "operación" misteriosa y admirable) infinitamente LEJANO, terriblemente EXTRAÑO, como habitado por la muerte. (...) Los medios y el arte de ese ACTOR se relacionaban también con la MUERTE, con su belleza trágica y horrenda. (...) Debemos devolver a la relación ESPECTADOR/ACTOR su significación esencial. Debemos hacer renacer ese impacto original del instante en que un hombre (actor) apareció por primera vez frente a otros hombres (espectadores), exactamente igual a cada uno de ellos y sin embargo infinitamente extraño, más allá de esa barrera que no puede franquearse, (...) de esa frontera que se llama: LA CONDICIÓN DE LA MUERTE. (Kantor 1984 248-249)

El Público Real, emisario de la única muerte que nos es dado experimentar antes de yacer definitivamente en nuestra tumba, es el reflejo oscuro de esa Muerte que el actor soporta en virtud de haber afirmado una *diferencia* infranqueable frente a un público "que se ha quedado de este lado", como decía el maestro polaco. Si al Público Real le restamos el público efectivamente presente en una sala, lo que queda es esa diferencia absoluta que Kantor equipara a la Muerte y que puede experimentarse en ambos sentidos de la relación teatral, pues, visto desde la platea, también el actor de carne y hueso aparece como el velo visible pero engañoso de un ACTOR (o de un sujeto-de-la-actuación) que está fuera del alcance de los sentidos, "infinitamente lejano". Es en esa diferencia irrepresentable donde se ubica la causa última de la actuación y del oficio que le da sostén con su técnica y sus potencias imaginarias. Y esa dimensión Real, es decir imposible, sustraída de toda imagen y de toda palabra, emblema de la Muerte, se interpondrá siempre entre el espectador y el actor como insistencia incesante y como motivo de un deseo: se actuará una y otra vez, con la esperanza utópica de abolir alguna vez esa brecha Real que se interpone entre las partes.

El Público Imaginario es esa instancia —asimismo impersonal, aunque personalizable en espectadores "de carne y hueso"- en que el actor o el grupo de actores reconocen su reflejo especular, ya sea que ese Público les devuelva una imagen admirable, una Gestalt integrada, irreprochable y cargada de sentido, o que, por el contrario, les muestre aquello que el actor o el grupo de actores hubiesen preferido no ver de ellos mismos. En un caso, los actores se sentirán "comprendidos", "contenidos", amados y elogiados; en el otro, se enfurecerán con ese reflejo de sí mismos despiadadamente sincero y con aquellos que lo hacen explícito.

Por lo general, un actor o un grupo de actores retrata a su Público Imaginario en las gacetillas de prensa, donde nos dan pistas de cómo quieren ser vistos, oídos, comprendidos y reconocidos por los espectadores que efectivamente concurren a las salas para apreciar sus trabajos. Cuando un proyecto escénico comienza, con algunos actores y un director o directora alrededor de la mesa de un bar, por ejemplo, es el Público Imaginario quien "los habla", reflejando las aspiraciones y las pretensiones del grupo en lo que respecta al trabajo en ciernes. Sobre ese Público por venir se proyectan las ambiciones "de máxima", entreviéndolo como un conjunto indefinidamente extenso de espectadores ideales, capaces de interpretar y disfrutar el espectáculo que ha empezado a concebirse. O bien ese Público Imaginario será el destino de todos los rechazos y malestares del grupo de artistas; será tal vez el chivo expiatorio de previos experimentos artísticos fallidos o de desencuentros sólo imputables a la "colonización mental" de las masas, a la "cínica apatía posmoderna" o a alguna otra manifestación del malestar en la cultura. El Público Imaginario *da sentido* –positivo o negativo- a la obra del artista individual o de un colectivo de creadores, así como da sentido a las partes componentes de la obra, en caso de que se esté en condiciones de distinguir estas últimas.

El Público Simbólico, por su parte, se entromete en el salón de ensayos para recordar a los actores y a quien los dirige que el valor artístico de la obra que se está produciendo no depende de las buenas intenciones de sus realizadores, ni de la importancia de los temas que la recorren, ni de la concordancia entre los contenidos de la obra en proceso y las apetencias de sus públicos potenciales. Lo que el Público Simbólico recuerda a los teatristas es que sus oficios son hijos de una Historia, y que ésta no es el mero recuento de sucesos memorables que habrían de perdurar bajo el rótulo de "clásicos", sino que esa Historia es el archivo –aún no cerrado- de los procedimientos de producción y de puesta-en-forma de la materia escénica (textos, cuerpos vivos e inertes, sonidos, luces…), procedimientos que demostraron reiteradamente su eficacia en experiencias teatrales pasadas.

La Historia del Teatro que se decanta en el Público Simbólico está abierta a invenciones y reinvenciones permanentes, y desconoce la idea de que determinadas técnicas o recursos puedan quedar "superadas" por el mero paso del tiempo y de las modas. Por el contrario, todo procedimiento de puesta-en-forma, por arcaico que parezca, puede retornar con renovada efectividad en determinados contextos de recepción. El Público Simbólico, portador de esa Historia de los procedimientos teatrales, viene a recordar al grupo de artistas o al actor individual que el conocimiento y el empleo diestro de la caja de herramientas técnicas que la Historia del oficio atesora, es quizá la única vía para hacer del lugar de producción, por periférico que éste sea, un inesperado centro que contrarreste en alguna medida el poder concentracionario y descalificador de los grandes Centros Teatrales consagrados por la cultura dominante.

De la misma manera que el Público Real es ambivalente en sus efectos sobre el sujeto-de-la-actuación (ya que esa entidad es, a la vez o alternativamente, fuente de angustiada parálisis o motor de inusitada potencia actoral), también el Público Imaginario puede inducir un empuje euforizante, intervenir como un objetor irritante o presentarse como un acunador soporífero (como cuando decimos que un actor o un grupo "se durmió en los laureles").

De modo similar, el Público Simbólico puede manifestarse en la experiencia actoral como un partero o un demiurgo dador de formas a cierta materia teatral pujante, o bien puede tomar el aspecto de un juez inconmovible que impone a los realizadores las "reglas eficaces" de la Historia teatral como si de leyes absolutas y "naturales" se tratara. Vale la pena que me detenga en esta condición fertilizante y productiva del Público Simbólico, teniendo en cuenta que ese lugar, espacio o campo que vengo llamando Público tiene siempre sus representantes "de carne y hueso" que le dan concreción y presencia personalizada, llámense éstos espectadores, directores de escena, críticos o maestros de actuación, entre otros posibles lugartenientes de aquel campo de fuerzas.

Si un director teatral, por ejemplo, hubiese estado observando esa práctica intuitiva, por momentos tan enérgica como estereotipada, en la que el alumno de Tortsov intentaba acercarse al personaje de Shakespeare en la intimidad de su habitación, quizá podría haber advertido allí algunas semillas de lo que Peter Brook llamaba "teatro tosco", un "teatro de una sola representación, con su rota cortina sujeta con alfileres a través de la sala, y otra, también rasgada, para ocultar los rápidos cambios de traje de los actores"(Brook 1973 93). Y el director inglés agrega que la característica de este teatro tosco es

> la ausencia de lo que se llama estilo. (...) [Para el teatro tosco] todo lo que se tiene al alcance de la mano puede convertirse

en un arma. (…) El arsenal es ilimitado: los apartes, los letreros, las referencias tópicas, los chistes locales, la utilización de cualquier imprevisto, las canciones, los bailes, el ruido, el aprovechamiento de los contrastes, la taquigrafía de la exageración, las narices postizas, los tipos genéricos, las barrigas de relleno. (1973 95)

Si "el estilo necesita ocio", como afirma Brook, es decir, cierta parsimonia contemplativa y un meditado saber histórico y normativo, "un espectáculo montado en condiciones toscas es como una revolución", tan acalorada, envolvente y adrenalínica como un rapto de inspiración. No debe extrañarnos entonces el asombro de Kostia al descubrir que, sin darse cuenta, había trabajado esa primera noche "casi cinco horas". Y recordemos su comentario: "¡Es la prueba de que el estado de ánimo que experimenté era la inspiración auténtica!".

Si el "teatro tosco" de Brook se muestra como carente de estilo es porque su público generalmente "no tiene dificultad en aceptar incongruencias de inflexión o de vestimenta, o en precipitarse del mimo al diálogo, del realismo a la sugestión". Ese público "sigue el hilo de la historia, sin saber que se han infringido una serie de normas" (1973 96). Ese público, que tanto puede "permanecer de pie, bebiendo, sentado alrededor de las mesas de la taberna, incorporado a la representación, respondiendo a los actores" (1973 93), ese público, digo, se mostraría como el complemento perfecto e ideal – como si de un "espejo bueno" se tratase- del actor heteróclito e inspirado que por algunas horas cree ser, por ejemplo, un Moro de Venecia ataviado con lo que tenía a mano, mientras goza de sentirse "un auténtico guerrero, imponente y hermoso".

Brook recuerda que, en una vieja escenificación de *Mucho ruido y pocas nueces* por William Poel, el director llegó

el primer día de ensayos con una caja de la que fue sacando curiosas fotografías, dibujos y retratos recortados de revistas. 'Esta eres tú', le dijo a una debutante al tiempo que le entregaba una fotografía. A otro actor le entregó un recorte de un caballero de armadura, a un tercero un retrato de Gainsborough, al siguiente un simple sombrero. [Poel] expresaba [así] con toda sencillez la manera como había visto la obra cuando la leyó, de manera directa, como lo hace un niño, no como un adulto que se rige por las nociones de historia relativas a un período determinado. (1973 96)

Y Peter Brook termina su párrafo diciéndonos:

> Hace largo tiempo vi una puesta en escena de *La fierecilla domada* en la que todos los actores vestían exactamente como habían visto a los personajes —todavía recuerdo a un *cowboy* y a un actor grueso que apenas cabía dentro de su uniforme de paje-, y esta fue con mucho la más satisfactoria interpretación que he visto de dicha obra. (1973 97)

El hipotético director teatral que observara a Kostia podría haberse asemejado a William Poel con su caja de curiosidades o al director de *La fierecilla domada,* preservando y potenciando los hallazgos intuitivos del no-actor inspirado. El discípulo de Tortsov nos describe así su modo "directo" de ver a Otelo:

> De repente descubrí un cortapapel de marfil y lo sujeté en mi cinturón como un puñal. Una toalla me sirvió de turbante, y con las cortinas de las ventanas preparé una bandolera. Con sábanas y mantas de la cama hice una camisa y una túnica. Un paraguas se convirtió en mi cimitarra; pero me faltaba un escudo. Recordé que en la habitación contigua había una gran bandeja, que me permitió suplir la falta. (Stanislavski 1978 51)

Con todos estos pertrechos incorporados, el aspirante a actor dio comienzo a la búsqueda de "los movimientos de la fiera" entre muebles, puertas y almohadones que figuraban personas.

Un director amante de lo "tosco" habría admitido en principio todos los aportes de Kostia para darles una continuación amplificadora o ramificante que convirtiera ese primer ensayo solitario en un estimulante —o quizá "revolucionario"- espacio de juegos y, a la vez, en un banco de pruebas para soluciones compositivas e interpretativas por completo imprevistas para cualquier lector de *Otelo*. Bien sabemos que autores como Shakespeare, por el peso de siglos de críticas apologéticas que fueron haciendo de sus textos un *corpus* clásico y cuasi-sagrado, se erigen como monumentos capaces de disuadir a cualquier principiante. Pero esos autores, temibles para todo actor "culto", convierten a los irreverentes aficionados, a los irresponsables no-actores, en los artistas que podrían dar con los atajos más directos para "entrar" en esos textos o en esos personajes canonizados como si fuesen sólo unos borradores amorfos que aún no cristalizaron nítidamente ni siquiera en la imaginación de sus autores.

Ese director que propiciara las visiones y las prácticas desprejuiciadas de sus actores sería un representante tangible del Público Imaginario que sanciona positivamente esas aproximaciones desconcertantes, provocativas, desopilantes o temibles a ciertos textos o a ciertos temas que suelen llegar precedidos por una nube de doctos prejuicios. Pero ese director sería también el lugarteniente de un Público Simbólico que interviene en los ensayos no en nombre de la gravedad y el rigor de un *deber-ser* formal, estilístico o estético, sino que asiste con la fecundidad instrumental de un constructor de puentes, pues una vez que la obra producida por actores o no-actores iconoclastas salga del espacio protegido de los ensayos, dicha obra deberá ser capaz de "defenderse por sí sola" y de anudar vínculos con ignotos espectadores.

El director-observador que suspende sus juicios de valor para permitir y acoger las aventuras lúdicas o sacrílegas de sus actores y no-actores, debería ser también un artífice en condiciones de dar a esas búsquedas la dimensión de un *symbolon* apto para sostenerse sin desfallecimientos frente a un Público Real o para soportar los embates de un Público Imaginario intolerante y despiadado. Para hacer posible la afirmación de una irreverencia más allá de la confiada intimidad de los ensayos, ese director-partero se verá obligado a concebir una estrategia para dar forma y contundencia a lo singular sin asfixiar su irreductible diferencia. Dicho brevemente, ese director deberá propiciar una actuación como *acto* que se afirme por encima de los efectos paralizantes del Público, es decir, un acto que irrumpa como un acontecimiento capaz de franquear de un golpe el pavor que conlleva el Público Real, la posible normatividad inhibitoria de un Público Simbólico y la negatividad inmovilizante que un Público Imaginario puede inducir ya sea por ferocidad crítica o por adulación excesiva.

El director-partero cumple entonces una función mediadora entre la admisión de los trazos anómalos que dejan en el salón de ensayos las osadías o las ingenuidades actorales, y la continuación de esos trazos en entretejidos formales capaces de defenderse solos frente a las inclemencias de los Públicos futuros.

Es necesario decir que Stanislavski no era exactamente ese director ayudante de partos habitado por una suspensión del juicio indefinidamente elástica, capaz de hacer lugar a las más descabelladas ocurrencias de sus actores para ver hacia qué imprevisibles derroteros eran capaces de llevar la trama del espectáculo que estuviesen ensayando. El maestro ruso era quizá demasiado respetuoso de los méritos formales y temáticos de los textos terminados y publicados, pues veía en ellos los resultados de un trabajo minucioso, competente y autocrítico que los actores rara vez asumían en sus propias labores compositivas e interpretativas. Consecuentemente, si bien promovía la improvisación y las propuestas innovadoras durante los ensayos, subordinaba esas aventuras actorales —esas "tendencias", como él las llamaba- al descubrimiento y al ulterior enriquecimiento del "superobjetivo" de la obra, entendiendo que allí residía un núcleo germinal inspirador apto para movilizar de manera lógica y bien orientada las "fuerzas motrices de la vida psíquica" del actor.

Pero, a la vez que tomaba estas precauciones para prevenir los desbordes caprichosos o caóticos en el trabajo actoral, el director del Teatro de Arte se valía de un procedimiento audaz y no carente de cierta violencia para alejar a los intérpretes de las comodidades del cliché. Se trataba de una estrategia deconstructiva comparable a esos ataques que Francis Bacon emprendía contra sus propias telas a fin de exorcizarlas de cualquier figuración estereotipada que las amenazara. En el cuarto capítulo de este libro tendré ocasión de detenerme en un estudio detallado de esas operaciones stanislavskianas destinadas a expulsar a sus actores del camino entrópico del mínimo esfuerzo. Por lo pronto, me basta con dejarlo anunciado.

LA TELEVISIÓN ME DICE
QUE SOY MUY INTENSO

Muchos teatristas añoran y envidian la vitalidad y el desenfado de los teatros toscos. No pocos colegas imaginan esas barracas, tabernas o plazas colmadas de borrachos, familias numerosas o jóvenes bromistas como un público *espontáneo* en sus manifestaciones, excitado, seducido o interpelado por unos actores de pareja espontaneidad, es decir, despreocupados de sus estilos de actuación y de la limpieza de sus formas. Para esos actores saludablemente desprejuiciados, cualquier recurso habría sido bueno mientras pudiera mostrarse eficaz en retener y entretener a la turba díscola.

No nos sorprende entonces que la nostalgia de la espontaneidad escénica haya sido recurrente, al menos desde comienzos del siglo pasado, entre los teatristas que anhelaban restituir la Vida a unos escenarios moribundos de academicismo o de mercantilismo decadentes. Las escenificaciones toscas despuntaban, así, como modelos de una teatralidad inmanente en que un *bricolaje* de recursos al servicio de las risas y las lágrimas instalaba pactos transitorios y naturales entre actores y públicos, sin las mediaciones de un *a priori* estético portador de algún sagrado deber-ser. Acróbatas circenses, payasos, artistas de varieté, ilusionistas, titiriteros ambulantes y músicos de feria eran así invitados por numerosos directores de escena para inyectar energía y novedad en los textos teatrales que lucían anémicos y acartonados para la euforia vanguardista de la época. En clima semejante, la prudencia estética y metodológica stanislavskiana pudo parecerles a muchos jóvenes directores una vía muerta o un conservadurismo sin futuro.

Los dadaístas de hace algo más de un siglo, lectores de Nietzsche y de Bergson, sobresalían entre los cultores de una espontaneidad proteica y programática, y de inmediato cabe preguntarnos si el dadaísmo nacido a comienzos del siglo XX dio definitiva sepultura a las poéticas teatrales realistas, acelerando la crisis terminal en que éstas parecían haber entrado hacia finales del siglo XIX. Ese certificado de defunción firmado por Dadá habría sido correlativa de la decadencia de la representación, caída que, al parecer, arrastraba el andamiaje formal-normativo que le estaba asignado.

En efecto, el sistema significante que atesoraba las formas y los códigos aptos para apuntalar las construcciones metonímicas y metafóricas del realismo y del simbolismo, respectivamente, habrían caducado para siempre ante el empuje espontaneísta e informalista despertado por Tzara y sus amigos en la segunda década del siglo pasado. Para decirlo en pocas palabras, la noción de Público Simbólico que vengo pergeñando en estas páginas, carecería de toda utilidad en el abordaje de las poéticas dadaístas que preponderan y gozan de buena prensa en la mayor parte de las teatralidades contemporáneas.

El Público Simbólico, así como el dispositivo de representación stanislavskiano en que aquél era un componente esencial, habría perdido toda vigencia, tanto para entender la producción como la recepción de los "teatros de intensidades" que se han vuelto hegemónicos en las grandes capitales de la Cultura en esta primera parte del siglo XXI. Pero vayamos más despacio y permitámonos incluso algunos retrocesos expositivos.

Una de las provisorias conclusiones que nos deja la experiencia de Kostia en su primera prueba de actuación es la ambivalencia de aquello que supuestamente sería el objeto del deseo de un actor, a saber, su aparición y permanencia en un escenario frente a un público. Luego de su bautismo de fuego, el aspirante a actor tiene muy claro que la salida a escena es un juego peligroso, una apuesta arriesgada de la que puede resultar su gloria o su muerte-en-el-oficio. (Y si el resultado es glorioso, estará viciado de precariedad: nada ni nadie puede garantizarle que su siguiente exposición actoral no lo arrastre al fracaso). Nada complacería más al actor stanislavskiano que el logro del aplauso, pero no pierde de vista que debe "tener cuidado con lo que desea". La radical ambivalencia del objeto deseado (el inmaterial objeto del renombre y la notoriedad) es lo que *histeriza* su cuerpo escénico.

Hay una base neurótica en esta iniciación en la actuación vivencial: se diría que Kostia ignora casi por completo la dimensión *instrumental* del Público Simbólico, es decir que carece de las herramientas técnicas (o "psicotécnicas") que le permitirían ganar un "piso de seguridad" mientras se expone al público. De hecho, esa ignorancia instrumental dará sostén a la ulterior enseñanza que habrá de recibir en la Escuela del Teatro de Arte. El alumno demandará a Tortsov la transmisión de un saber, fundando así una relación *transferencial* con su Maestro, un vínculo que consiste en suponerlo dueño o depositario de ese conocimiento anhelado y que estará sujeto a todas las vicisitudes y derivas propias de lo que el psicoanálisis llama "transferencia".

Lo que el aspirante a actor no ignora, sin embargo, es la dimensión *normativa* del Público Simbólico. Kostia sabe perfectamente que ese Público tiene la potestad de coronarlo de laureles o de sepultarlo como candidato a actor. Y la imprevisibilidad del juicio de esa instancia suprema lo parte en dos, por así decirlo, pues en adelante querrá estar y no estar en escena al mismo tiempo.

El *performer* dadaísta del Cabaret Voltaire también ignora la técnica del desempeño escénico o, si la conoce, prefiere prescindir de ella. Pero esa ignorancia —a diferencia de lo que ocurría con el alumno stanislavskiano- no le ocasiona culpa ni vergüenza, pues el *performer* está en el escenario precisamente para exhibir allí su indignidad artística. El artista dadá puede desconocer el lado instrumental del Público Simbólico, pero ello no le preocupa y sabe, tanto como el actor de Tortsov, que ese Público ostenta asimismo un costado normativo.

A diferencia de Kostia, el *performer* dadaísta cree conocer algo más sobre el tribunal que enfrenta: tiene la certeza de que sus juicios están soportados en un deseo y que éste, como todo deseo, es ambivalente. Lo que Dadá sabe es que, desde el Renacimiento, el Público disfraza de admiración, reconocimiento y exaltación de los artistas y de sus obras lo que de hecho es una oscura y profunda *pasión destructora*. En efecto, si algo le han demostrado las masacres de la Primera Gran Guerra es que la fase de la Civilización occidental comenzada en el Quattrocento está animada por una irresistible *pulsión de muerte*. Si algo le han dejado en claro los campos de batalla humeantes es que la Voluntad de Poder capitalista es implacablemente destructora de los objetos (y los sujetos) que ella misma produce y que dice apreciar, aunque maquille esa pulsión como el precio reclamado por todo progreso, como el penoso dolor de parto que exige lo Nuevo.

La cultura de Occidente se le aparece a Tzara y a sus camaradas como el barniz de un turbio deseo de aniquilar al arte y a los artistas, pues ellos son el emblema de un orden *cualitativo* del vivir que objeta al valor de cambio, ese significante completamente liberado que el capitalismo busca instalar con carácter absoluto. Cuando los artistas del Cabaret Voltaire aparecen en escena reivindicando una grotesca chapucería y aún una bufonada escatológica, cuando exhiben ante los ojos del público burgués una "realidad del más bajo rango" allí donde esos espectadores aguardaban disfrutar de un espectáculo excelso, esos artistas no hacen otra cosa que confrontar al Público con *la verdad de su deseo:* la burguesía quisiera reducir a cenizas todo objeto o toda práctica capaz de recordarle su "autocleptomanía", es decir el haberse robado a sí misma las auténticas potencias del vivir en aras de la máxima tasa de ganancia y de la ostentación de un lujo sostenido en el vacío. El capitalismo en su fase avanzada ya no destruye para construir lo nuevo y mejor, sino que, si le fuera necesario, sería capaz de aniquilar a la humanidad y a sus mejores obras para que el dinero circule sin obstáculos ni lastres hacia sus puntos de concentración privilegiados (aunque nadie sobreviva allí para gastarlo).

El *performer* dadaísta, luciendo sin pudores sus miserias, sus taras y sus desechos, se ofrece como el verdadero objeto de goce de un Público que no es ajeno a una civilización que ha esparcido millones de cadáveres descuartizados en los campos de Europa. Dadá expone aquello que la cultura occidental ha venido guardando en secreto, y lo hace sin culpas ni vacilaciones, asumiendo lo que podríamos llamar una *posición perversa*, lejos ya de la histeria del actor realista. La ética identificatoria –aquella que llevaba al actor a buscar su autotransformación convirtiéndose en un otro complementario de sí mismo-, es reemplazada, en la *performance* dadá, por una ética sacrílega en que cada artista, como los antiguos cínicos, reivindica públicamente la singularidad de su goce sin los velos que lo hubiese hecho más socializable.

Según el psicoanálisis, es característico de la estructura perversa la expulsión del campo de lo simbólico en tanto que mediador de los vínculos duales (por ejemplo, de la relación entre el actor y el espectador en el teatro). De esta manera, el Público Simbólico habría desaparecido para el sujeto dadaísta, disponiéndose éste a asumir una relación con el público sin la intromisión del deber-ser de la forma, de esa instancia formal que asimismo hubiese terciado para garantizar una mutua y admisible satisfacción de las partes.

Para el vínculo perverso no hay historia ni totalidades que sirvan de referencia; sólo subsiste el mandato del goce, de un goce inmediato que no admite las postergaciones que un orden simbólico hubiese impuesto a los participantes. (Corrijamos entonces: no es que la posición perversa excluya toda instancia tercera, pues sobre los partenaires sobrevuela, con fuerza de ley, el mandato de gozar). El *perfomer* dadaísta, a diferencia del actor stanislavskiano, habría rechazado toda sujeción a un Público Simbólico desplegado tanto en su función instrumental como en su dimensión juzgante. Por consiguiente, ese *performer* no se habría asumido como sujeto deseante de esa alteridad, sino como *objeto* de su goce. Pero esa conversión en objeto gozable, amparada por una certeza sobre lo que el Público verdaderamente desea, se completa con una "histerización" de este último. Veámoslo con algún detalle.

Debe señalarse que las "veladas" del Cabaret Voltaire pronto dividieron aguas entre sus espectadores: por un lado, los seguidores incondicionales y, por el otro, los impugnadores intransigentes. Esta separación tajante de los públicos privaba al dadaísmo de Tzara de perdurabilidad temporal, pues quedaba condenado a repetirse para retener a sus partidarios —es decir, a darles "más de lo mismo"- o a sufrir una radical transformación, mutando en surrealismo, por ejemplo. Para sobrevivir sin traicionarse y seguir experimentando, Dadá no debía simplemente separar a sus espectadores, sino *dividir internamente* a cada espectador, para decirlo de alguna manera. Y esa es precisamente la operación que efectuará Marcel Duchamp con sus *ready-made*.

Algunos años antes de la Primera Guerra, Picabia, Apollinaire y Duchamp habían lanzado la idea de "Máquina Estética", reivindicando la "indiferencia" del objeto producido industrialmente por oposición a la supuesta singularidad de la creación de un artista. De aquella época data, aún antes de la invención del término, el primer *ready-made* duchampiano: *Molinillo de café* (1911). El único criterio para la selección de un objeto como lo que más tarde se llamaría *ready-made* era su ausencia de cualidades estéticas en el sentido convencional de esta palabra. Muchos años más tarde, Marcel Duchamp declararía a Pierre Cabanne que

> cuando puse una rueda de bicicleta en un taburete y la horquilla cabeza abajo, no quería convertirla en obra, no había en ello ninguna idea de *ready-made* —la palabra no apareció hasta 1915, cuando fui a EEUU- ni de cualquier otra cosa; se trataba simplemente de distracción. No tenía ninguna razón determinada para hacerlo, ni intención de exposición ni de descripción. Nada de eso. (Cabanne 1984 70-71)

No obstante, nada nos autoriza a creer en la sinceridad de estas palabras: el artista pudo haber estado diciendo al entrevistador aquello que éste esperaba oír. De hecho, Duchamp fue un maestro del tipo de razón que los griegos llamaban *metis,* la proverbial astucia de Ulises que el artista francés pudo haber ejercitado sobradamente en su apasionada afición al ajedrez. Un buen ejemplo de la maestría "métrica" de Duchamp puede hallarse en el revuelo creado en torno al urinario que, con el título de *Fuente,* presentó en el Salón de 1917 organizado por la Society of Independents Artists de New York.

Durante su estadía en esa ciudad en aquella época, el plástico francés se había acercado al grupo de dadaístas newyorkinos integrado, entre otros, por Man Ray, Francis Picabia, Alfred Stieglitz y Walter Arensberg. Valiéndome de un anacronismo, diré que estos dadaístas se asemejaban menos a Tristan Tzara y a Jean Arp que a los miembros del OuLiPo (Ouvroir de Litterature Potentielle) que en 1960 fundarían en París el escritor Raymond Queneau y el matemático François LeLionnais como un club selecto que, sin pretensiones vanguardistas, experimentaría en torno a creaciones sujetadas *a priori* a restricciones formales arbitrarias. Los dadaístas de New York desplegaban en la actividad plástica un espíritu lúdico similar al que los oulipianos insuflarían décadas más tarde en la literatura.

Los dadaístas newyorkinos, reunidos alrededor de Walter Arensberg, formaban parte de la Society of Independents Artists, una agrupación en que convergían los creadores que tenían dificultades para exhibir sus obras en ámbitos institucionales. Dicha sociedad organizaba periódicos "salones" al modo parisino y, para el que tendría lugar en 1917, se había establecido que no habría jurados ni premios y que la única condición para participar en él sería el pago de un módico arancel de inscripción. La liberalidad de las condiciones de participación en el Salón de Artistas Independientes fundamenta la leyenda según la cual Duchamp, sospechando de tal permisividad, habría concebido la "broma" del urinario para desenmascarar a sus colegas.

Lo cierto es que los episodios subsiguientes a la decisión del artista francés de presentar su *Fuente* con la inscripción "R. Mutt 1917" a modo de firma, han sido relatados con tal disparidad por numerosos historiadores e investigadores que llega a dudarse si alguien vio realmente el urinario del Salón newyorkino. Los enredos en torno al objeto escandaloso fueron demasiado intrincados como para ser detallados en estos párrafos sin digresiones excesivas. A modo de resumen, diré que Duchamp estaba entre los organizadores de la exposición con el cargo de director de instalación de las obras presentadas, puesto al que renunció días antes de la inauguración, que la *Fuente* no llegó a exhibirse y que todavía hoy se discute si fue destruida, guardada en los armarios de la Society y/o multiplicada en copias que podían verse en los estudios de miembros del New York Dada como Stieglitz.

Por otra parte, Marcel Duchamp, Henry Roche y Beatrice Wood habían comenzado a publicar la revista *The Blind Man,* cuyo segundo y último número está dedicado a "posicionar" el urinario en el mundo del arte. Allí aparece una fotografía de la *Fuente* tomada por Stieglitz, una recensión que da cuenta del rechazo de la obra por el Salón, un poema en prosa en alabanza del polémico objeto y un artículo de Louise Norton titulado "Buda del baño". En este último texto se refutan las razones del rechazo de la obra de "R. Mutt" mientas se destaca la obscena vulgaridad del objeto y la ausencia de un trabajo creador que, según la tradición, le hubiese conferido un valor reconocible, pues se trataba de un producto industrial.

En 1918, Guillaume Apollinaire retoma los argumentos de *The Blind Man* en un artículo publicado en el *Mercure de France* titulado "El caso Richard Mutt", donde afirma que el urinario fue efectivamente exhibido en New York. A esta altura de los hechos, ya no era posible saber si el escándalo había sido lanzado con la complicidad de por lo menos ciertos de los miembros de la Society of Independents Artists, si algunos de ellos conocían el previo trabajo de Duchamp con *ready-mades,* si su cómplice en la broma provocativa había sido Arensberg o aun si, según hipótesis más recientes, la verdadera autora de la obra es o no la Baronesa Else von Freytag-Loringhoren... En suma, las historias en torno a la *Fuente* están plagadas de contradicciones, tachaduras y revisiones que sólo dejan en pie una certeza: el objeto originario está perdido.

Que un objeto perdido dé tanto que hablar es un mérito característico de toda construcción simbólica bien ejecutada. En el "caso R. Mutt", se trata de un trabajo en lo simbólico sobre el cual no es posible decir en qué aspectos y en qué grados fue intencional, pero que no es difícil adjudicar a una mente ajedrecística como la de Duchamp. El proceso en su totalidad puede ser visto como el ejercicio de una *metis* a la vez perversa y desenmascaradora en la que tanto los gestos y los actos como los enunciados y los textos componen un discurso equívoco en que queda al descubierto el contexto institucional como otorgador de sentido y valor a todo objeto que aspire a la condición de "artístico". Lo que Duchamp había programado "méticamente", por decirlo así, era el encuentro entre un público "culto" y un objeto portador de turbias asociaciones en que la sexualidad, las excrecencias corporales y los rituales privados se intrincan con las formas puras y aun sublimes de un "Buda de porcelana".

La partida de ajedrez con la Institución Arte había sido jugada por Duchamp al modo de un encadenamiento de operaciones sobre las cosas y las palabras que tenían al público consumidor de cultura a la vez como materia sobre la cual trabajar y como destinatario de ese trabajo. Los gestos y los textos producidos en torno a la *Fuente* tenían la forma general de la paradoja y el contrasentido, una enunciación dotada de una idecidibilidad subversiva que violentaba las garantías del significante para exponer el vacío en que éste se sostiene.

Si el dadaísmo de Tzara y el Cabaret Voltaire había arrojado al rostro del Público la verdad de su deseo, a saber, las ansias de convertir a los artistas y a sus obras en un cúmulo de materia tan informe como la de los cadáveres de Verdún, el dadaísmo de Duchamp exponía además el verdadero rostro de esa fuerza aniquiladora: quien ya había iniciado la fase final y definitiva del proyecto artisticida de Occidente no era otro que el omnipotente Mercado. Puesto en marcha ese proceso voraz, no se podía reprochar al señor Mutt que exhibiera como arte un objeto destinado al comercio, puesto que ningún producto artístico escapaba ya a esa condición mercantil. Terminada la Primera Gran guerra, quedaba al descubierto que lo que más tarde se llamaría Mundo del Arte era en realidad el Mercado del Arte.

Si el *acontecimiento* Dadá había tenido su epicentro en el Cabaret Voltaire, la instauración del *dispositivo* antirrepresentacional dadaísta corresponde más bien a Marcel Duchamp y a este último se debe su larga y vigente herencia. Son los *ready-made* duchampianos los que inauguraron una tercera poética que, junto a las del realismo y el simbolismo aún constituyen los ejes de coordenadas del espacio de creación artística contemporánea. Son asimismo estas tres poéticas fundamentales las que proponen e imponen sus respectivas lógicas compositivas y sus matrices formales a nuestros teatristas, sin por ello asfixiar necesariamente las potencias transgresoras que animan a estos últimos.

Si ha podido creerse que bastaba con presentar un cuerpo, un objeto o un suceso en su desnuda visibilidad y tangibilidad para exponer su verdad directa y definitiva, a salvo de las falsedades y las distorsiones a que se prestaría la *re-presentación* de tal cuerpo, objeto o suceso, lo que viene a decirnos el dadaísmo duchampiano es que esa escandalosa franqueza de la materia rápidamente resulta recuperada y capitalizada por el Mercado en tanto que supremo orden simbólico de nuestra civilización. Lejos de desaparecer el Público Simbólico en el dispositivo antirrepresentacional dadaísta, esa instancia constitutiva se torna aún más notable y condicionante al mostrarse atravesada y configurada por las leyes de la oferta y la demanda. La batalla contra las fuerzas disolventes sigue librándose, por lo tanto, en el campo de lo simbólico.

Aun cuando la producción del acontecimiento sea la meta del arte de nuestros días, esa eventualidad fulgurante reclama el fondo de un dispositivo —mucho más rutinario, ritualístico y opaco- que lo hace posible y sobre el cual se destaca. Por mucho que buena parte de la práctica teatral contemporánea se inscriba en la estela antirrepresentacional del dadaísmo, tal vez no sería desdeñable visitar las lógicas alternativas que dan respectivos soportes a los dispositivos realistas y simbolistas. Ese rodeo nos permitiría delinear y contrastar sus respectivas estrategias poéticas y comprender, ya en el campo dadaísta, cómo es posible debilitar la perdurabilidad del objeto escénico a la vez que se orienta el trabajo (simbólico) sobre su entorno de recepción, valiéndonos para ello de una enunciación cuya insensatez e indecidibilidad parecieran articular promiscuamente las cosas y las palabras, respondiendo sin embargo a una lógica específica. No hace falta aclarar que una tarea comparativa de tal alcance excede los límites del presente estudio y que en el capítulo siguiente apenas podré intentar un recorrido de la lógica que da consistencia al dispositivo teatral realista.

BEBERSE AL PÚBLICO

CÓMO GANAR PERDIENDO

Como afirma Giorgio Agamben en su comentario sobre la cuasi-definición propuesta por Foucault en 1977, un dispositivo "incluye virtualmente cualquier cosa (lo lingüístico y lo no-lingüístico) al mismo título" (Foucault 1994 229) y, por otra parte, prácticamente todo lo que no podemos designar como sustancias o como seres vivientes, se inscribe en la categoría "dispositivo". Dice Agamben al respecto:

> Llamaré dispositivo a cualquier cosa que tenga de algún modo la capacidad de capturar, orientar, determinar, interceptar, modelar, controlar y asegurar los gestos, las conductas, las opiniones y los discursos de los seres vivientes. Por lo tanto, no solamente las prisiones, los manicomios, los panópticos, las escuelas, la confesión, las fábricas, las disciplinas, las medidas jurídicas, etc., sino también la lapicera, la escritura, la literatura, la filosofía, la agricultura, el cigarrillo, la navegación, las computadoras, los celulares y –por qué no- el lenguaje mismo, que es quizá el más antiguo de los dispositivos. (Agamben 2015 23)

Bastaría entonces que algo tenga la propiedad de *capturar* a los seres vivientes, regulando de diversos modos sus conductas, sus opiniones, sus discursos..., para que podamos considerarlo un dispositivo. Pero la lista heteróclita que nos ofrece Agamben nos da a entender asimismo que, al menos algunos de sus elementos, inducen en un eventual usuario la ilusión de ser dóciles instrumentos de sus intenciones o proyectos.

Pocas cosas parecieran ser más inofensivas que una lapicera, un cigarrillo o un celular... ejemplos, todos ellos, de objetos "a la mano" siempre disponibles. Sin embargo, la inocencia de estos utensilios es engañosa, ya que son emergentes tangibles de un sistema normativo o adictivo –es decir, emergentes de una *red*- que les confiere un poder alienante.

Por lo general el dispositivo comienza mostrando al individuo aspectos perceptibles con los que su conciencia puede mantener una relación de imaginario control, siendo mucho más tardío –si es que alguna vez acontece- el descubrimiento de la malla atrapante en que todo protagonismo personal habrá de disolverse o atenuarse significativamente. "Detrás" –digámoslo así- de un cigarrillo opera una inabarcable maquinaria social, publicitaria, mercantil, cultural, etc., que hace de ese inofensivo cilindro un arma cargada, así como cada vez que tomamos la lapicera frente a una hoja en blanco, la escritura deja caer sobre nosotros sus siglos de historia ejemplarizante y normativa.

Reaparece aquí la ambivalencia -señalada al comienzo del primer capítulo de este libro- de estas formaciones heterogéneas en que el sujeto no sabría decir concluyentemente si la "red de elementos" admite –en diversos grados- su libre agencia o si aquélla le impone los modos y los fines de su hacer. Nuestra historicidad es tal que sobre casi cualquiera de nuestras actividades (discursivas y no-discursivas) presentes pesan de manera determinante lo hecho y lo escrito por nosotros mismos y por las generaciones pasadas, en la forma de un generalizado "práctico inerte" en que se han objetivado el hacer y el decir humano. (Dicho sea de paso, no está demás revisar la *Crítica de la razón dialéctica* de Jean-Paul Sartre para situar, en el contexto del pensamiento francés del siglo pasado, esta tensión entre la libertad y la alienación propias de la *praxis* humana y sus relaciones con el dispositivo foucaultiano).

En el segundo capítulo de este libro he intentado detallar las vicisitudes del ingreso de un candidato a actor en un dispositivo teatral particular, a saber, el que Stanislavski había implementado en su Escuela del Teatro de Arte de Moscú. Vimos allí que la entrada al oficio actoral por una vía orientada a la interpretación realista implicaba en el aspirante la triple experiencia (imaginaria, simbólica y real) de ese campo determinante e in-formante de su trabajo escénico que he llamado Público, con "P" mayúscula, una instancia cuyos efectos anteceden y exceden a los del público empírico que concurre a las salas de teatro. Ese trance iniciático condujo a Kostia Nazvánov a través de un proceso *despersonalizante* que culminó en una inesperada *perejivanie*, y en ese proceso el alumno pudo constatar en carne propia la esencial ambivalencia, simultáneamente autorizante y alienante, que caracteriza a un dispositivo de aprendizaje concebido para propiciar un "estado creador".

Hay de hecho, en esa clase de dispositivos, una condición proliferante que torna provisorio el trazado de cualquier límite que pretendiera acotar sus dominios: cada una de estas configuraciones heteróclitas se inscribe en redes mayores y siempre es posible detectar en su interior incontables subdispositivos –o aun microdispositivos– envueltos en una común diagramación. Es en esa intrincación –insospechada para un visitante neófito- donde los "yoes" individuales parecen desagregarse y quedar desposeídos de sus iniciativas y destrezas habituales.

Cualquiera que haya transitado por un proceso creativo en un grupo teatral, por ejemplo, conoce el modo en que, con el correr de los ensayos, se tiende a olvidar quién propuso determinada modificación de un detalle que resultó en un aporte decisivo; quién tuvo tal o cual chispazo inmediatamente seguido por una ingeniosa ampliación o enriquecimiento de parte de algún(os) otro(s) compañero(s); quién señaló un desajuste, una pequeña diferencia puntual que derivó en una invención colectivamente celebrada, como si cada proposición se hubiese propagado y realimentado hasta volver ridículo cualquier ulterior reclamo de propiedad individual.

En el dispositivo representacional encontramos, de entrada, una partición aparentemente obvia: la que separa a la Escena del Público. (Este clivaje es precisamente el que los dispositivos anti-representacionales se propondrían borrar o, al menos, relativizar). Sabemos que, en el paradigma representacional, la producción artística, la función *productiva,* suele situarse del lado de la Escena, tomando a ésta como un espacio compositivo en que se articularán los cuerpos vivos y los inertes, los textos, la materia sonora y lumínica... en un *discurso regulado* que en buena medida prevé percepciones, intelecciones y respuestas afectivas del lado del Público, al que suele corresponderle una función *receptiva.*

Pero he venido proponiendo que esta instancia receptora tiene para los sujetos actuantes una triple dimensión, señalada como un entrelazamiento imaginario, real y simbólico. El Público Imaginario impregna los optimismos, las adhesiones, las exaltaciones, los manifiestos y los rechazos de los realizadores aun antes de comenzar el primer ensayo; el Público Real perjudica los sueños de los artistas, los estremece aun cuando éstos recorran un escenario en penumbras ante una sala vacía, pues desliza allí una premonición de futuros cuerpos deseantes y expectantes que, una vez ubicados en sus butacas y con las luces del escenario a punto de encenderse, asolarán a cada actor con una pregunta sin respuesta posible: "¿qué hago yo aquí?"; el Público Simbólico, finalmente, habrá puesto en forma y habrá encadenado o secuenciado los bocetos, los tanteos y las iniciativas de composición según unos regímenes de legibilidad, de visibilidad y de eficacia afectiva ya probados en otras producciones y ante otros espectadores, sin que ello implique aferrarse a las garantías de "lo que funciona". En suma, siendo el Público un ámbito irreductible al mero conjunto de espectadores efectivamente presentes en una platea, lejos de limitarse a una pura recepción pasiva, nos muestra su primordial intervención *productiva* en la Escena.

Recordemos que, para Foucault, el dispositivo *es* la red que conecta y enlaza sus múltiples componentes, y podría decirse que el tipo de componentes y la clase de conexión que se establece en la red especifican un dispositivo concreto, distinguiéndolo de otros ordenamientos posibles. Lo que vengo llamando Público Simbólico es, en definitiva, un repertorio de *formas* susceptibles de agrupar secuencias mínimas o "bloques moleculares" de materiales perceptivos y/o discursivos que la historia teatral precedente ha mostrado como eficaces en la producción de determinados efectos y afectos sobre los espectadores. La selección y el encadenamiento de tales unidades mínimas en "líneas de saber" escénico es efectivizada por los realizadores mismos, quedando la postrera articulación "molar" de todos esos elementos a cargo de quien cumple la función de director de escena.

Resulta notable que el Público Simbólico, con las características que acabo de resumir, se hace explícito como un campo productivo en el mismo momento histórico en que emerge la figura del Director como orquestador general de la escena, es decir, en el momento en que el texto dramático deja de ser suficiente para dar sustancia y forma a la obra teatral "en acto", por así decirlo (si admitimos que el texto dramático es la obra "en potencia").

Es sabido que, además de la creciente complejidad de la puesta en escena, ha sido la fragmentación y la dispersión de los públicos reales los que hicieron necesaria la intervención integradora y compositiva de un Director que habría de sintonizar e interpretar las inciertas demandas de las salas. En la segunda mitad del siglo XIX, el teatro occidental ya ha dejado de tener *un* público más o menos cautivo y ha dejado de garantizar a los realizadores una respuesta espectatorial calculable en términos tanto cuantitativos como cualitativos. Es necesario, por la tanto, especificar condiciones de recepción, dialogar o discrepar con ellas desde la escena y utilizar discrecionalmente los recursos de una tradición y un oficio cuyas fórmulas ya no pueden aplicarse mecánicamente. En suma, el Director es convocado a componer una *dramaturgia* de la materia escénica que tendrá con la dramaturgia literaria diferencias, intersecciones, homologías y líneas de fuga.

He designado aquí al Director con "D" mayúscula para indicar que se trata de una *función* antes que de una persona: aun cuando el director tenga nombre y apellido y aun cuando pudiera asumir una estrategia "verticalista", imponiendo a los actores y a sus colaboradores un plan de puesta en escena preconcebido e inamovible, ese director no dejará de sufrir los efectos despersonalizantes que he señalado más arriba como uno de los rasgos definitorios de todo dispositivo. De hecho, por más autoritaria que pudiese ser una dirección escénica, ésta no podrá evitar la diseminación de su autoría en las creaciones "moleculares" que adrede o involuntariamente harán sus colaboradores a partir de las consignas, las instrucciones y las marcaciones directoriales. El término Director, con "D" mayúscula, cobija entonces a esa multiplicidad productiva que, en todo caso, delegará en la persona de un director el cierre integrador (y la firma) de una tarea y de una enunciación ineludiblemente colectivas.

De hecho, la relación entre el Director y el Público Simbólico es comparable a la que la primera enseñanza de Lacan propone entre un sujeto y un Otro entendido como el *lugar del código*, como el "tesoro de los significantes" que preceden a los individuos hablantes imponiéndoles su vocabulario y su gramática. El eje sujeto-Otro opera "a espaldas" de las personas intervinientes en un diálogo, mientras éstas imaginan estar haciendo del lenguaje un "instrumento de comunicación".

La alienación de los hablantes —o de los sujetos, para mencionarlos impersonalmente- en el Otro lingüístico es mucho más insoportable e insoslayable que lo que pudiera soportar un Director respecto de un Público Simbólico, pues dicho Público no se le presenta al teatrista como un Uno intemporal y absoluto, sino que deja al descubierto sus variantes históricas y su carácter de "caja de herramientas" opcional. No obstante, el teatrista expuesto a su Público, lo inviste libidinalmente como si se tratara de un Otro plenipotenciario, y de ello se deriva la triple dimensión —imaginaria, simbólica y real- que despliega ese Público. El investimento libidinal en juego hace del vínculo entre la Escena y su Público una relación propiamente *erótica* —lo cual, obviamente, no quiere decir que sea necesariamente *genital* ni edípicamente regulada.

Como ha quedado señalado más arriba, los realizadores informan y encadenan "lo dicho y lo no-dicho" de un dispositivo teatral valiéndose del archivo de unidades formales mínimas provisto por el Público Simbólico. Sobre las *líneas de saber* así trazadas en el dispositivo, la función del Director es la de un agente de poder que instala en la materia escénica un *régimen de perceptibilidad* y un *régimen de enunciación* sobre las palabras pronunciadas por los actores. Puesto que el Director "rectifica", corta, empalma, intersecta y modula las líneas de saber y, dado que éstas están compuestas por "bloques moleculares" con incidencia en los afectos y los perceptos espectatoriales, el entramado resultante no sólo enlaza lo perceptible y lo enunciable en la Escena, sino que extiende también su trazado entre el Público.

CÓMO SALIR AIROSOS DE UNA CITA A CIEGAS

La malla resultante de estas intervenciones directoriales es una orquestada intrincación de líneas de saber, de poder y de subjetivación que podemos designar como la *dramaturgia* de la escena. Si para Aristóteles el *mythos* o *fabula* era "casi el alma de la tragedia" —o del texto dramático en general-, diremos que este entramado de saber-poder-subjetivación, esta *dramaturgia,* es "como el alma" del dispositivo escénico, es decir, un trazado formal que, al crear diferencias en la sustancia expresiva, promueve el dinamismo y el "estar-en-vida" tanto de los dispositivos representacionales como de aquellos que buscan instaurar una anti-representación en el teatro.

Ahora bien, dado que un dispositivo es, según la definición foucaultiana, un ordenamiento *estratégico,* orientado a dar respuesta a las urgencias de cierta coyuntura problemática o crítica, debería poseer cierta movilidad compositiva, cierta capacidad de reajuste que conlleva cambios de posición y de funciones de sus componentes. Una dramaturgia escénica trazada durante los ensayos de una obra será entonces una asignación de lugares y funciones relativamente provisorios, pues el encuentro efectivo con los espectadores de carne y hueso —es decir, con el Público y sus efectos en lo real- promoverá reacomodamientos y reconfiguraciones sutiles o notables, inmediatas o diferidas, en diversos grados y en diversos puntos, en función de un intercambio de seducciones y beligerancias con las nuevas presencias expectantes que provocan y son provocadas. De esta manera, podemos decir que la dramaturgia es *el programa de un encuentro erótico entre Escena y Público*.

La palabra "programa" tiene en Foucault el sentido preciso de un factor de supervivencia o subsistencia del dispositivo, pues engloba dos operaciones: la "sobredeterminación funcional" (el reajuste a partir de la discrepancia entre los objetivos prefijados y los efectos de un funcionamiento) y el "relleno estratégico" que permite al dispositivo reutilizar los efectos imprevistos de su dinámica. Queda claro entonces que la dramaturgia escénica tiene el carácter de un *programa* en que están previstos y secuenciados los estímulos sobre sus destinatarios, pero de ninguna manera las respuestas que tales provocaciones habrán de suscitar.

Si fuera necesario mencionar un ejemplo concreto, una programación de esa naturaleza es exactamente lo que Kostia realiza en los días que median entre su decisión de interpretar un fragmento de *Otelo* y el momento de mostrar en público los resultados de su *bricolage* actoral. El entramado construido por el aspirante en ese lapso cuasi-agónico fue una solitaria *dramaturgia de actor*, a falta de una instancia directorial que hubiera "rectificado" sus hallazgos e intuiciones, integrándolos en una estrategia colectiva de mayor alcance.

En la dramaturgia de actor –homóloga a la dramaturgia "agenciada" por un Director– se entrecruzan asimismo las líneas de saber, de poder y de subjetivación que Deleuze había identificado en la "red" foucaultiana. Dada la nula preparación profesional de Kostia en el momento de aquella "prueba de ingreso" y dada la orfandad directorial en que se hallaba, las líneas de saber y de poder podrían parecer allí tenues, debido a que meramente prolongaban un "sentido común" y un hacer exterior a la institución o al dispositivo teatral propiamente dicho. La línea de subjetivación, en cambio, es muy intensa: trazando en su mayor parte un derrotero agónico, culmina en la experiencia más potente y aguda que puede esperar un actor inserto en un dispositivo de representación realista, a saber, la *perejivanie* stanislavskiana.

Es precisamente la intensidad de la línea de subjetivación en el trance creador del alumno de Tortsov lo que nos ilustra acerca del carácter *erótico* del encuentro esperado y anticipado ya desde el momento mismo en que Kostia elige el texto sobre el que va a trabajar según su intuición. El *goce* indecible ocasionado por la "vivencia" escénica revela súbita e imprevistamente el mutuo —aunque no necesariamente convergente- *deseo* entre actor y Público que motoriza y produce desde siempre toda ceremonia teatral.

Pero ya antes de cualquier culminación gozosa, mientras el aspirante a actor tanteaba recursos en soledad o acompañado por circunstanciales asesores, la ausencia de una técnica actoral, así como de un método integrador de etapas y de niveles en sus búsquedas reclamaba una fuerza conectiva, una línea o un trazado enhebrador de piezas sueltas cuya fuente y características Kostia no estaba en condiciones de precisar. Dicho de otra manera, para sobreponerse a la diseminación de ingredientes que lo amenazaba con la impotencia, el alumno anhelaba el auxilio de ese Eros cósmico y providencial que desde la Antigüedad hasta los fines del Medioevo reunía las cosas dispersas para darles cohesión, sentido y destino.

Los antiguos veían en Eros una potencia des-individualizante, capaz de mover fuera de sí tanto a las cosas como a los animales y a los humanos en una irresistible atracción hacia lo Otro. Advirtamos entonces que, si el alumno de Tortsov tropezaba una y otra vez con los límites de sus capacidades personales para resolver el problema que afrontaba, la *salida erótica* del atolladero, por así decirlo, no habría fortalecido la cohesión de su Yo, sino todo lo contrario.

Ya en el siglo XX, cronológicamente lejos del misticismo antiguo, Georges Bataille dirá que el individuo sobrelleva con dificultad su discontinuidad espacio-temporal, añorando la eternidad y la ilimitada continuidad del ser. Pero anhelar esas infinitudes es desear la disolución de todas las formas en tanto factores limitantes y, por lo tanto, es abrazar la propia muerte. Para Bataille, el erotismo es la dialéctica entre la continuidad del ser y la discontinuidad del individuo, poniendo en cuestión a esta última sin aniquilarlo definitivamente. Tras la salida de sí, la individualidad retorna a su territorio en virtud de una victoria provisional de la voluntad de vivir, aunque bien podría decirse que esa voluntad se manifiesta tanto en la expansión aventurada como en el regreso reterritorializante. Es por ello que Bataille definirá el erotismo como "la aprobación de la vida hasta en la muerte", fórmula que convendría perfectamente al actor stanislavskiano.

Al programar un encuentro erótico entre la Escena y el Público, entre actores y espectadores, la dramaturgia prevé un recorrido por entre los cuerpos, los objetos y las palabras, un itinerario que habilite en cada individuo el trazado y la invasión de territorios, la edificación de mundos y la figuración de lo extraño como un avatar —más o menos fiel, más o menos monstruoso- de sí mismo. Ese recorrido que una *escritura* (literaria o escénica) anticipa, querría ser tal vez un Destino al que se sujetan las cosas y los discursos, pero ese designio no podrá evitar el encuentro con lo Real improgramable, es decir, con aquello que "no cesa de no escribirse", según la definición de Lacan. Aun cuando el Eros dramatúrgico se quiera placentero en su recepción —como pretende en última instancia la escritura realista-, el dispositivo escénico bien puede precipitarlo más allá del principio del placer.

CÓMO INVENTAR UN MUNDO
(Y DEJARSE INVENTAR POR ÉL)

La representación realista se sostiene sobre una clave de bóveda tripartita, a saber, aquella que Aristóteles ya había indicado en su *Poética*. Dado que, para el filósofo, la tragedia –y, en general, el *drama* en un sentido clásico- "es imitación de una acción entera y perfecta", cabe aclarar que

Está y es entero todo lo que tiene principio, medio y final, siendo *principio* aquello que no tiene que seguir necesariamente a otra cosa, mientras que otras tienen que seguirle a él, ya sea para hacerse o para ser; y *fin*, por el contrario, es lo que por naturaleza tiene que seguir a otra cosa, ya sea necesariamente o ya sea la mayoría de las veces, sin que al fin le siga otra cosa; y *medio* es lo que sigue a otra cosa y es seguido por otra. (Aristóteles 1946 11)

Dicho de otro modo, conocer alguna cosa –las acciones humanas o la acción particular de un individuo, por ejemplo- exige entonces saber cómo empieza y cómo termina aquella cosa, lo cual supone saber asimismo cómo sigue una vez comenzada. Si hemos de representar la acción humana, por lo tanto, estamos obligados a mostrar esos tres momentos: principio, medio y fin. Tal es la *forma lógica* de una representación que se pretende anclada a cierta realidad directa o indirectamente constatable. En el mismo sentido razonaba Stanislavski cuando amonestaba a sus actores y actrices: "vuestras acciones no [tienen] finalidad; no son lógicas y no se puede creer en ellas" (Stanislavski 1978 362).

Cuando se trata de describir una "cosa natural" (un fenómeno físico, por ejemplo), podemos postular que el fin sigue *necesariamente* al medio o que éste es la continuación *necesaria* del principio. Esta clase de vínculo entre partes quedaría así expresada por el conector lógico ($p \rightarrow q$). Pero, tratándose del orden artificial de una representación dramática, sólo podemos decir que "la mayoría de las veces", cuando acontece "p", sucede "q". En otras palabras, diremos que "si *p*, es *probable* que *q*" o bien que "es *verosímil* que si *p*, entonces *q*" o aún que "la ocurrencia de *p* habilita la ocurrencia de *q*". De esta manera, el principio de un drama habilita un gran número de continuaciones posibles, así como cualquier tramo medio de una acción habilitará un gran número de finales, sin *obligar a priori* la ocurrencia de uno de ellos en particular.

Por otro lado, en la acción verosímil, el segmento intermedio *presupone* el comienzo establecido, así como un final de esa acción *presupone* el medio que lo antecede. Cada vez que dos términos cualesquiera *p* y *q* se vinculen de modo tal que *p habilita q* y que *q presupone p*, diremos que esos términos están ligados por un *bucle de retroalimentación*. La relación bucleante entre dos términos es, por lo tanto, mucho menos "dura" que una relación de implicación *necesaria* o *causal* entre esos mismos términos.

El soporte aristotélico de la acción, tal como la concebía Stanislavski, se revela en el trazado de una *línea continua* ideal que debería enhebrar los momentos (segmentables) de la imaginaria vida de un personaje, del mismo modo que los instantes de la vida real del actor se encadenan continuamente, más allá de lo que registre la autoconciencia de este último. Para el maestro ruso, todo transcurrir presente, todo aquí-y-ahora, es el tramo medio de una línea que se extiende hacia atrás entrelazando "recuerdos bien conocidos, cotidianos, que se van sucediendo en el orden habitual" (Stanislavski 1978 302), y hacia adelante, anticipando un futuro sembrado de tareas, "con sus cuidados y obligaciones, penas o alegrías... ir a casa a comer, visitar luego a un amigo, o ir al cine..." (1978 302). De este modo, Stanislavski exige al actor que "una esta línea con la anterior, tome en cuenta el presente y creará una línea completa que, empezando por el pasado, sigue por el presente y el futuro" (302). Este hilo conector es la forma lógica –y no sólo cronológica- de una vida cualquiera, obligatoriamente desplegada en un principio, un medio y un final.

Pero de inmediato el Maestro convierte ese hilo lógico en una línea psicológica en que el actor habrá de apoyar la construcción de su personaje, pues

> en el período inicial de reconocimiento de la obra se crea una borrosa representación y un juicio muy superficial sobre su contenido. La voluntad-sentimiento también responde en

forma parcial e insegura a las primeras impresiones, y entonces surge la sensación interna de la vida del papel "en general". (1978 298-299)

Contra el demonio de la actuación "en general" se traza precisamente esa línea continua que, empezando por el engarzado de hechos y acciones en el mundo exterior, prosigue (re)construyendo la continuidad de un "mundo interior". Comentando un ejercicio en que un alumno debía evocar los sucesos vividos en el día en curso, el director del Teatro de Arte interroga:

> Dígame si no siente que todos estos recuerdos y la labor que ha realizado no han dejado en usted alguna huella, como representación intelectual o sensible, acerca de una línea bastante larga de la vida en su día de hoy. ¿Es un recuerdo no sólo de actos que ejerció en su pasado inmediato, sino también de una serie de sentimientos, ideas y sensaciones que experimentó? (1978 302)

La "línea del día" es extensible, claro está, a la "línea de una vida", y poco importará, con el correr de los ejercicios, si los recuerdos son efectivamente recuperados de "lo realmente vivido" o si son meras reconstrucciones verosímiles; lo decisivo es que en ellos puedan alojarse las "fuerzas motrices de la vida psíquica", es decir, la voluntad (que Stanislavski radica en "un auténtico deseo"), la razón inventiva (capaz de concebir grandes y pequeños objetivos para la acción) y el sentimiento que se adhiere a las cosas o las rechaza con vehemencia. De la misma manera, el "triunvirato voluntad-razón-sentimiento" deberá verse convocado por las representaciones presentes y por las que se proyecten en el futuro. De ese modo, podrá hablarse de una línea externa de hechos y acciones en concomitancia con una "línea interna" de impresiones e imágenes.

Por otra parte, si la asidua práctica de la psicotécnica fuera borrando las diferencias entre las verdaderas evocaciones del actor y las ficciones de su memoria, se iría achicando cada vez más la brecha entre la vida del intérprete y la "vida del personaje", atravesadas ambas por unas líneas que son, básicamente, *líneas de saber* del dispositivo de representación, aunque los poderes del deseo y de los afectos actorales (su "voluntad-sentimiento") inducirán en ellas eclipses, resurgimientos y deformaciones tan variados como complejos:

> La vida del hombre o del personaje es un cambio permanente de objetos, de círculos de atención, ya sea en la vida real, en la escena, en el plano de la realidad imaginaria, en los recuerdos del pasado o en los sueños sobre el futuro. (1978 304)

Paradójicamente, si bien "la atención del actor pasa incesantemente de un objeto a otro",

> este cambio constante de los objetos de la atención crea la línea ininterrumpida. Si el actor se aferra a un solo objeto durante todo un acto o toda una obra, no habrá ninguna línea de movimientos y, si ésta se formase, sería la de un desequilibrio mental que se llama 'idea fija'. (1978 305)

Esta dialéctica permanencia/variación —o continuidad/discontinuidad- nos revela un aspecto del pensamiento stanislavskiano bien advertido de un problema dramatúrgico que aún hoy nos preocupa: el de los modos de dosificar el determinismo y el "comportamiento caótico" en el suceder escénico.

En sus "Correcciones y suplementos para futuras ediciones" de *El trabajo del actor sobre sí mismo*, refiriéndose a "El capítulo sobre la acción", Stanislavski subraya la diferencia entre la "lógica" y la "coherencia" de una acción, dándonos a entender que la primera atiende primariamente a las demandas de verosimilitud que el público formulará —aun desde el silencio de su posición expectante- a cualquier escena que se desarrolle ante sus ojos. El ejemplo dudoso que propone el Maestro es el siguiente:

> Usted llega a la casa de un enemigo suyo con el fin de reconciliarse con él, inicia una disputa y termina en una pelea con golpes y heridas. Esto es el resultado de la *falta de lógica* de la acción. (1978 362. El énfasis es del autor)

Falta de lógica... ¿para quién?, nos preguntamos de inmediato. En el vocabulario de la sintaxis tripartita de Aristóteles, diríamos que la intención reconciliadora es aquí el principio de una acción cuyo medio transcurre desde la llegada del actor-personaje (una llegada "cordial", podríamos suponer) a la casa del enemigo, hasta el momento en que los rencores prevalecen sobre la cortesía, terminando todo en "una pelea con golpes y heridas".

El carácter dudoso del ejemplo stanislavskiano –salvo que medie un error de traducción del texto que estoy consultando- reside en que un espectador podría ver ese desenlace como una consecuencia casi necesaria de la enemistad inicial entre los personajes y no como "falta de lógica". En todo caso, la acción completa nos hablaría de la debilidad –y aun de la impostura- de los buenos propósitos de la conciencia humana. Lo que Stanislavski parece insinuar, no obstante, es que, desde la perspectiva del protagonista, la intención reconciliadora inicial no *habilita* (o no debería habilitar) la batalla que finalmente acontece, y que la pelea sangrienta no *presupone* (o no *presupondría*) la paz inicialmente buscada. En tal caso, la "lógica" exigida por el Maestro sería la de vincular los términos de esta secuencia mediante un bucle lineal de retroalimentación, exigencia que sería también la de Aristóteles. Cabe decir entonces que, si la pelea final no alcanza a presuponer la paz que inicialmente despuntaba, hay un *eslabón faltante* –relativo a la "psicología profunda de los personajes" o a una palabra inoportuna pronunciada durante un diálogo, por ejemplo- cuya elucidación restauraría la cadena lógica requerida.

La reconciliación pretendida opera aquí como la causa final que dará sentido al encadenamiento de hechos iniciado en el momento en que el personaje concibe la idea de hacer las paces o cuando se pone en marcha al encuentro de su enemigo. Como en toda acción secuencial orientada por una meta, su primera etapa y las fases intermedias subsiguientes deberían explicarse teleológicamente; es decir que la causa final enlazaría en un mismo bucle a sus antecedentes, de modo que, como señala Aristóteles en *De motu animalium*,

> el primer motor es el objeto del deseo y del pensamiento (...) e imparte movimiento [la puesta en marcha hacia la casa del enemigo, en el ejemplo stanislavskiano] en cuanto algo es cumplido por él, y en cuanto es fin de las cosas que suceden por otro. (Natali 1999 50)

Estoy tentado de comentar que este párrafo bordea el descubrimiento del inconsciente: bastaría con afirmar la posible discrepancia −y aun la contradicción− ente el *deseo* y el *pensamiento* para poder decir, con Lacan y contra Descartes, que el ser hablante "es donde no piensa". No obstante, apegándonos a la letra aristotélica −y cuidándonos de la seducción de los anacronismos-, empezamos a entender lo que significa para el filósofo "imitar una acción entera y perfecta" y, consecuentemente, conocerla en su complejidad (en su "perfección", que no es impecabilidad moral): el segmento final define y retroalimenta el primer segmento de la serie, destacando los eslabones intermedios.

De lo que se trata en la pretensión imitativa, a fin de cuentas, es de *poner orden en el mundo*: siendo la "realidad en sí" una intrincada trama de movimientos, efectos y fuerzas en pugna, la autoconservación del ser humano exige descubrir secuencias regulares, a las cuales dotar de sentido. Dicho de otra manera, todo acontecimiento natural bien podría tener infinitas causas e infinitos efectos accidentales, impensadas intervenciones del azar y ramificaciones innumerables, pero la mente humana se esfuerza por hallar en esa maraña unos encadenamientos que, por suceder siempre en el mismo orden, permiten inferir al menos un vínculo cuasi necesario entre sus segmentos componentes. La causa final y el bucle de retroalimentación que ella engendra, nos autorizan a unir un comienzo con un resultado, omitiendo los infinitos efectos accidentales que podrían producirse en innumerables coyunturas ramificantes que se interponen entre ese comienzo y aquel resultado.

La acción stanislavskiana —como la aristotélica- posee una *lógica* en tanto su finalidad completante instala un orden retroactivo en una línea continua que se extiende hasta un inicio que encierra en potencia el resultado de la acción y, en buena medida, la forma de conseguirlo. El bucle enlazante convierte así el inicio en causa motriz o eficiente cuyos efectos se encaminan selectivamente en la dirección requerida por la causa final.

Cabe inferir entonces que, con su ejemplo de una acción con "falta de lógica", el maestro ruso quiso decirnos que, de haber sido la reconciliación un objetivo "imperioso, sincero y profundo", el actor-personaje debió haber impuesto contra viento y marea, contra todo accidente sobreviniente, su propósito inicial. Pero si éste hubiese sido el sentido de la cuasi-definición stanislavskiana, un criterio *psicológico* —que nos remite a la noción de "idea fija"- primaría sobre el soporte estrictamente *lógico* de la acción, como sucede con frecuencia en el realismo escénico.

El énfasis en la causa final como garante de una lógica, se complementa en Stanislavski con una atención igualmente intensa enfocada en la causa motriz o eficiente de la acción:

> Imaginad que queréis beber y vertéis agua de una jarra en un vaso. Tomáis la jarra, la inclináis sobre el vaso: el pesado tapón de vidrio cae del cuello del recipiente, rompe el vaso en cien pedazos, y el agua se derrama sobre la mesa en vez de ir a vuestra garganta. Este es el resultado de la *falta de coherencia* en vuestras acciones. (1978 362. El énfasis es del autor)

Si el objetivo de beber es excluyente de cualquier otro interés o foco de atención, el actor-personaje bien podría ser víctima de accidentes como el de la caída del tapón de vidrio. Un efecto como ése seguramente podría evitarse si el agente estuviese tan concentrado en las causas eficientes o motrices como en la causa final de sus comportamientos. Esas causas eficientes, globalmente consideradas, son las *circunstancias dadas* que enmarcan y engendran la acción de servirse agua como uno de sus efectos posibles. Podemos decir entonces que la *coherencia* del comportamiento escénico stanislavskiano se nutre de la atención puesta en las *circunstancias dadas,* así como su *lógica* se sostiene en la concentración en la meta u *objetivo* de tal comportamiento.

Entre uno y otro polo, entre el inicio y el final de una acción "entera y perfecta", se extiende el *medio* constituido por lo que Simplicio de Cilicia (490-560 d C), comentador de Aristóteles, llamaba *causas instrumentales* u *organika*. La serie de las *organika* determina que cada eslabón intermedio sea uno de los segmentos subsiguientes al inicio o el paso que precede a final de la cadena. Las *organika* son una guía confiable para tender un puente entre la causa eficiente y el fin deseado por el agente. Dicho de otro modo, un comportamiento en escena será *orgánico* si la línea que une su inicio con su final se muestra como verosímilmente encadenada. Un comportamiento será orgánico en la medida en que sea *lógico* y *coherente,* en la medida en que no salte bruscamente del inicio al final, obviando el trabajo de construir cuidadosamente la serie causal que conecta sus *circunstancias dadas* con su *objetivo*.

Se advierte fácilmente que un observador freudiano no diría que la conducta del sediento que destruye accidentalmente su vaso carece de coherencia; por el contrario, tal observador señalaría allí los efectos de un inconsciente abriéndose paso entre las ilusiones controladoras de la conciencia y delatando la "verdad" del deseo del agente. Pero este "doble fondo" de la acción nos pondría en los bordes del dispositivo de representación realista clásico, llevando sus líneas de saber hasta una zona cultural y epistemológicamente controvertida, obligándonos a discutir la ampliación de nuestra noción de "realidad" para abarcar lo que Freud llamaba "realidad psíquica". Por lo pronto, vale la pena subrayar que la acción "lógica y coherente" stanislavskiana es la construcción simbólica que da sostén al mundo posible unitario (cuyo nodo unificante sigue siendo el sujeto cartesiano) ofrecido por un realismo que aún es verosímil para buena parte de nuestra cultura. Se trata de un orden (provisoriamente) triunfante sobre el "caos" del devenir real.

CÓMO SE SOPORTA UNA AUSENCIA

El ejemplo del vaso roto por la caída del tapón de vidrio subraya la importancia de que el actor mantenga sus cinco sentidos apegados a los aspectos materiales de las circunstancias dadas. En esa atención sensorial se sostendría buena parte de la "coherencia" de su actuación y, por lo tanto, dicha atención sería un componente fundamental de la verosimilitud del comportamiento escénico. Sin embargo, en sus "Correcciones y suplementos" al capítulo sobre la acción, Stanislavski dedica varias páginas a lo que llama "acciones sin objeto".

Si la "lógica y la coherencia" de las acciones resguardan al sujeto de la actuación "en general" —afectada de clichés, de exhibicionismo y de emociones forzadas- al anclar los comportamientos en la concreción de unas circunstancias dadas, ¿no sería esa gestualidad "en el aire", sin apoyos materiales, justamente una puerta abierta a la "generalidad" de la actuación no-orgánica? Lo que está en juego en la "acciones sin objeto" es el problema actoral de reaccionar con igual verosimilitud o credibilidad ante los estímulos concretos de lo tangible, de lo que se da a los sentidos, y ante las construcciones puramente *imaginarias* que conforman las "circunstancias dadas".

> Cuando interprete Hamlet y, a través de su compleja psicología, llegue el momento de matar al rey, ¿acaso será muy importante que tenga en las manos una espada verdadera y bien afilada? Y si no la tiene, ¿no podrá concluir el espectáculo? Se puede matar al rey sin la espada y encender [una] chimenea sin fósforos. (Stanislavski 1978 85)

Se diría, *a priori,* que encender una chimenea sin fósforos es justamente el tipo de conductas que fácilmente podrían "sobreactuarse", "representarse en general", "mostrar" (a un público) que se las ejecuta sin actuarlas "verdaderamente", pues

> en la vida real y común, las personas actúan de modo lógico y coherente en sus acciones internas o externas, conscientemente o por la fuerza de la costumbre. En la mayoría de los casos nos guía el propósito vital, la exigencia imperiosa, la necesidad humana. Las personas están habituadas a responderles por instinto, sin reflexionar. Pero en la escena, en el papel, la vida se crea, no por necesidad auténtica, sino por lo que ha forjado la fantasía. Ahí, al iniciar la acción, no existen en el alma del artista sus propias necesidades humanas, los fines vitales análogos a los fines del personaje. (Stanislavski 1978 362)

Será necesario, por lo tanto, elaborar esas necesidades "gradualmente, en una labor creadora" (363), pues "hay que saber transformar el fin imaginado en algo auténtico, imperioso" (363) para no caer en la tentación de "fingir las pasiones del personaje" sin "creer sinceramente en ese engaño a uno mismo". Por otra parte, aclara Tortsov, "no os propongo que sufráis alucinaciones" (1978 90).

En la "labor creadora" tendiente a instalar en el actor "necesidades análogas a las de su personaje", las "acciones sin objeto" son, al parecer, una ejercitación fundamental que exige una intensa concentración en los detalles de la acción, en las "pequeñas verdades" requeridas para que "nuestra naturaleza crea físicamente en lo que está haciendo en la escena" (1978 364). A falta de un objeto cuyos detalles podrían provocar en el actor reacciones imprevistas y, por lo tanto, auténticas, esta ejercitación mímica se esfuerza en construir las minucias de los gestos manipulatorios del actor como si el objeto estuviese efectivamente a su alcance.

Desaparecido el objeto, lo que queda es su evocación imaginaria, y esta última debería estabilizarse en *símbolo* legible para un eventual observador. La gestualidad, sometida a un trabajo molecularmente minucioso, se constituye como *símbolo de una realidad ausente*, confirmando así la aseveración lacaniana según la cual el registro simbólico se erige sobre "la muerte de la cosa".

La actuación stanislavskiana, instaurándose en una inestable línea intermedia entre la alucinación y la mentira escénica, es una tarea de *construcción simbólica* que se aparta progresivamente de la psicología del actor para ubicarse en ese entre-dos despersonalizado que constituye el territorio artificial de los "lenguajes de la escena":

> En los casos en que la acción no nace o no cobra impulso por sí misma, recurrimos al principio de acercarnos desde lo externo hacia lo interno, colocamos en un orden lógico y coherente los momentos aislados y formamos con ellos la acción misma. La lógica y la continuidad con que se alternan las partes nos recuerdan la verdad de la vida. (1978 365)

El Maestro subraya que "en esta labor desde la técnica exterior hacia la verdad viva tienen gran importancia *la lógica y la coherencia* con que se alternan las partes que integran la acción" (365. El énfasis es del autor), y desliza una observación decisiva:

> Es imprescindible estudiar las partes que integran la acción (…) porque en el futuro nos tocará utilizar ampliamente el procedimiento que recomiendo, de dar vida al todo ordenando las partes que lo forman. (1978 365)

Y para no reducir el estudio de las partes de la acción a una tarea meramente analítica, es preciso "colocarse en la situación en que tal 'estudio' se vuelve inevitable", es decir, en "la situación que lleva a trabajar con aire, o sea, con objetos imaginarios" (365).

Las citas precedentes nos confirman que la minuciosa construcción stanislavskiana de las acciones se efectúa en el plano de lo *simbólico,* un registro caracterizado por su *fragmentabilidad* —es decir, por la posibilidad de desmenuzarlo en un conjunto de elementos discretos, de mínimas partes constitutivas- y de combinar y recombinar (de "alternar") sus componentes según una gramática o una lógica precisas. Lo simbólico es, a diferencia de lo imaginario, el registro de la discontinuidad, de la abstracción y de la combinatoria regulada de un repertorio de elementos, teniendo como ejemplo privilegiado las lenguas con que los humanos intentamos comunicarnos.

El orden simbólico tiene un poder genésico sobre el registro imaginario, como se advierte claramente en el siguiente ejemplo dado por el maestro ruso: tras pedir a dos de sus alumnos que repitan el ejercicio de contar dinero, pero "ahora no actuando con aire, como la última vez, sino con objetos reales", solicita al resto de sus alumnos que comparen los resultados de las dos actuaciones, sin dinero y con dinero verdadero. Para sorpresa de todos —menos para Trotsov- "resultó que las acciones sin objeto habían llegado mejor a la sala y se guardaban en la memoria de un modo más claro y preciso" (1978 366). Desde el punto de vista de los actores, se constataba una análoga preferencia por las acciones sin objeto.

Stanislavski ofrece a continuación una explicación iluminadora:

> En el ejercicio con objetos reales muchos de los momentos integrantes de la acción se escapan inadvertidamente, salen de la línea de atención del creador. Son los momentos que se cumplen de un modo mecánico habitual, por sí mismos, sin darse cuenta. Estos saltos impiden conocer la índole de la acción que se estudia y no permite observar en un orden lógico y continuo las partes que la constituyen. Esto dificulta crear la línea de la atención que el artista debe cuidar permanentemente y por la que debe guiarse siempre. (1978 366)

Dicho con otras palabras, la atención del actor stanislavskiano, mientras está en escena, no se enfoca (o no debería enfocarse) tanto en las *cosas* —pues éstas bien podrían estar ausentes- como en la *forma* de unas acciones minuciosamente construidas y ejecutadas.

Las cosas –su propio cuerpo, el de sus compañeros, los objetos, el vestuario, la escenografía...- son percibidas por el actor como entidades reconocibles y reconocidas, son captadas como *imágenes*, y se inscriben consecuentemente en el registro de lo imaginario. La *forma* de la acción, aun cuando halla soporte en el cuerpo del actor (en las manos que cuentan un dinero inexistente, por ejemplo), se desprende de éste, por así decirlo, y se abstrae con la suficiente precisión como para que la "atención del creador" pueda enfocarse continuamente en la dimensión formal de lo que realiza. Si la ejecución formal es suficientemente cuidada, el *contenido* de esas acciones precisas (el dinero contado, por ejemplo) es "visto" por un observador "con los ojos de su imaginación" casi tan nítidamente como si la cosa misma estuviera presente. La invisibilidad del objeto, su supresión, reclama de los gestos un trabajo formal adicional capaz de compensar esa ausencia sin pérdida de credibilidad.

Es la forma de la acción escénica, en tanto que entidad simbólica, la que engendra un mundo a los ojos del público, un mundo posible captado a cada instante como consecuencia de las imágenes que se perciben y de las que se evocan. Tales imágenes, soportadas tanto en presencias como en ausencias, conforman *un* mundo posible en la medida en que estén articuladas de cierto modo, es decir en tanto aparezcan interconectadas por unas líneas formales que progresan y regresan en el tiempo trazando bucles. Además, tales bucles de retroalimentación deben enlazar cada secuencia de estados de cosas o de comportamientos de manera tal que inicio, medio y final parezcan estar sometidos a leyes causales inmediatamente reconocibles o paulatinamente descifrables por el público.

De los párrafos stanislavskianos se desprende que la tarea del actor en escena y durante la preparación de su papel, es un trabajo sobre lo *simbólico* tanto –o quizá más aún- que sobre lo imaginario. Para crear la ficción escénica, las cosas y los apoyos objetivos pueden faltar, pero la concentración sobre la forma será insoslayable. Las cosas perceptibles o evocables son tanto una *causa* como un *efecto* de la acción ejecutada de modo preciso:

>¿En qué consiste, a fin de cuentas, el secreto del método de la acción sin objeto? En la lógica y la continuidad de sus partes. Al recordarlas y ordenarlas se crea la acción correcta, y con ella la sensación conocida. Son convincentes, porque están cerca de la verdad. Se las reconoce por los recuerdos vivos, por las sensaciones físicas conocidas. Todo esto vivifica la acción creada por las partes. (1978 367)

Es definitorio de las poéticas realistas el hecho de que entre el plano de la forma de la acción y el plano de su contenido se instaure un bucle de mutua correspondencia, en la medida en que esa acción llegue a mostrarse como "entera y perfecta", para decirlo con Aristóteles.

De estas observaciones se deriva una conclusión fundamental: dada la potencia demiúrgica de la forma de las acciones, dado su poder de evocar y de completar en la "visión imaginaria" del espectador aquello que éste no alcanza a percibir, el mundo representado en la escena realista es mucho mayor, mucho más extenso -en el tiempo y en el espacio- que las series de acciones efectivamente ejecutadas y que el exiguo conjunto de elementos materiales (visibles, audibles, tangibles...) que les dan sostén en el escenario.

Lo que Stanislavski comprende claramente es que toda representación realista es *sinecdótica*: en ella, la *parte* (las acciones físicas, las palabras pronunciadas, los objetos, los vestuarios, la maquinaria escénica...) remite a un *todo* que, más allá de esa parte perceptible en la escena, se propaga hacia una amplia realidad invisible e inaudible para el público, una realidad que éste es capaz de evocar o deducir sin vacilaciones una vez terminado el espectáculo. Y esa deducibilidad de lo no visto ni oído es viable en virtud de la señalada *unicidad* del mundo posible representado.

En una de las fases del método de las acciones físicas tal como el Maestro lo aplicaba en los últimos meses de su vida a la escenificación de *Tartufo*, los actores y actrices eran invitados a ensayar la obra "en los dos pisos de los camarines, detrás de las bambalinas del teatro". Creo inevitable reproducir el largo párrafo en que V. O. Toporkov explica la razón de estos ensayos fuera del escenario:

> Esta disposición debía representar la casa de dos plantas del rico burgués Orgón, con todas sus innumerables habitaciones. Los intérpretes fueron invitados a conocer la ubicación de las habitaciones, a distribuirlas entre los miembros de la familia y a hacerlo con toda seriedad y sentido práctico. La distribución de los cuartos no tenía que llevar el carácter de la interpretación escénica, sino de una real preocupación por solucionar un problema cotidiano: cómo distribuir una familia de diez personas, de edades diferentes, de distinta posición social, carácter e interés en una casa de veinte habitaciones; dónde convenía hacer el comedor, dónde el dormitorio, la pieza de servicio, etc. La distribución tenía que ser cómoda y funcional. (Toporkov 1962 182)

Como puede verse, el realismo stanislavskiano se construye, por lo pronto, como una sinécdoque espacial: lo que el espectador habrá de ver en el escenario, lo que habrán de mostrarle los "decorados", el mobiliario, la utilería, el lugar donde habrán de desplegarse los comportamientos (físicos y verbales) de los personajes, será sólo la parte emergente de un iceberg, digámoslo así. Debajo o detrás de lo escénicamente visible se extiende un mundo (el mundo molieresco de *Tartufo*) concebible como una sucesión de anillos concéntricos que, teniendo como centro la parte de la casa de Orgón que los espectadores verán efectivamente, se expanden hacia la región invisible conformada por el resto de la mansión del "rico burgués", el barrio donde ésta se ubica, la ciudad que contiene tanto al barrio como a la casa, etc.: tal es el mundo representado que los espectadores habrán de imaginar partiendo de la exigua porción espacial que el autor, el director y los actores les permitirán percibir directamente en el escenario. De este modo, las escenas efectivamente vistas y oídas por el público constituyen una sinécdoque del mundo posible que *Tartufo* permite inferir.

Pero Stanislavski intuía que lo inmediatamente visible y audible para el espectador sólo provocaría en éste la evocación del mundo posible oculto en la medida en que la escena efectivamente presente –la escena actual, por así decirlo- se manifestara de alguna manera como "mensajera", "contenedora" o "resonadora" de la escena *virtual* -es decir del mundo invisible e inaudible-, de lo cual dependería el poder evocador de lo que se ve y se oye. Para que la virtualidad fuese de algún modo convocada por la actualidad era necesario crear en esta última una "tensión evocante", por así decirlo: los cuerpos actuantes y el diseño escénico debían ser, en cierto modo, espacios habitados por uno o más conflictos apenas domeñados. El cuerpo actoral, particularmente, debía convertirse en un microescenario dramático, contenedor de las fuerzas que atravesaban de un rincón a otro la casa de Orgón:

> La distribución [de los cuartos] tenía que ser cómoda y funcional. Se nos había sugerido que cada uno de nosotros debía defender tenazmente los intereses propios, sin permitir ninguna clase de coacción o limitación. Pero las discusiones sobre este tema debían ser llevadas en un tono correspondiente a las relaciones establecidas entre los miembros de la familia. Hacíamos largas consultas, deambulábamos "en familia" por el corredor, medíamos las habitaciones, dibujábamos planos, discutíamos, planteábamos diferentes situaciones: "¿Y si se enfermara la dueña de casa? ¿Estará cómoda en el dormitorio que le fue asignado? Parece que aquí habrá demasiado ruido por tal o cual causa", etc. El dormitorio de la señora se trasladaba a otro lugar y, por consiguiente, cambiaba toda la distribución. Después de unos cuantos ensayos pudimos ubicarnos con relativa comodidad y empezamos la etapa de "acostumbramiento". (Toporkov 1962 182-183)

En lo posible, cada cuerpo actuante debía encerrar en sí mismo las rutinas y los tráfagos de la casa de Orgón, de modo que tanto las agitaciones como los desganos que bullían o se asentaban en las habitaciones interiores –aquellas situadas "detrás de las bambalinas"- se hicieran visibles en los personajes al aparecer éstos bajo las luces del escenario, aun si ellos no pronunciaban una sola palabra. El público nunca habría de ver la trastienda –la "causa" de lo que los personajes harán y dirán en la escena visible-, pero debía percibir los *efectos* de ese mundo alternativamente pacífico e hirviente que se le ocultaba.

Tendremos así, en el escenario, totalidades sustituidas o representadas por algunas de sus partes, causas reemplazadas o suplidas por sus efectos…, una realidad sustituida por aquella que le es *contigua*, un sitio cualquiera relevado por su vecindad: más que de sinécdoques cabría hablar, generalizando, de *metonimias* que por doquier dan sostén al dispositivo de representación realista.

CÓMO AVENTURARSE EN OTROS MUNDOS

La totalidad que un espectador de una obra realista habrá de reconstruir imaginariamente –a más tardar, cuando la representación concluya- es el mundo posible unitario de que vengo hablando. De manera general y en palabras de David Lewis (Lewis 1973 84), los "mundos posibles" son "modos en que las cosas podrían haber sido", lo cual los ubicaría como un capítulo de la lógica modal, es decir de los *modos de hablar* de las cosas o del mundo.

¿De qué modos hablamos de las cosas, de los hechos y del mundo que ellos constituyen? En principio, hay una región de ese mundo que nos es conocida, empíricamente constatada, y diremos, por ejemplo, que en ella hay cosas, dichos, hechos o cadenas de hechos que llamaremos "A". Sobre la región que no percibimos directamente podemos entonces arrojar cuatro hipótesis *a priori*: (a) es posible que en ella podamos constatar que también hay cosas y cadenas de hechos o dichos de tipo "A"; (b) es posible que no se constaten cosas y encadenamientos de hechos o dichos de tipo "A"; (c) es imposible que se constaten cosas y encadenamientos de hechos o dichos de tipo "A" y (d) es imposible que no se constaten cosas, hechos, dichos o encadenamientos de tipo "A".

Puesto que estos enunciados conciernen a la parte del mundo que nos es empíricamente desconocido, los casos (c) y (d) sólo pueden sostenerse en una *teoría* (no forzosamente científica) cuya validez quedará supeditada a ulterior confirmación empírica. En definitiva, conocemos nuestro mundo de esta misma manera sinecdótica o metonímica, ya sea por proyecciones o anticipaciones *a priori,* ya sea por teorías más o menos "caseras", fuertemente inducidas por el "sentido común". El reducido sector del mundo que nos es familiar y las teorías que nos anticipan lo que podemos hallar en su parte desconocida, sostienen la unidad -o la "unitariedad"- de dicho mundo.

Si la escena teatral reproduce o "imita" –siempre de manera muy parcial- el mundo cotidiano que conocemos (y reconocemos) aquí y ahora, la hipótesis de unidad o unitariedad (trazada implícitamente por los cuatro enunciados que se consignan en el párrafo precedente) permitiría al espectador inferir la composición y el funcionamiento de la vasta región del mundo representado que permanece inaccesible a sus sentidos. En tal caso, no habría dificultades en afirmar que el público está ante una representación *realista* de las cosas y los hechos.

Ahora bien, si la escena nos muestra una parte de la mansión de Orgón y las vicisitudes que atraviesan sus ocupantes, el espectador tampoco tendría problemas en completar el todo -es decir la Francia del siglo XVII, sus costumbres, su arquitectura, la estética de su clase burguesa, su régimen político, etc.- con la ayuda de la escenografía, el vestuario, el mobiliario, la musicalización y la utilería que la escena nos muestra, así como a partir de las palabras que pronuncian los personajes y los sonidos que eventualmente se escuchen. Sin objeciones admitiríamos estar ante una representación realista "de época". Pero, ¿qué sucede si, en otra obra, el escenario aloja fantasmas o animales que hablan? ¿Y si la representación trae al escenario a los habitantes de un planeta desconocido? ¿Seguiremos afirmando que se trata de realismo? Recíprocamente, ¿es suficiente con exhibir en la escena aquello que en nuestra cotidianeidad sería irreductiblemente anómalo o inconcebible para que la representación deje de ser realista? Es el intento de responder estas preguntas lo que hace necesario recurrir a la noción de "mundo posible".

Para ello, debemos combinar la lógica modal con los cuantificadores "para todo..." y "existe al menos...", introducidos por Gottlob Frege. En el nuevo vocabulario lógico resultante, la idea de un objeto, hecho o encadenamiento de hechos *necesarios* se convierte en objeto, hecho o cadena constatable "en todo mundo posible", así como la noción de hecho, cosa o cadena *posible* se troca en entidad constatable "en algún mundo posible" (es decir, "*existe al menos un mundo*" en que tal evento puede constatarse). De este modo, si en la representación hay vacas cantoras, enanos cubiertos de escamas verdes o espectros que atraviesan paredes, nada nos impide aceptar que tales entes tienen existencia *en algún mundo posible,* del cual nada conocemos empíricamente.

El despliegue temporal de esa representación extravagante quizá nos muestre constancias en los seres que pueblan ese mundo posible y regularidades en el modo en que allí suceden los hechos. En tal caso, podremos familiarizarnos progresivamente con ese mundo y completar imaginariamente sus partes aún desconocidas. Estaríamos nuevamente en la situación de extrapolar –sinecdótica o metonímicamente- lo todavía ignorado a partir de lo que se nos ha dado a conocer. En razón de ello podríamos decir que, si constatamos una cosa, hecho o encadenamiento de hechos en ese mundo posible, la teoría que apresuradamente construimos sobre su funcionamiento nos permitirá conjeturar la posibilidad, imposibilidad o necesidad de esa misma cosa, hecho o cadena en las regiones o en los momentos aún desconocidos del mundo que se nos va mostrando en la representación.

Si tales inferencias tienen lugar consistentemente, podemos atribuir unidad al mundo posible desarrollado y, concluida la representación, podremos comparar esa realidad ficticia pero unitaria con la realidad que efectivamente conocemos en la vida diaria y determinar hasta qué punto ese mundo posible tan extraño es una alegoría más o menos exhaustiva del mundo que efectivamente habitamos. Consecuentemente, podremos decir que una representación que incluye fantasmas, animales parlanchines o criaturas extraterrestres seguirá siendo *realista* en tanto esas entidades mantengan una confiable estabilidad ontológica y una previsible regularidad de comportamientos. Por estrafalario que nos haya parecido inicialmente, habremos ido *reconociendo* a través de ese mundo posible -por semejanzas o por contrastes- nuestro propio mundo o realidad, y ese reconocimiento se nos habrá dado razonablemente libre de ambigüedades o zonas oscuras.

Como señalaba Umberto Eco en sus *Apostillas a El nombre de la rosa,* el narrador (o el dramaturgo)

> puede construir un mundo del todo irreal, en el cual vuelen los asnos y las princesas sean resucitadas por un beso. Pero es necesario que ese mundo, puramente posible o irreal, exista según estructuras ya definidas de partida (es necesario saber si es un mundo donde una princesa puede ser resucitada sólo por el beso de un príncipe, o también por el de una bruja, y si el beso de una princesa retransforma en príncipes sólo a los sapos o también, por ejemplo, a los armadillos). (Eco 1986 11)

Las "estructuras definidas" —y progresivamente reveladas al lector o espectador por la obra misma- confieren unidad al mundo (posible) representado, y debo insistir en que ello es suficiente para calificar de realista una representación, aunque la realidad que allí se muestra no sea la nuestra. Las "estructuras" entrevistas sirven de soporte para que el contemplador improvise una "teoría-*bricolage*", mezclando los saberes predictivos que él posee sobre su propia realidad con las regularidades o legalidades que le sugiere el mundo representado. Diríamos que, al término de una obra realista, el mundo posible representado habrá sido plenamente *accesible* desde la representación que el lector o espectador tiene de su propio mundo.

Asimismo, si para una determinada cosmovisión cultural los fantasmas interactúan con los seres vivos, y lo hacen siempre según unas mismas "leyes", cualquier representación que incorpore tales espectros y los haga convivir con los humanos vivientes seguirá siendo realista, puesto que, para la cultura de que se trata, ambas clases de seres pertenecen a una realidad única.

Otro tanto sucede con la incidencia de lo inconsciente en los asuntos humanos: si un saber –el del psicoanálisis, por ejemplo- logra domesticar lo que se consideraba como un caldero hirviente y caótico hallándole leyes o principios rectores, pueden suceder dos cosas: que el inconsciente quede integrado a una realidad única, coherente y en buena medida previsible, o que ese inconsciente constituya un reino irreductible al de la conciencia, pero entonces el saber se esforzará en encontrar "reglas de traducción" para pasar de uno a otro dominio (a menos que logremos reformular la noción de saber para que éste pueda incorporar lo indefinido sin reducirlo).

Sólo el misterio percibido como tenaz e inexpugnable, sólo unas inquietantes zonas de indecibilidad en la representación promoverán la salida de ésta fuera del realismo. Dicho de otra manera, el dispositivo de representación realista tiene su soporte en un triunfo final del saber-entendido como conocimiento de la legalidad gobernante de lo que tomamos por "realidad"- por sobre el desconcierto y los enigmas que inicialmente pudieran suscitar en el lector o espectador la extrañeza de los seres que habitan el mundo representado. Si las líneas de saber del dispositivo pueden cerrarse en un bucle de retroalimentación omnicomprehensivo en que todo acontecer haya quedado satisfactoriamente explicado para quien contempla o imagina el devenir de los hechos y situaciones, diremos que la obra se ha mantenido dentro de una lógica de composición realista.

Una vez reconstruido el mundo posible de la representación realista, el lector o el espectador podrá explicarse por qué los personajes ficticios hacían lo que hacían y por qué decían lo que decían, habrá aceptado como verosímil las épocas y los lugares representados, sabrá (o creerá saber) qué movía a los sujetos actuantes y qué propósitos tenían, así como si lograron o no tales metas. En una palabra, terminada la representación, el receptor habrá podido reducir el mundo posible representado a *su* realidad vivida, aunque la representación haya estado poblada de hadas, duendes, fantasmas o asnos voladores. Esta reconocibilidad en última instancia hace del realismo *una poética del aprendizaje y de la consolación* pues, en su lógica compositiva, toda pérdida, toda catástrofe, toda dicha o desgracia quedará abrazada por un saber (bucleante) que, desde el desenlace de la historia, contemplará una racionalidad implícita en la sucesión de los aconteceres que se engarzan en esa historia desde su inicio.

CÓMO PASAR CAMINANDO DE UN ISLOTE A OTRO

Volvamos a la postrera escenificación de *Tartufo* por Stanislavski. Como he indicado más arriba, los ensayos en las "habitaciones internas" de la mansión de Orgón, aun desarrollándose en una cotidianeidad que el público nunca vería directamente, debían quedar cargadas con la dramaticidad suficiente para que las "memorias corporales" de los actores y las actrices conservaran el registro de aquellas tensiones más o menos forzadas:

> Se organizaban acontecimientos familiares, como, por ejemplo, una enfermedad de la dueña de casa; y la conducta de todos los habitantes se subordinaba a este hecho: seguíamos reuniéndonos alrededor de la mesa del comedor, nos retirábamos después del almuerzo cada uno a su habitación, o salíamos a dar una vuelta, pero siempre tomando en consideración la circunstancia de que en la casa había una persona enferma de cuidado y, por añadidura, una persona querida por todos. (Toporkov 1962 183)

Pero no sólo se trataba de explorar una espacialidad y unos ciclos domésticos no escritos por Molière ni destinados a un futuro público, sino también de reconstruir segmentos narrativos de segura incidencia sobre las escenas que más tarde contemplaría el espectador:

> Más adelante intentábamos complicar la situación con tal o cual circunstancia, con tal o cual acontecimiento, por ejemplo: "la primera aparición de Tartufo en casa de Orgón". Aún nadie conocía su verdadera fisonomía, de modo que fue acogido por todos como un hombre verdaderamente piadoso. En el primer momento la conducta de Tartufo no pudo provocar ninguna sospecha. Era un dechado de mansedumbre y humildad. En consecuencia, todos lo trataban con la mayor benevolencia. Sobre ese cañamazo se tejió una serie de estudios muy curiosos, por ejemplo: "Tartufo se pone a sus anchas", etc., hasta llegar a "el dueño de casa se volvió loco". (1962 183)

Es claro que el mundo posible representado en *Tartufo* no es sólo un espacio (la casa de Orgón, la ciudad en que se inserta según los trazados propios de la época referida, el país que la incluye y sus fronteras en aquel siglo...) sino también una temporalidad narrativa: en la mansión del "rico burgués" no sólo ocurren hechos de rutina, propios de cualquier otro grupo hogareño (almuerzos, celebraciones diversas, enfermedad de alguno de sus miembros...), sino que un acontecimiento (la llegada de Tartufo) ha desequilibrado la vida de la casa tornándola insostenible y necesitada de urgente reparación. Ese acontecimiento desestabilizante ha provocado una serie de sucesos dignos de ser contados y es probable que tal encadenamiento, así como su desenlace, despierte el interés de una multitud de curiosos de todo el orbe y de todas las épocas posteriores a su acaecer.

Pero Molière no volcó ese relato en una novela, sino que prefirió *dramatizarlo*, lo cual, casi por definición del género, le obligó a *comprimir* el hilo narrativo, por así decirlo. Dada una historia básica –

la de Tartufo, Orgón y su familia, por ejemplo-, susceptible de una narración extensa y detallada, se diría que la versión dramática de tales hechos es una *contracción metonímica* de dicha historia, lograda por *supresión* de pasajes no carentes de importancia que, sin embargo, un eventual lector o espectador estará en condiciones de reconstruir imaginariamente a partir de los tramos efectivamente "sobrevivientes" en el discurso dramático.

Se advierte aquí la ventaja de hablar de operaciones *metonímicas* propias del dispositivo de representación realista, más que de los procedimientos sinecdóticos que constituyen algunos de sus casos particulares. Cualquier diccionario nos informará que la metonimia es "una figura retórica que consiste en designar una cosa o idea con el nombre de otra con la cual existe una relación de dependencia (causa-efecto, contenedor-contenido, autor-obra, símbolo-significado, etc.)", siendo la sinécdoque el caso en que "el todo es designado por la parte, o viceversa".

Sin embargo, la contigüidad física del continente respecto del contenido que parece denotar una frase tal como "se comió dos platos" o la contigüidad "espiritual" del autor respecto de su obra que sugiere el enunciado "compró un Picasso", por ejemplo, derivan de hecho –en el nivel de la expresión y no ya del contenido- de una *supresión de significantes* contiguos. En efecto, de la primera frase hemos eliminado "la comida servida en" y, de la segunda, "cuadro pintado por", sin que en ninguno de los casos se haya perdido la significación de los enunciados. Con prescindencia del contexto de enunciación, entendemos lo mismo al oír o leer que alguien "se comió la comida servida en dos platos" que si nos enteramos de que esa misma persona "se comió dos platos".

No obstante, podemos imaginar la sorpresa del oyente o del lector cuando alguien pronunció o escribió por primera vez la segunda frase: ¿cómo fue posible que alguien se comiera dos platos, si comerse uno ya hubiese sido rarísimo? La frase abreviada –el enunciado sometido a una *supresión metonímica*- habría tenido mucha más "energía" que la oración desplegada por completo, pues la "parte" subsistente debió sorprender mucho más que el "todo" explícito y detallado, hasta tanto el uso frecuente de la "frase comprimida" terminara por borrar su inicial novedad.

En su intento de simplificar la profusa taxonomía de la retórica tradicional, Roman Jakobson agrupó las figuras de esta última en dos grandes categorías: la *metonimia*, vinculada al eje combinatorio o sintagmático del lenguaje, y la *metáfora*, que remite a su eje sustitutivo o paradigmático. Habrá, consecuentemente, una relación metonímica, horizontal, entre los significantes contiguos de una misma frase o encadenamiento verbal, y buena parte de las antiguas figuras retóricas pueden generarse suprimiendo o cambiando de lugar los significantes de una cadena dada. En cuanto a la operación supresora implicada en la metonimia, diríamos que de cualquier enunciado se puede eliminar tantos significantes como se quiera, siempre y cuando conservemos el significado transmitido por el enunciado originario.

De este modo cabe especular que, si Molière hubiese escrito una novela para relatarnos la intrusión de Tartufo en la mansión de Orgón y las consecuencias de ese acontecimiento, el significado global, recibido por un lector cualquiera, hubiese sido prácticamente el mismo que el que recibiría ese mismo lector ante el texto dramático titulado *Tartufo*. Podemos decir entonces que la comedia de Molière es una *metonimia* de la hipotética novela que tuviese el mismo argumento, así como tal novela sería a su vez una metonimia de un recuento detallado y exhaustivo de la historia de Tartufo, Orgón y su familia, suponiendo que tal historia hubiese sucedido "en la vida real".

En el límite, todo discurso denotativo es metonímico, pues no existe un decir o un escribir capaz de dar cuenta de una realidad cualquiera hasta en sus ínfimos componentes, así como de preservar su incesante devenir sin congelarlo en vocablos reconocibles: el Todo, la "realidad en sí", lo Real, están definitivamente perdidos para cualquier construcción lingüística y aun para cualquier imagen que pretenda recubrirlos.

Si la totalidad guarda el sentido último, la Verdad que el lenguaje asedia, debemos aceptar que ésta yace fuera de su alcance y que el habla humana se (des)contenta con semi-verdades o "efectos de sentido" que nos tranquilizan provisoriamente.

Cuando oímos o leemos un enunciado cualquiera, su promesa de entregarnos un sentido comienza con el primer significante de la frase y se va deslizando hasta que advertimos un punto final o un punto y aparte que cierra la cadena. En ese instante, nuestra memoria reciente recupera todo lo oído o leído desde que se inició la frase y lo encierra en un bucle, como si se tratara de un paquete o bloque sensato, mientras nos disponemos a seguir oyendo o leyendo.

A falta de esa puntuación bucleante, expuestos a una cadena indefinida e inconclusa que nos deja con la respiración contenida sobre unos puntos suspensivos, nos sobrevuela una angustia –leve o intensa- ante la posibilidad de tropezar tarde o temprano, con una palabra mortífera o con una interpelación que nunca hubiésemos querido oír o leer. El enunciado suspendido, sin embargo, estaría mucho más cerca de la Verdad que la frase puntuada. Pero de ello nada queremos saber...

La supresión metonímica –cuando no está desgastada por el uso- opera sobre nosotros como esos puntos suspensivos que nos dejan en vilo, pues tiene sobre las expresiones (verbales o de otro tipo) un efecto *energizante,* provocador o acentuador de una atención lectora o expectante, una atención que espera inminentes y significativas revelaciones de las palabras o signos por venir.

Los actores conocen sobradamente las virtudes de la supresión metonímica pues, como sentenciaba Zeami, "eso que el actor *no hace*, es interesante". "Proceder por eliminación", aconseja la antropología teatral, y ese consejo es extensible a la práctica que Stanislavski denominara "método de las acciones físicas".

En *El arte secreto del actor,* Eugenio Barba y Nicola Savarese escriben que

Darío Fo, conocido por sus características de actor-dramaturgo, compone sus personajes al seleccionar atentamente determinadas acciones y reacciones físicas, o incluso sólo fragmentos de acciones. Omite por lo tanto todos los pasos de explicación y los comportamientos necesarios para entrelazar estas acciones y fragmentos; es decir, ejecuta una *síntesis* dramatúrgica en la que él mismo es material, instrumento y autor. (Barba y Savarese 2007 247. El énfasis es de los autores)

De una fragmentación, selección y omisión de acciones como las efectuadas por Darío Fo surge un discurso de *gestos,* es decir, un encadenamiento de conductas escénicas particulares que difieren de las acciones propiamente dichas, pues la realización completa de una acción exige un principio, un medio y un final en continuidad. El gesto, en cambio, se muestra como una acción en que el final (el desenlace) y aun el medio (enfrentamiento con obstáculos) hubiesen sido suprimidos. En el límite, un gesto se nos aparece como un movimiento cuyo principio bastaría para que podamos adivinar el contenido intencional que encierra, haciéndonos anticipar así una continuación posible.

Para Jacques Lacan, el gesto inmoviliza la mirada del observador, como si de un "mal de ojo" se tratara, en una captura fascinante. En su Seminario de 1964, publicado bajo el título *Los cuatro conceptos fundamentales del psicoanálisis,* Lacan sugiere que un gesto –un gesto de amenaza, por ejemplo- es

> al fin y al cabo, algo hecho para detenerse y quedar en suspenso. (...) Esta *detención* (...) crea tras sí su significado, y nos permite distinguir entre gesto y acto. Si usted asistió a la Ópera de Pekín, se habrá fijado en cómo combaten. Combaten como siempre han combatido, con muchos más gestos que golpes. El espectáculo entraña un predominio absoluto de los gestos. En estas danzas, nadie se da golpes, todos se deslizan en espacios diferentes en los que se diseminan se-

cuencias de gestos, pero son gestos que en el combate tradicional tienen el valor de un arma, en el sentido de que, en última instancia, pueden valer por sí mismos como instrumentos de intimidación. (...) También podemos considerar que nuestras armas modernas son gestos. (Lacan 1999 123. El énfasis es del transcriptor del Seminario)

En efecto, puede decirse que los actores de las formas tradicionales de teatro oriental son *maestros del gesto*. En una conferencia sobre antropología teatral ofrecida en 1980, Eugenio Barba indicaba que en el Noh se distingue la "energía en el espacio" de la "energía en el tiempo". La primera correspondería a lo que en el séptimo apartado del primer capítulo he designado como *energeia* (una fuerza actualizada, exteriorizada, manifestada), mientras que la segunda concierne a la *dyanamis* (una retenida "aptitud para devenir"). Luego de subrayar esta distinción, Barba ejemplifica:

> Puedo empeñar mi energía en el espacio de este modo: muevo mi brazo y mi mano toma la botella encima de la mesa que está delante de mí. Pero puedo realizar esta acción usando mi energía no ya en el espacio, sino en el tiempo. Mi cuerpo entero se encuentra en actitud: se da un pequeño cambio en el cuerpo que, a pesar de pasar casi imperceptible para el observador, moviliza la misma energía que sería necesaria para la acción. Lo que sucede es que empeño solamente los músculos de posición y no los de cambio que hacen mover mi brazo, ni los músculos de manipulación que permiten a mis dedos tomar la botella. (Barba 1987 189)

He aquí una inmejorable descripción del paso de la acción al gesto por supresión metonímica de partes. Dicho de otra manera, el gesto sería la "síntesis metonímica" de una acción que aún se deja adivinar bajo el amague subsistente. Lacan diría que el gesto es la mortificación de la acción y aun del cuerpo, pues "los tiempos de detención en que los actores se inmovilizan en una actitud bloqueada" resultan cautivantes a la mirada del espectador, pero al precio de "matar la vida", si entendemos que la vida es movimiento, flujo constante, devenir… "En el momento en que el sujeto se detiene y suspende su gesto, está mortificado" (Lacan 1999 124), es decir *simbolizado*.

Desde un punto de vista técnico, un gesto suele producirse por eliminaciones sucesivas. Tras ejecutar una acción –con principio, medio y final- invirtiendo un 100% de *energeia* en el movimiento, el actor la ejecuta gastando un 80% de *energeia* y reteniendo el 20% restante como *dynamis* inmóvil. Luego repite el comportamiento bloqueando un 40% y desplegando un 60%, por ejemplo, y así sucesivamente hasta que la "síntesis metonímica" de la acción inicial queda reducida, por ejemplo, a un "muñón" que retiene el 95% de su energía en la modalidad *dynamis*, mientras la "memoria muscular" sigue ejecutando virtualmente la acción completa.

El supuesto subyacente es que el actor debió haber "vivido" concretamente dicha acción para que lo muscularmente registrado siga insistiendo en el gesto finalmente construido, de modo que el espectador pueda "seguir viendo" la acción incumplida más allá de punto de detención del gesto.

Como el lector o lectora habrá advertido, es un supuesto análogo el que justifica, en la aproximación a *Tartufo* a través del método de las acciones físicas, la reconstrucción de espacios y episodios que el público nunca verá en la escena pero que los actores y actrices de Stanislavski debían registrar corporalmente. Los tramos narrativos que Molière eligió no escribir siguen latiendo e incidiendo en las escenas efectivamente escritas y, para el Maestro, no basta con que los intérpretes puedan *imaginar* lo que el texto omite, sino que tales omisiones deben ser corporalmente vividas y recordadas, por así decirlo.

Será necesario que el actor encargado de interpretar a Orgón guarde en su memoria muscular los temblores y los júbilos del momento en que se encontró accidentalmente con Tartufo a la salida de una iglesia; la actriz a quien le haya tocado el papel de Dorina deberá retener el respeto solemne que le inspirara el gran impostor al presentarse por primera vez ante la familia… De este modo, cada escena finalmente representada estaría cargada de evocaciones, motivos, anhelos y anticipaciones que el público entrevería o intuiría en el hacer y el decir de los cuerpos actorales.

Una de las certezas que ilumina la práctica propuesta por Stanislavski a sus actores en la última fase de su vida es que todo discurso dramático es la "síntesis metonímica" –sin que esta expresión haya formado parte de su vocabulario- de un relato y de un mundo mucho más vastos de lo que un escenario es capaz de mostrar y contener, y que las actuaciones deben ser capaces de hacer percibir esa vastedad a los espectadores.

Para el maestro ruso, son los cuerpos y las subjetividades actorales los principales mediadores entre las apretadas y sintéticas escenas escritas por el autor y el mundo posible que les da sostén –a la manera de la parte sumergida de un iceberg- y que el espectador debe reconstruir o inferir placenteramente, casi sin cobrar conciencia del trabajo interpretativo que el escenario le encomienda.

Pero, ¿es suficiente haber "pasado por el cuerpo" cierta cantidad de escenas no escritas en *Tartufo* –aunque tales escenas deban extrapolarse a partir de la obra o interpolarse entre sus episodios-, para que las actuaciones transmitan sensiblemente la virtualidad del mundo posible que da inteligibilidad tanto a lo escrito como a lo no escrito por Moliére? ¿Es ese "pasaje por el cuerpo" cualitativamente diferente de una reconstrucción puramente imaginaria que los actores pudieran haber hecho del implícito mundo posible, sin necesidad de improvisar y "vivenciar" las escenas virtuales? La siguiente fase del método de las acciones físicas nos ofrece un indicio de respuesta, pero, antes de abordarla, conviene recapitular dos etapas precedentes de este mismo proceso constructivo.

CÓMO ESCRIBIR, ESCRIBIRSE E INSCRIBIRSE

El método concebido por Stanislavski en la última etapa de su enseñanza comienza con una abstracción de la *forma lógica* de la obra a representar. V. O. Toporkov consigna que el trabajo se iniciaba con la exploración o reconocimiento –no con la memorización- "de algunas escenas sueltas y de la obra en su totalidad", tras lo cual se

> exigía de los intérpretes un relato conciso y claro del contenido de la obra, es decir, del argumento. La exposición tenía que limitarse escuetamente a la línea argumental en toda su pureza. No se admitía ninguna clase de verbosidad superflua. Había que contestar la pregunta: ¿qué aconteció?, ¿qué sucedió en tal o cual pasaje de la obra? (...) Se consideraba un mérito muy especial que el relato lograra designar con un verbo justo y preciso las alternativas del desarrollo de la lucha en la casa de Orgón. La finalidad de estos relatos argumentales era la fijación de la acción y de la contra-acción transversales de la obra. Después de esto, como lógico corolario, venía la distribución de las fuerzas en pugna en ambos bandos, y la pregunta a cada uno de los intérpretes: "si la lucha se desarrolla de esta forma, ¿Cuál es su posición en ella? ¿Cuál es su estrategia, su lógica en la conducta?". (Toporkov 1962 179-180)

Con un vocabulario propio de los años '60s del siglo XX, llamaríamos a estas operaciones una "análisis estructural del relato" y, luego, un "análisis estructural del drama", sin que ello suponga o requiera de los actores stanislavskianos una competencia más o menos académica en tales disciplinas. Más bien se espera de ellos una "exploración o reconocimiento" intuitivo pero preciso –"objetivo", podríamos aventurar- de un marco formal capaz de anclar cualquier otra ulterior "asociación libre" en torno a *Tartufo*. De ese modo los intérpretes podrían contar con una guía segura a la cual regresar cada vez que algún desborde de la fantasía los llevara demasiado lejos del texto de Molière.

Se trata, en esta primera etapa del método, de promover en los actores un *pensamiento formulístico* en torno a la obra abordada, teniendo en cuenta que las "fórmulas" obtenidas no deben tomarse como corsés asfixiantes sino como trampolines de creación. Tal vez un cambio terminológico que nos lleve del análisis estructural al léxico deleuziano, nos permitiría entrever de qué manera el pensamiento formulístico puede ser productivo, tanto en las prácticas actorales como en las directoriales.

Si *Tartufo* es ya un dispositivo textual, la efectuación de su "cartografía" permitiría detectar las *líneas duras* -en principio obligatorias- del relato, como si se tratara de una red confiable y consensuada a que deberán sujetarse los actores en sus derivas imaginativas (derivas que, por lo pronto, serán sólo verbales). Sin embargo, el intento de responder a la pregunta —mucho más dramática que narrativa- con que se cierra el párrafo arriba transcrito, conduciría a los actores al trazado de *líneas flexibles* que serpentearían en torno a los trazos duros de la narración (es decir, entre las brechas y en los alrededores de la "escueta línea argumental" definida con "los verbos justos y precisos"). Mientras no se pierdan de vista las líneas duras compartidas por el grupo de actores, las líneas flexibles personales pueden intrincarse indefinidamente alrededor y entre ellas.

Si las líneas duras dan cuenta del funcionamiento de *Tartufo* (de la "máquina *Tartufo*"), las líneas flexibles son, en esta etapa del trabajo, instancias de apropiación actoral del argumento que más tarde podrán inducir productivas improvisaciones en los ensayos y aun en la escena. Las líneas flexibles trazadas a la manera de una estrategia verosímil para tomar posición y acción en el enfrentamiento de fuerzas que el texto propone, permitirían compensar el peso y la autoridad de "la obra maestra de Molière" con un incipiente proceso de *subjetivación* actoral en el interior del dispositivo.

El segundo momento del método de las acciones físicas abre más puertas de subjetivación, pero de naturaleza algo diferente a las que admitían las fórmulas de la primera etapa. Señala Toporkov que, después del "análisis accional" de la primera fase metódica y, sobre todo, tras intentar responder a la pregunta acerca de la posición estratégica que personalmente asumiría el actor si tuviera que afrontar las tensiones y enfrentamientos que la obra depara a su personaje en la obra,

> sobrevenía una etapa más difícil. (...) Era el momento de las primeras tentativas de trazar los contornos del futuro perfil del papel, esbozar la lógica de su conducta y de su lucha. El relato de las peripecias de esta lucha, contado antes por un testigo neutral, debía convertirse ahora en relato, hecho por un participante directo en los sucesos e interesado personalmente en su desarrollo. En otras palabras, los debía contar el actor material de los mismos, el cual deseaba despertar el interés de su auditorio por sus caprichosas vicisitudes. Y se nos exigía, aparte del relato oral, la exposición por escrito de los sucesos. (Toporkov 1962 180)

A modo de justificación de este ejercicio, que poco tenía que ver con las prácticas habituales de un actor, Toporkov observa que

> Las cualidades literarias de estas exposiciones eran muy apreciadas, ya que la búsqueda de una forma literaria más precisa obligaba al actor a profundizar más en el análisis de todo lo que sucedía. No interesaba que el actor lograra resultados muy destacados en sus ensayos literarios; lo que realmente interesaba era que hiciera estos ensayos. (1962 180-181)

Como puede verse, había una narración oral en que tal vez se esperaba del actor un monólogo improvisado, pero luego se trataba de afinar por escrito un discurso. El cronista no especifica el género de tales intentos de escritura, pero, tratándose de relatos en primera persona y con fines persuasivos, podemos suponer que asumían la forma epistolar o aun la de un diario íntimo y la confesión, sus vecinos genéricos. Quedaba excluida la autobiografía extensa, otra variante de las "escrituras del yo", puesto que no importaba la supuesta vida del personaje en su integridad, sino sólo los episodios de ésta directamente vinculados con la trama de *Tartufo,* aunque las cartas y las confesiones bien podrían considerarse como tramos autobiográficos localizados.

De hecho, el ejercicio stanislavskiano tornaba concreta y palpable una sospecha de toda autobiografía total o parcial, a saber, que la supuesta sustancia evidente y segura de la subjetividad –el yo cartesiano en sus diversas variantes- es sólo una ficción, una construcción literaria, una imagen, una superficie precariamente integrada. Si cualquier relato autorreferencial hace del sí mismo un personaje, la ficcionalización intencional de un otro (la del personaje adjudicado a un actor en una obra, por ejemplo) amenaza con deconstruir ese sí mismo que se da por firme y cierto, dejando así expuesta su mascarada.

Pensándolo bien, en el ejercicio que propone la segunda etapa del método de las acciones físicas, la escritura vuelve falaz la expresión "psicología del personaje" concebida como una entidad acotada y apropiable, como si de un traje se tratara, pues tal psicología es más bien "un conglomerado de civilizaciones pasadas y actuales, de retazos de libros y periódicos, trozos de gentes, jirones de vestidos de fiesta convertidos ya en harapos", según la inmejorable definición propuesta por Strindberg en su prefacio a *La señorita Julia.* (Strindberg 1982 91)

No hay ya –o no debería haber- "trabajo psicológico" del actor en el método de las acciones físicas, si por tal trabajo se entiende una exploración introspectiva. La introspección actoral en busca del alma de su personaje –o, mejor dicho, en busca de un alma para su personaje- deviene así *extrospección,* pues la escritura, aún más que el habla, hace evidente la extimidad que nos constituye, revela que toda intimidad es sólo un pliegue de lo exterior. Es por ello que no importaba tanto la excelencia literaria alcanzada por el actor y que "lo que realmente interesaba es que hiciera estos ensayos", pues la carnadura imaginaria del futuro personaje sólo habría de cobrar cierta coherencia y consistencia a través de una escritura actoral, aunque ésta no se efectuaría ya sobre una hoja de papel, sino en la materia escénica misma.

Recordemos que la escritura es, para Agamben y otros autores, un *dispositivo* y, como tal, prevé posibles líneas de subjetivación para sus pretendidos usuarios. Dicho en el vocabulario foucaultiano, la escritura es una "tecnología de sí mismo" de larga ascendencia. En la Antigüedad tardía, el hecho de obligarse a escribir equivalía para el filósofo –y aun para el hombre común- a la construcción de un compañero, de un director espiritual, de un otro cuya presencia apremiante obligaba al escribiente a "poner orden en los movimientos del alma", según afirmaba Foucault en "La escritura de sí" (Foucault 1983 20).

Ya los estoicos asignaban una clara función autotransformadora a la práctica de la escritura, una reconstrucción de sí que, si prestamos atención a las observaciones de Paul de Man sobre el discurso autobiográfico (De Man 1984 118), supondría -al menos desde el punto de vista lógico- un momento deconstructivo en que hace falta "perder la propia cara" antes de "sustituirla por una máscara". Si la virtual interlocución del escribir exige ordenar "los movimientos del alma", ello supone forzar detenciones, encauces y clausuras sobre el libre flujo de la psiquis, lo cual equivale a *mortificar el alma* –para malestar de ella y para bien de la escritura- como el gesto exige mortificar el cuerpo moviente.

Así, entre el desenmascaramiento del escritor y su asunción de una nueva máscara se introduce una sombra de muerte, una experiencia de los "jirones" y los vacíos que nos constituyen y nos atraviesan, precio de ingreso en lo simbólico y precondición del discurso dirigido a un otro presente o potencial. El otrora "trabajo introspectivo" se convierte, en Stanislavski, en una *ascesis escritural*.

Foucault señala que, en Epicteto,

la escritura está asociada a dos modos diferentes de ejercicios del pensamiento. Uno adopta la forma de una serie "lineal"; va de la meditación a la actividad de la escritura y de ésta al *gymnázein* (entrenarse), es decir al entrenamiento en situación real y a la prueba: trabajo de pensamiento, trabajo mediante la escritura, trabajo en la realidad. El otro [modo] es circular: la meditación precede a las notas que permiten la relectura que, a su vez, relanza la meditación. (Foucault 1983 18)

La primera forma aquí consignada es equiparable a la ejercitación que refiere Toporkov: relatar "la peripecia de las luchas" del personaje que se va a interpretar es una tarea que se justifica en los ensayos que luego sobrevendrán y que encontrará en éstos una piedra de toque y una realimentación:

> Sentado delante de la mesa, uno nunca puede imaginarse con toda claridad el futuro perfil del papel. No deja de ser un primer reconocimiento, una base para el comienzo del trabajo, algo que, durante el proceso de la encarnación, está sujeto a diversos cambios. (Toporkov 1962 181)

Sin embargo, aun cuando el ejercicio de la escritura se ubicara en una zona intermedia entre las primeras imágenes que la obra suscita en el actor (el momento "meditativo") y el compromiso "psicofísico" reclamado por los ensayos ("*gymnazein*"), aquélla tiene un valor intrínseco que los actores stanislavskianos sólo reconocían retroactivamente: "Es, por el momento una labor puramente intelectual, pero pude apreciar todo su inmenso valor al terminar el estudio de *Tartufo*, y en toda mi ulterior práctica escénica" (1962 181), concluye Toporkov.

La ejercitación solicitada por el Maestro tenía, como se ve, un carácter instrumental, no era un fin en sí misma. No obstante, abre la posibilidad de asignar a la escritura actoral la segunda función prescrita por Epitecto, a saber, la de ir y venir entre "la meditación y las notas". En tal caso, quedaría habilitada esa práctica que hoy llamaríamos "una dramaturgia a cargo de actores", la cual no debe confundirse con la "dramaturgia del actor", es decir con una "escritura" efectuada en la materia escénica y no en la página. La escritura actoral en el papel, en cambio, hallaría un modelo en los *hypomnemata,* una de las formas –junto con la correspondencia- que asumía la escritura de sí en los siglos I y II d. C.

Según Foucault, los *hypomnemata*

> constituían una memoria material de las cosas leídas, oídas o pensadas, y ofrecían tales cosas, como un tesoro acumulado, a la relectura y a la meditación ulterior. Formaban también una materia prima para la redacción de tratados más sistemáticos, en los que se ofrecían los argumentos y medios para luchar contra un defecto concreto (como la cólera, la envidia, la charlatanería, la adulación) o para sobreponerse a determinada circunstancia difícil (un duelo, un exilio, la ruina, la desgracia). (1983 17)

Una vez que pasaban de la condición de "tesoro de sabiduría acumulada" a la de "tratados sistemáticos", los *hypomnemata* operaban como dispositivos textuales orientados hacia la resolución de problemas precisos, lo cual reclamaba articular –al menos provisoriamente- materiales dispersos y heterogéneos. Pero esa orientación pragmática se compensaba, en un polo opuesto, con una fuerte autorreferencia, con un "arraigo en la propia alma" ("clavados en ella", decía Séneca), de modo que formaran parte del escritor mismo.

Foucault aclara, sin embargo, que los *hypomnemata* no eran "diarios íntimos", ni todavía los relatos de las agonías espirituales propios de los ascetas cristianos: "se trata, no de perseguir lo indecible, no de revelar lo oculto, no de decir lo no dicho, sino, por el contrario, de captar lo ya dicho; reunir lo que se ha podido oír y leer, y con un fin" (1983 18), un fin que era, en última instancia, autopoiético y ethopoiético, pues se trataba de la (re)constitución de sí, de producirse a sí mismo produciendo una ética a la cual adherir.

Una dramaturgia asumida por actores, producida con vistas a una "creación grupal", por ejemplo, tiene justamente la doble determinación de los *hypomnemata*: por un lado esa creación estará inevitablemente marcada por unas subjetividades a veces evanescentes, a veces transitoriamente sólidas y aun beligerantes que proyectarán sobre la libreta de apuntes imágenes de sí o contrafiguras de sus "temperamentos personales" y, por otro lado, estará supeditada a una construcción heteróclita, disgregante, pero obligada a tomar finalmente forma y consistencia. Ambas determinaciones son éxtimas y contribuyen a la disolución autoral: los sujetos se manifiestan más en la elección de textos y enunciados ajenos que en invenciones originales, y el momento integrador tiende a confundir y a disolver "propiedades intelectuales" en una textualidad (en una "máquina de guerra", diríamos) casi anónima.

Bien entendidos, los *hypomnemata* ignoran la introspección, pasan por alto la creencia en una interioridad –en una subjetividad que hace del "yo" una sustancia- postulada como fuente insoslayable y verdadera de la escritura de sí, nos recuerdan que todo creador no es otra cosa que un montajista de *ready-mades* de inciertos orígenes.

En su uso estoico, los *hypomnemata* –como los ejercicios de escritura propuestos por Stanislavski para insertar la subjetividad actoral en una trama que le viene de fuera, que proviene de una autoría ajena- tienen un costado disciplinante, normalizador. Así como Séneca celebraba el valor ordenador de la lectura, pues ésta remedia "la agitación del espíritu, la inestabilidad de la atención, el cambio de las opiniones y de las voluntades" (Foucault 1983 19), el maestro ruso pedía a sus actores escribir dentro de los estrictos marcos de una línea argumental previamente adjudicado a Molière.

La trama de *Tartufo* –o de la obra que se trate- servía así para acotar la *fantasía* (esa "loca de la casa" que tiende a dispersarse en ensoñaciones descabelladas) y encaminarla hacia la *imaginación* (que, "como casi todo en la naturaleza", está gobernada por una lógica y relativamente anclada en cierta realidad). En otras palabras, la imaginación es, en Stanislavski, un (des)orden imaginario regulado por un orden simbólico que toma la forma de una narración.

CÓMO CAZAR GATOS NEGROS EN HABITACIONES OSCURAS

Como se recordará, he cerrado el quinto apartado de este capítulo con la pregunta sobre las supuestas ventajas de "vivenciar psicofísicamente" (experiencia que no debe confundirse con la *perejivanie,* claro está) las escenas no-escritas por un determinado autor en lugar de confiar en su mera evocación imaginaria. Dicha pregunta había quedado pendiente para recapitular, en el apartado que acaba de concluir, las fases del método stanislavskiano que esbozaban ciertas nociones sobre la imaginación y su disciplinamiento. Pero tal vez no ha llegado aún el momento de retomar el recorrido que fue trazando la escenificación de *Tartufo* hasta abordar justamente lo "físico" de las acciones físicas. Dado que seguimos en la órbita de una "psicotécnica", tal vez se me perdone el incurrir en algunas demoras en torno a lo "psíquico" stanislavskiano, digresiones que estimo imprescindibles y que espero sean tolerables para el lector o lectora.

En los manuscritos del Maestro dedicados a la puesta en escena de *Otelo* (1930-1933), después de aconsejar a sus alumnos sobre la conveniencia de "leer y escuchar muchos comentarios críticos sobre las obras", a la vez que se aprende "a mantener la propia independencia, evitando los prejuicios", el director les interroga sobre las sensaciones y recuerdos que les ha dejado una primera lectura del texto de Shakespeare. Kostia, el alumno-modelo que sigue dando un tono de novela a los apuntes de Stanslavski, responde:

> Hurgando entre mis recuerdos, me doy cuenta de que he olvidado el comienzo de la tragedia... Pero en este momento tengo la sensación de que existen en la obra momentos interesantes: un rapto, alarmas, persecuciones. Sin embargo,

(...) los presiento más bien y no los veo con la vista interior. Tampoco a Otelo lo percibo claramente en esta parte de la obra. (...) El primer momento luminoso es el discurso de Otelo; luego, nuevamente se torna confuso. Tampoco recuerdo su llegada a Chipre, la borrachera y la riña con Casio, la llegada del general y la escena amorosa con Desdémona; luego nuevamente surge una mancha luminosa, o más bien una serie de manchas que se extienden y crecen; más adelante, una laguna que llega hasta el final. Sólo oigo la cancioncilla triste sobre el sauce y siento los momentos de la muerte de Desdémona y de Otelo. Me parece que es todo lo que recuerdo. (Stanislavski 1980 189)

Tras esta evocación deshilachada, Tortsov-Stanislavski asegura a sus discípulos que, a medida que vayan conociendo más la obra y el papel, esos "momentos sentidos se irán ensanchando y confundiéndose entre sí hasta terminar formando una impresión homogénea" (1980 190). Pero, por lo pronto, se trata de *fijar* las primeras sensaciones. Ante la pregunta de Kostia: "¿qué quiere decir fijar?", Tortsov compara la psiquis con "una cámara oscura con sus ventanas cerradas; si no fuera por algunas rendijas, reinarían las tinieblas" (1980 189). Y el director ruso agrega que:

si pudiéramos ensanchar algunas de esas rendijas, las manchas de luz se ampliarían cada vez más, aumentando los destellos en sus reflejos. Al fin la claridad inundaría todo el ambiente, desalojando las tinieblas. De este modo se me ocurre el estado interior del artista luego de la primera lectura de la obra, y su ulterior conocimiento. (1980 190)

Ante la cámara oscura de los recuerdos –aun de los más recientes-, el procedimiento aconsejado es el de *fijar* y *ensanchar*. Queda claro entonces que tales operaciones son justamente las que Stanislavski confiará a las tres primeras fases del método de las acciones físicas. En la primera fase ("relatar clara y concisamente la línea argumental de la obra sin verbosidad superflua"), el énfasis está puesto en la fijación. Al respecto, Toporkov anota que "al principio se nos exigía también un resumen *por escrito* de los sucesos de la obra" (Toporkov 1962 180. El énfasis es mío).

La segunda fase (el paso de la condición de "testigo neutral" a la de "participante directo en los sucesos", mediante un relato en primera persona) y la tercera (improvisaciones sobre "la vida cotidiana en casa de Orgón" y sobre los hechos relevantes no escritos por Molière) se proponen *ensanchar* las zonas de conocimientos, sensaciones e impresiones, sin dejar de *fijarlos*.

De este modo, se advierte que en las tres instancias sobrevuela una desconfianza hacia los "contenidos del mundo interior" del actor, hacia la vaguedad de lo evocable y lo imaginable: es necesario, por lo tanto, marcar y expandir los recuerdos e impresiones dispersos, así como ordenar la fantasía para ponerla al servicio de la obra en curso. Afianzar sensaciones, precisarlas, extenderlas sin perder el hilo orientador es justamente la función que se asigna a la *escritura* en un sentido amplio. Las prácticas que proponen las tres primeras etapas del método de las acciones físicas son, en consecuencia, variantes mutuamente complementarias de la *escritura de sí* que un actor y sus compañeros emprende en el marco de un proyecto de escenificación concreto.

Volviendo a la pregunta pendiente del quinto apartado, entre improvisar las escenas no escritas pero pertinentes a la obra y contentarse con imaginarlas, habría la misma diferencia -respectivamente- que entre el escribir y el recordar en silencio, de manera imprecisa y fugaz, determinados hechos o situaciones.

Las improvisaciones destinadas a expandir y a rellenar los intersticios de *Tartufo* para inducir la reconstrucción de su mundo posible es de hecho, inscribir/escribir esas ausencias en el *cuerpo de la escena* —tanto en su materia viva como en sus partes inertes-, haciéndolo además colectivamente, con lo cual lo inscrito/escrito alcanza una dimensión propiamente *simbólica*. En efecto, tras una práctica suficiente, lo que los cuerpos actorales retienen en sus memorias son trazos duraderos, como las piezas de una tésera que cada uno conserva a modo de prenda de un pacto, a modo de constancia disponible cada vez que se requiere reconstruir las escenas colectivamente inscritas/escritas.

Esta escritura escénica, este entretejido de comportamientos físicos y verbales indefinidamente repetibles por los actores y actrices, es en suma lo que permite producir los "mundos interiores" de los sujetos actuantes, y no a la inversa. Así, la interioridad se desustancializa, la "psicología" del personaje se disuelve y la del actor busca darse consistencia en inscripciones materiales. Las escenas improvisadas, investigadas y registradas en la tercera etapa del método de las acciones físicas constituyen *hypomnemata* escritos en la escena y no ya en cuadernos de notas.

Por otra parte, y en la perspectiva del Maestro, lo escrito o lo dicho de una manera que atraiga la atención del lector o del oyente, tienen sobre lo imaginario un efecto inevitablemente expansivo y diseminante, pues

> es suficiente que les indique un tema para la fantasía y ya comenzáis a ver con lo que llamamos visión interior las correspondientes imágenes; a juzgar por las propias sensaciones, imaginar, soñar, fantasear, significa ante todo mirar, ver con la visión interior... (Stanislavski 1978 109)

Stanislavski sabe muy bien que los textos —tanto los que se leen como los que se producen- perturban a los cuerpos. En las notas en torno a la escenificación de *La desgracia de tener ingenio* de Alexander Griboiédov (1916-1920) y de la ya mencionada *Otelo* de Shakespeare, el director ruso dedica varios párrafos al "Primer encuentro [con la obra y] el papel". Con palabras similares se refiere, en uno y otro caso, al primer contacto de un actor con el texto:

> El reconocimiento es el período preparatorio; comienza con el primer contacto con el papel, con la primera lectura. Es un momento comparable al del primer acercamiento de dos futuros enamorados, amantes o esposos. (...) Las primeras impresiones poseen una frescura virginal, (...) son espontáneas e inesperadas, y a menudo (...) penetran libremente en las honduras del alma del artista, en su profunda naturaleza orgánica y con frecuencia dejan huellas imborrables; forman la parte básica, el germen de la futura imagen del personaje. (Stanislavski 1980 51)

Leyendo los párrafos stanislavskianos es difícil sustraerse a la idea de que se nos está hablando de una intimidad erótica entre el actor y la letra, y de los cuidados litúrgicos que tal encuentro demanda:

> Es imprescindible saber crear en uno mismo ese estado de ánimo que (...) entreabre el alma para recibir la frescura de las impresiones vírgenes. Hay que saber entregarse íntegramente a su poder inicial. (...) Pero también hay que crear las condiciones exteriores, saber elegir el tiempo y el lugar, (...) sentirse física y espiritualmente animado, preocuparse porque nada estorbe (...) la libre penetración de esas primeras impresiones. (1980 52)

Se trata, como se ve, de una ceremonia, y en ella no es un dato menor que alguien asuma la función de sacerdote-lector, por así decirlo. El hecho de que una *voz* dé carnadura a los textos, impone en éstos un matiz diferente al que tendrían si cada actor los leyera a solas y en silencio. En las condiciones del ritual de lectura, si bien la palabra autoral parece interpelar anímicamente al actor, el destino de la provocación literaria es el cuerpo mismo en tanto que residencia de pasiones:

> Es importante que el artista encuentre el ángulo desde el cual pueda juzgar la obra, el mismo desde el cual logró el autor concebirla. Cuando esto se consigue, el artista se siente atraído por la lectura y le resulta difícil detener el juego de los músculos de la cara. (...) No puede contener los movimientos que nacen instintivamente. No puede quedarse tranquilamente sentado. Cambia de lugar, procurando estar más y más cerca del lector. (Stanislavski 1980 53)

La potencia estilística de la letra es para el actor, antes que nada, una emisaria de Eros. Si la primera etapa del método de las acciones físicas —aquella que exigía a los intérpretes preguntarse por el argumento de la obra, por el detalle de los sucesos y por los verbos que mejor traducen la dinámica y el propósito de las acciones–, si esa primera etapa, digo, parecía apelar a un cuerpo dispuesto a la actividad consciente, orientada y eficaz, a un cuerpo dueño de sí y de los instrumentos a su alcance para incidir sobre las situaciones, la segunda fase del método —la que exige escribir desde un compromiso personal con el argumento- involucra en última instancia al *cuerpo erógeno* del actor y a las pulsiones que lo recorren. Llevado hasta sus últimas consecuencias, el cuidado estilístico a que lo obligan los ejercicios de escritura debería tener sobre su propia carne una incidencia comparable a la de la voz portadora de las palabras del autor en la ceremonia del "primer encuentro con el papel". En todo caso, los ejercicios de escritura deberían predisponer o anunciar ya un cuerpo histerizable, susceptible de ser movilizado y aun des-organizado por la palabra del Otro, un cuerpo capaz de emanciparse aun de la anatomía y la fisiología reguladas.

El actor excitado, el que "cambia de lugar", el que "no puede quedarse tranquilamente sentado", pareciera acudir a un llamado del texto leído en voz alta, como si la palabra escrita y ahora revivida por una voz convocara e invocara su cuerpo sin encauzarlo en nada útil, sin dirigirlo hacia una actividad productiva sobre las cosas. Todo ocurre como si al texto le hiciera falta ese cuerpo, pero sólo para jugar con él, para agitarlo y enardecerlo. Se diría que el texto quisiera hacer de él su juguete fálico, y que éste quiere ofrecérsele gozosamente como su objeto radiante y tumescente.

Pero esta conmoción, en caso de darse, es poco duradera. Tiene la transitoriedad de un entusiasmo imaginario, como cuando Kostia, tras haber ensayado a solas para su primera prueba en el Teatro de Arte durante "casi cinco horas", convencido de haber estado encarnando al más deslumbrante de los Otelos, pasa frente a un espejo ubicado en el vestíbulo de su casa y descubre la triste figura de un Moro irrisorio. Algo cae, junto con la desentumescencia fálica, y obliga al aspirante a actor a seguir buscando y, sobre todo, a idear un entramado –a falta de una técnica aprendida- que dé sostén a lo caído, reforzando así el escurridizo vínculo entre su cuerpo y un personaje que es, todavía, pura escritura desencarnada.

Habitualmente el cuerpo excitado ante la primera lectura de la obra, movilizado por un papel que parece haber sido escrito a su medida, está animado por una pasión efímera. Aunque Tortsov-Stanislavski reconoce excepciones:

> En el arte, como en el amor, el entusiasmo puede estallar súbitamente. Más aún, puede no sólo engendrar, sino también realizar la creación misma. (...) Es una gran suerte que la fusión del artista con el papel ocurra súbitamente y por caminos ignotos. En este caso se aborda el papel en forma directa e intuitiva, (...) y lo mejor es olvidar por el momento la técnica, confiándose a la naturaleza creadora. (1980 186)

En una nota al pie del manuscrito citado, el Maestro enfatiza: "cuando tal milagro ocurre, no queda más que olvidar todo 'sistema', toda técnica, y entregarse a la naturaleza" (190). Más aún, abarcar "todo el papel o la pieza de una sola vez, por entero", es la "inspiración" misma. En tales ocasiones, se tiene la impresión de que el actor y su papel son "tal para cual", como si hubiese nacido el uno para el otro. Pero lo más frecuente es que efectuada la primera lectura, las más de las veces se imprimían en el alma y la mente sólo algunos momentos; el resto permanece confuso y hasta extraño al espíritu del actor. Las impresiones y algunas sensaciones fragmentadas que persisten con posterioridad a la primera lectura se vinculan a momentos dispersos a lo largo de toda la obra, como oasis en un desierto, como relámpagos en las tinieblas. (Stanislavski 1980 190)

Es justamente para las ocasiones en que la Naturaleza se niega a obrar favorablemente –lo cual sucede "las más de las veces"- que debe idearse una técnica y aun enmarcarla en construcciones complejas tales como la del método de las acciones físicas. Y cabe postular que la insistencia (técnica) en la precisión de los objetivos, en la claridad de unas metas que habrán de dinamizar los movimientos actorales hasta darle la consistencia de acciones transformadoras, es un modo de compensar la evanescencia de las impresiones y la indeterminación de los objetos que la lectura del texto engendra en lo imaginario del actor. El cuerpo biológico o cuasi-mecánico interpelado por la técnica de actuación es entonces el *reverso* de un cuerpo erógeno movilizado por la letra de un Autor por quien el actor desea ser deseado. Las impresiones intermitentes y volátiles son marcas que el texto, autorizado por el Autor que lo respalda, han dejado en el oscuro cuerpo actoral.

La técnica –y el método, en última instancia- intentan instalar un *hábito* psicofísico allí donde el actor, librado a su inspiración azarosa, sólo hubiese hallado "oasis" y "relámpagos" fugitivos, incapaces de dar soportes estables a los comportamientos eficientes y eficaces que la escena requiere durante el tiempo de la representación. La actuación realista aspira, más allá de los fragmentos eventualmente arrebatados a un incipiente personaje, a capturar una totalidad, a completar esa máscara fantasmal hasta poder otorgarle la reconocibilidad de un otro-yo. En ese momento, el papel (entidad textual) habrá devenido personaje (entidad imaginaria) encarnado e inmerso en un mundo posible dotado de relativa estabilidad.

El tránsito desde un cuerpo actoral que despierta como deseante ante el llamado de un texto invocante que lo desea, hasta el investimento de la máscara integral y amoldada que llamamos personaje, pasando por los dispersos encaminamientos del deseo de actuar atraído por objetos fragmentarios, notables y perecederos, ese tránsito, digo, reproduce el itinerario que Freud señalaba en la constitución infantil de un cuerpo humano irreductible al de la biología. En ese recorrido de la carne provocada e invocada de manera misteriosa por un Otro, todo comienza con una inquietud irreprimible. Y Stanislavski se pregunta al respecto:

> ¿Quién podría explicar por qué razón cierta obra o cierto personaje le desagradan al actor o éste no los puede lograr, cuando a todas luces están hechos a su medida? O, al contrario, ¿cómo se explica que otro papel, que aparentemente no coincide con las condiciones del actor, lo atraiga y éste lo interprete con éxito? Por lo visto, en estos casos existe en forma oculta algún prejuicio positivo o negativo, fortuito o subconsciente, que crea en el alma del artista tanto lo inconcebible y maravilloso como lo malogrado. (1980 186)

Al reparar en lo que el texto puede hacerle a la carne, entramos en el terreno del sin-sentido, de lo que escapa al efecto de significación en las palabras oídas o leídas, efecto que podría haber dado respuesta a la perplejidad stanislavskiana. La voz oída, o la voz que resuena en el cráneo del lector, es un objeto que se incorpora sin ser asimilado, digerido o significado por quien escucha o lee. Es lo indecible que la palabra conlleva lo que se hace un lugar en el cuerpo súbitamente animado por lo que escucha.

La voz del texto por primera vez oído canta en la carne del actor, quien así queda encantado, movilizado, arrojado a una deriva pulsional que marcará la segunda fase de su recorrido hacia el personaje. Leamos lo que Stanslavski tiene para decirnos:

¿Por qué razón algunos momentos reviven dentro de nosotros, alentados por nuestra sensibilidad, y otros sólo se graban en nuestra memoria intelectiva? ¿Por qué al recordar los primeros experimentamos una inquietud inexplicable o nos invade cierta alegría, cierta ternura, cierta animación, y en cambio al recordar los otros permanecemos fríos e indiferentes, y nuestras almas callan? (…) más adelante, a medida que progrese el conocimiento de la obra que hasta ahora sólo fue comprendida parcialmente, a través de momentos aislados, esa "luces" se irán ensanchando gradualmente, crecerán, se vincularán entre ellas y por fin llenarán todo el personaje, tal como el rayo de sol cuando penetra en la oscuridad por las pequeñas rendijas (…) y termina por inundar de luz el ambiente. (1980 54)

Cuando la habitación oscura de una carne que se busca a tientas haya sido bruscamente iluminada por el personaje, el cuerpo actoral será una materia enamorada. Ese cuerpo-del-amor se habrá reconocido de pronto en el espejo "de la obra y del papel" que hasta entonces se le sustraía y le devolvía sólo partes de sí. Salvo cuando "la Naturaleza hace milagros", el espejo de la obra y el papel no se erigirá inicialmente completo y abarcable ante el actor. Tal como insiste el Maestro, será necesario resignarse a una conquista y un conocimiento progresivo del texto, pues hay "obras cuya trama es tan intrincada o imperceptible que no se deja reconocer de una sola vez, sino por partes, después de un minucioso estudio anatómico" (1980 55). Este conocimiento, este saber paulatinamente conquistado excede, claro está, los alcances del intelecto analítico y se va deslizando entre los pliegues de un verdadero *conocimiento carnal*.

Ahora bien, el racionalismo de la técnica y del método vendría en auxilio de un actor con dificultades para transitar del cuerpo pulsional al cuerpo enamorado, de una búsqueda marcada por la intermitencia de objetos y líneas de acción borrosos e inconstantes, al encuentro jubiloso con otro-yo que se le ajusta al actor como si le hubiese estado destinado desde siempre.

Pero, ¿sería la técnica capaz de garantizar por sí sola ese paso decisivo? En este trayecto eminentemente edípico, ¿son la técnica y el método una compañía confiable o es que la "naturaleza subconsciente" habrá de reservarse la carta de triunfo o de definitiva derrota? Los textos stanislavskianos dejan entrever con insistencia la irresolución de esta duda o más bien delatan una franca inclinación hacia la segunda respuesta que admite la pregunta.

Si he retrasado estos párrafos en la descripción de los avatares del encuentro entre el cuerpo actoral y el texto escrito es porque, como fácilmente se habrá adivinado, tales vicisitudes podrían aclarar lo que he intentado decir cuando he definido la dramaturgia de la escena como la programación de un encuentro erótico entre los artistas y los espectadores. Esa dramaturgia, una vez trazada y puesta en marcha, debería provocar e inquietar a los cuerpos distribuidos en la platea de una manera análoga al modo en que la letra podría perturbar la carne del actor y conducirlo luego hasta el final de un periplo jalonado de sobresaltos, tensiones, obstáculos y goces compensatorios en que la provocación debería sostenerse hasta el final. (El uso del potencial en los verbos se debe, claro está, a que lo programado bien podría fallar, puesto que lo Real está siempre en juego).

CÓMO ABRIR SENDEROS EN LA NIEBLA

No debe extrañarnos si la primera fase del método de las acciones físicas subraya la exigencia de exponer la línea argumental de la obra "escuetamente", "sin verbosidad superflua", simplemente contestando la pregunta: "¿qué aconteció?, ¿qué sucedió en tal o cual pasaje de la obra?". Verbos precisos para designar acciones o propósitos, sustantivos exactos para nombrar objetos u objetivos, y conectores nítidos entre unos y otros es lo que el actor necesita para rescatar y definir unas impresiones borrosas e intermitentes, para circunscribir las huellas todavía confusas de unos primeros contactos con el texto. La precisión solicitada en el análisis de las acciones pretende así pertrechar al actor para que afronte la intemperie demandante de la escena, a falta de lo cual ese campo de fuerzas le sumiría en vacilaciones y desconciertos.

Se diría que el Maestro hubiese leído a Freud cuando éste explicaba, en 1915, que la imagen de un objeto ausente formada en la conciencia se nos aparece como una representación-objeto (*Objektvorstellung*) en la que convergen una representación-cosa (*Sachvorstellung*), es decir la investidura de huellas mnémicas derivadas y más o menos distanciadas de la imagen de la cosa misma, y una representación-palabra (*Wortvorstellung*) mucho más inequívoca. Dicho de otro modo, para que algo se nos represente como objeto en la conciencia, es necesario que confluyan la imagen relativamente difusa de una cosa, un hecho o un suceder y la palabra que designa claramente esa entidad o suceso más o menos borroso.

Hecha esta distinción, el padre del psicoanálisis escribe que

> De golpe queremos saber ahora dónde reside la diferencia entre una representación consciente y una inconsciente. Ellas no son, como creíamos, diversas transcripciones de un mismo contenido en lugares psíquicos diferentes, ni diversos estados funcionales de investiduras en el mismo lugar, sino que la representación consciente abarca la representación-cosa más la correspondiente representación-palabra, mientras que la inconsciente es la representación-cosa sola. El sistema Inconsciente contiene las investiduras de objeto primeras y genuinas. El sistema Preconsciente-consciente nace cuando esa representación-cosa es sobreinvestida por el enlace con las representaciones-palabra que le corresponden. (Freud 1984 197)

Estamos cerca de entender a qué se refería Stanislavski cuando proclamaba que la "psicotécnica" era una vía hacia lo subconsciente a través de la conciencia.

Podemos decir, por lo pronto, que las dos primeras fases del método de las acciones físicas son procedimientos de asignación de representaciones-palabra a las representaciones-cosa inducidas en los actores por la primera lectura de un texto-de-autor. En la primera fase, esa asignación tiene lugar a través del trazado de la línea dura del encadenamiento lógico-causal de los sucesos y, en la segunda, la asignación cobra el aspecto de las líneas flexibles que cada actor traza para capturar los aspectos (fragmentarios) que ha logrado retener de su papel.

En la tercera etapa del método, la fijación de impresiones e imágenes mediante la improvisación de escenas no escritas por el autor, tiene el carácter de una "escritura en la materia escénica", por lo cual cumplen la misma función simbolizante que las representaciones-palabra. Las líneas duras y flexibles engendradas en las tres primeras etapas del método, en sus entrelazamientos, sus superposiciones y sus relevos, configuran la dimensión del *saber* en un dispositivo de representación realista como el concebido por el maestro ruso.

La última frase de la cita freudiana, referida a que el "sistema Inconsciente" (lo que muy groseramente equipararíamos al subconsciente o Naturaleza stanislavskianos) contiene "las investiduras de objeto primeras y genuinas", resuena en las reiteradas advertencias del director del Teatro de Arte de Moscú sobre la importancia del primer encuentro del actor con su papel. Esas impresiones originarias serán la materia prima indispensable para las construcciones discursivas que más tarde sobrevendrán en el trabajo actoral. Vale la pena subrayar la palabra "trabajo", pues la primera lectura del texto no sólo invoca al sujeto lector/oyente, sino que *lo pone a trabajar*, tanto en el nivel de su comprensión consciente de lo que el texto refiere como en el plano de sus asociaciones no-conscientes.

De manera general, podría decirse que la estabilización de las sensaciones "primeras y genuinas" que pudo haber dejado en el actor el "primer encuentro con la obra y el papel" es un proceso de *escritura*: recordemos que el Maestro pedía "un resumen por escrito de los sucesos de la obra" (primera parte del método) y que exigía "aparte del relato oral, la exposición por escrito" y en primera persona de las "caprichosas vicisitudes" del papel (segunda fase del método). Y esa escritura debe entenderse aquí como un encadenamiento de *marcas* significantes –en el papel, pero sobre todo en la memoria actoral-, de nominaciones registradas, de designaciones precisas de las cosas imaginables y de las acciones actuales o virtuales que tales cosas habrían suscitado en el actor. La tercera fase del método, concebida como un rellenado de los tramos argumentales y de las descripciones inevitablemente faltantes en el texto del autor, tiende al trazado de una escritura corporal, de un conjunto de marcas articuladas en la "memoria psicofísica" del actor y no solamente en su volátil imaginación.

Una tarea escritural como la de improvisar en torno a los episodios faltantes de la trama podría prolongarse indefinidamente, a menos que se establezca un criterio de suficiencia. De hecho, el propósito de esta tercera fase del método es el de contribuir a la construcción y al afianzamiento de las *circunstancias dadas* en que habrá de evolucionar el actor. Recordemos que, al ser interrogado sobre esta noción clave del Sistema, el maestro ruso propone una definición extensiva e incompleta:

> La fábula de la obra, sus hechos, acontecimientos, la época, el tiempo y el lugar de la acción, las condiciones de vida, nuestra idea de la obra como actores y *régisseurs,* lo que agregamos nosotros mismos, la puesta en escena, los decorados y trajes, la utilería, la iluminación, los ruidos y sonidos, y todo lo demás que los actores deben tener en cuenta en su creación. (Stanislavski 1978 92)

Como puede verse, las "circunstancias dadas" stanislavskianas tienen algunos componentes materializables y otros solamente imaginables (siendo lo imaginario un efecto de los "enunciados de creencia" o "si mágicos" que el actor se formula a sí mismo y que articula con los "si mágicos" de sus compañeros), conformando un conjunto al que siempre podríamos añadirle un elemento más. Dicho de otro modo, las circunstancias dadas constituyen un *dispositivo* –o bien un "subdispositivo" dentro del dispositivo de representación realista- y, como tal, comprende cosas y enunciados, ingredientes que pertenecen tanto al orden de "lo dicho como [de] lo no dicho", para retomar aquí las palabras de Foucault. Por lo pronto, advertimos que en la cuasi-definición stanislavskiana desembocan las tareas prescriptas en las tres primeras fases del método de las acciones físicas. Tales trabajos metódicos aportarán –de manera iterativa y siempre perfectible- buena parte de las cosas y los enunciados que componen las circunstancias dadas.

Por otra parte, las circunstancias dadas poseen un aspecto sincrónico y una dimensión diacrónica. En tanto que sincronía, conforman un *marco* objetivo para los comportamientos escénicos del actor en un momento dado de la representación teatral. La "objetividad" de este marco debe entenderse aquí como un grado de consistencia tal que un actor pueda entrar y salir de él como si se tratara de un recinto habitable. Esta posibilidad de entrar y salir implica que el actor es a la vez protagonista y observador respecto del marco que definen las circunstancias dadas.

En tal sentido, este marco es comparable a las escenas fantasmáticas que los pacientes de Freud describían "desde fuera" aunque no era difícil inferir que siempre desempeñaban un papel dentro de ellas. Para el psicoanálisis, un *fantasma* tiene una fuerte cualidad visual (siendo asimismo enunciable) apta para escenificar un deseo inconsciente a la vez que protege al sujeto de dicho deseo.

De manera similar, el actor construye sus circunstancias dadas a partir de los restos (esas impresiones tan genuinas como fugaces) persistentes tras "el primer encuentro con la obra y el papel", experiencia en que, en el mejor de los casos, el actor se habría sentido *deseado* por la obra leída. La exposición al texto autoral bien pudo haber entrañado una pasión peligrosa, pues, más allá de cierto punto, la maquinaria textual podría haberlo tragado, es decir podría haber abolido, en un irreversible delirio psicótico, la prudente distancia entre el yo actoral y alguno de los personajes de la trama.

De esta manera, las circunstancias dadas, construidas con las marcas de ese deseo riesgoso pero apuntaladas por procedimientos conscientes (por una "psicotécnica") como los indicados en la primera fase del método, funcionarían como un marco defensivo que, al modo del *fantasma* lacaniano, detiene la caída en el deseo del Otro como una película que se fija justo antes de un fotograma insoportable para el espectador.

Pero las circunstancias dadas, a diferencia del fantasma freudo-lacaniano, no pueden permanecer en una inmovilidad repetitiva, sino que deben desplegarse según una línea continua y evolutiva, indicada por la fábula o trama del texto del autor. El argumento de la obra se muestra así divisible en un gran número de unidades de acción enmarcadas por las correspondientes configuraciones sincrónicas de las circunstancias dadas. En cada unidad-marco, un objeto-meta orienta el comportamiento del sujeto actuante, mientras otros objetos, enunciados y condiciones allí presentes, dentro de ese mismo marco, pueden servirle de instrumento para alcanzar la meta señalada.

Reencontramos así, como se puede notar, el consejo con que se abre el séptimo capítulo de *El trabajo del actor sobre sí mismo*: "una obra (...) no se puede abarcar de un solo golpe. Por eso hay que dividirla en trozos mayores. (...) Si [un] trozo resulta demasiado grande, hay que dividirlo en otros más pequeños. (...) [Y] si el trozo es duro, hay que darle sabor agregando algún invento de la imaginación" (1978 166) que enriquezca las circunstancias propuestas por el autor.

En cada trozo, es el verbo que define el comportamiento del sujeto actuante respecto de cierta meta parcial, lo que establece los límites de la unidad narrativa. Tortsov ejemplifica:

> [Luego de despedirse de unos amigos, por ejemplo], tendrá que preguntarse "¿qué estoy haciendo?" "Vuelvo a casa". Esto significa que el retorno a casa es el primer trozo principal. Durante el regreso, sin embargo, hubo paradas. Se detuvo a mirar escaparates. En esos momentos usted ya no caminaba, sino que permanecía en un lugar y hacía otra cosa. Por eso, mirar el escaparate será para nosotros un nuevo trozo independiente. Después prosiguió su marcha, es decir retomó el primer trozo. Finalmente llegó a su habitación y se desvistió. Este fue el comienzo de un nuevo trozo del día. Cuando

se acostó y empezó a pensar, comenzó otro trozo. (…) [Estos cuatro trozos], juntos, crean un objetivo más amplio. Volver a casa. (Stanislavski 1978 168)

Pero además de este criterio gramatical, de forma, en cada trozo el artista debe ser capaz de hallar "un objetivo creador" que no siempre será detectable a primera vista y con el cual el sujeto actuante debe entablar una relación amorosa ("es preciso amar el objetivo y saber hallar su acción correspondiente" [173]), es decir que son los deseos del propio actor los que deben ser movilizados por unos propósitos que, en principio, incumben sólo a su futuro personaje. De allí que el Maestro subraya que "los objetivos correctos (…) serán los del artista mismo como ser humano, análogos a los objetivos del papel" (163).

Esta última exigencia habrá de despertar suspicacias frente a ciertos anhelos que el texto prescribe para el personaje, metas inobjetablemente claras en el papel, pero incapaces de pulsar las fibras íntimas del intérprete. Ello motivará quizá incontables improvisaciones, análisis y discusiones en las que, nuevamente, cada actor será a la vez observador y participante de sus propias escenas. Como explica Stanislavski-Tortsov,

> un nombre acertado, una designación que define la esencia interior del fragmento es su síntesis, su extracto. Para conseguirlo, hay que "macerar" el trozo, como si fuera una infusión, extraer su esencia interior, cristalizarla y buscar para el cristal el nombre correspondiente. (…) En la elección del nombre se encuentra el objetivo mismo. Una denominación correcta, que determina la esencia del fragmento, descubre el objetivo que encierra. (1978 177)

Y ese objetivo debe poder formularse como un verbo que impulse al sujeto a "una acción (psicofísica) compleja".

La diacronía de las circunstancias dadas se muestra, así, como una secuencia de unidades o trozos narrativos animados por objetivos parciales que, al modo de vectores colineales o de flechas de longitud y grosor diversos, apuntan todos "al centro principal, a la capital, al corazón de la obra, hacia el objetivo esencial del autor y del actor, que elabora uno de los papeles" (1978 320). Y en los primeros párrafos del capítulo XV de *El trabajo del actor sobre sí mismo*, Tortsov-Stanislavski declara: "De ahora en adelante convendremos en llamar a este fin esencial, que moviliza todos los elementos de la actitud del actor en su personaje, el *superobjetivo de la obra*. (1978 320. El énfasis es del autor)

Algunas páginas más adelante, Stanislavski nos ofrece uno de los pocos dibujos que cabe hallar en la copiosa producción teórica y narrativa que integra la colección de sus obras traducidas al castellano. A manera de explicación de sus grafos, el Maestro señala que

> Lo normal es que todos los objetivos sin excepción y sus breves líneas de la vida del personaje se dirijan a un lugar determinado, común a todos, esto es, al superobjetivo. (…) [Si ese superobjetivo faltara], la acción central o axial [estaría] destruida, la pieza se [habría] dividido en fragmentos dispersos en varias direcciones, y cada uno de sus partes estaría obligada a existir por sí sola, fuera de la totalidad. (Stanislavski 1978 328-329)

Estas frases sugieren que el "superobjetivo" es una instancia reguladora, no alojada en ningún trozo particular de la trama, sino que irrigaría a todas ellas desde un más allá suprasegmentario. Desde esa posición, el superobjetivo previene ante cualquier cuerpo extraño que los actores o el director pudiesen estar tentados de intercalar en la línea de acciones bajo la excusa de promover "la iniciativa personal", la creación desde "el yo oculto" del artista, "la posibilidad de renovar un arte envejecido", quebrando así mortalmente "la espina dorsal de la obra". Queda así al descubierto la función primaria del superobjetivo, a saber, la de poner un freno a las veleidades del *deseo* ("tendencias momentáneas" las llama el Maestro) de los actores o del director para privilegiar de ese modo el deseo autoral.

Cualquiera de las unidades que componen la "línea continua de acción", habiéndose edificado la mayoría –o buena parte- de ellas sobre los trazos dejados por el acontecimiento de la primera lectura de la obra en los cuerpos y las memorias actorales, bien podría haber sido arrastrada, en la "asociación libre" de las improvisaciones, a las "zonas ocultas" de las subjetividades de sus participantes, des-encadenándose así de la línea dura argumental. Asimismo, el director, alardeando "modernidad", pudo haber "incorporado por la fuerza un aspecto accidental o extraño al contenido" (1978 330) del texto dramático. En cualquier caso, estas líneas de fuga habrían ejercido violencia sobre "el superobjetivo orgánicamente vinculado a la obra y a su acción central" (1978 329), pues esa "organicidad" –en un sentido biologicista- es inherente a la noción stanislavskiana del superobjetivo:

> Así como del grano nace la planta, de una idea o sentimiento particular del creador brota su obra. Sus ideas, sentimientos y sueños recorren como un hilo rojo toda su vida y lo guían durante la creación. Le sirven de base, y de ese germen brota su producción literaria; juntamente con sus penas y alegrías, constituyen el motivo por el cual toma la pluma. Transmitir todo este material espiritual es el objetivo principal del espectáculo. (1978 320)

A través de los ensayos de la obra, alcanzar ese "germen creador" y resonar con él es la aspiración suprema de los intérpretes dispuestos a escenificar las palabras del autor, pues "los grandes propósitos vitales de esos genios llegan a ofrecer un objetivo emocionante para la labor del actor y a arrastrar todos los diversos elementos de la obra y del papel" (1978 321). Consecuentemente, "hay que contar con un superobjetivo que corresponda a lo que ha concebido el autor, pero que ineludiblemente tenga eco en el alma del actor mismo"

(1978 322). El intérprete debe recordar permanentemente, sin embargo, que "del superobjetivo nació la obra del escritor, y hacia él debe dirigirse la creación del artista" (325).

Pero, ¿hasta qué punto es accesible ese germen creador autoral? En *El trabajo del actor sobre su papel,* Stanislavski cita "un caso relacionado con Chejov":

> Éste concibió primeramente un personaje pescando; a su lado, alguien se bañaba. Luego apareció una persona a la que le faltaba un brazo; más adelante se descubre que es muy aficionado al juego de billar. Después vislumbró una amplia ventana abierta por la que se introducían en la habitación las ramas de un cerezo en flor. Más adelante ésta se transformó en todo un jardín de cerezos, que le sugería a Chejov reminiscencias de una bella pero inútil vida que se iba extinguiendo en Rusia. ¿Dónde está la lógica, la relación y la analogía entre el jugador de billar al que le falta un brazo, la rama del cerezo en flor y la futura revolución rusa? En verdad, son insondables los caminos del arte. (1980 191)

Estamos, como cualquier psicoanalista advertiría, ante la consabida tensión entre un *texto manifiesto* ("todo un jardín de cerezos, que le sugería a Chejov reminiscencias de una bella pero inútil vida que se iba extinguiendo en Rusia", mientras despuntaba "la futura revolución") y un *texto latente* ("el jugador de billar al que le falta un brazo", "alguien que se baña", "un personaje pescando", "la rama del cerezo en flor" ...) que Freud estableciera en su texto fundacional sobre *La interpretación de los sueños* (1900).

El "germen creador", por lo tanto, está hecho de la misma estofa que los sueños o, de manera más general, esa semilla nos muestra la misma constitución que una "formación del inconsciente". Dicho en el vocabulario stanislavskiano, aquello que

> da al superobjetivo su peculiar e inasible atracción, que excita de diferentes modos a cada uno de los intérpretes de un

mismo papel (...), inadvertidamente sentimos (...) que está oculto en el plano del subconsciente. El superobjetivo debe estar estrechamente unido a ese plano. (Stanislavski 1978 322)

Ante la imposibilidad de acostar a Chejov –o a cualquier otro autor muerto- en un diván para proceder –freudianamente- a desentrañar el "texto latente" de su escritura publicada, al actor stanislavskiano sólo le queda la piedra de toque de la "peculiar e irresistible" atracción de una obra (obra que siempre será un "texto manifiesto") sobre su "organismo psicofísico": si su voluntad y sus emociones se ven convocadas y excitadas por las escenas leídas o improvisadas en los ensayos, habrá para él indicios de una comunión profunda con el superobjetivo del autor.

Pero dado que, según el Maestro, las "fuerzas motoras de la vida psíquica" integran un triunvirato, no basta con "el deseo (la voluntad)" y "la emoción (el sentimiento)" (1978 320), sino que es también necesario "el intelecto (la mente)" para atacar con eficacia "el centro principal, la capital, el corazón de la obra". El superobjetivo deberá asumir un aspecto mucho más civilizado que el de una "formación del inconsciente" en estado puro para ser aceptable a una razón pre-psicoanalítica. Por ello Tortsov-Stanislavski ofrece a sus alumnos ejemplos de superobjetivos mucho más dóciles, aptos para que la mente racionalista los descubra en el "texto manifiesto" de la obra:

> Dostoievski estuvo buscando toda su vida al diablo y a Dios en el hombre, y esto es lo que lo impulsó a escribir *Los hermanos Karamázov*. Así pues, la búsqueda de Dios es el superobjetivo de esta obra. Lev Nikoláievich Tolstoi pasó toda su vida luchando por su propia perfección y muchas de sus obras nacieron de la simiente que era su superobjetivo. Anton Chejov combatía lo trivial de la vida burguesa y soñaba con una vida mejor. La lucha por ésta y su aspiración de alcanzarla son el superobjetivo de gran parte de lo que escribió. (1978 321)

Con esta reducción del superobjetivo a lo que una crítica razonable y humanista podría decir sobre los motivos de un autor, vemos completarse la función de vigilancia otorgada por Stanislavski a esta noción clave de su Sistema. Desde el punto de vista formal, esa instancia suprasegmentaria impone a la línea de acción una continuidad y una coherencia tales que garanticen la circunscripción de un *único* mundo posible en el plano del contenido de la representación. Por otra parte, el superobjetivo asegura el efecto edificante que se espera del espectáculo, tanto sobre el público receptor como sobre sus realizadores.

Las *líneas* (éticas) *de subjetivación* del dispositivo de representación realista se degradan así en *líneas de moralización*, lo cual hace del realismo no sólo una poética del *reconocimiento* (el mundo posible unitario desplegado por la obra será siempre equiparable a la "realidad" habitada por el lector/espectador, sea por la vía de la mimesis directa o por la vía de la alegoría), sino también, como lo he indicado más arriba, una poética de la *consolación*: no importa cuántas desdichas y catástrofes atraviese una vida individual o colectiva, pues la excelsitud de unos valores inamovibles harán de toda crisis una oportunidad y de toda derrota un aprendizaje.

El dispositivo de representación realista –y no sólo en su versión stanislavskiana- termina así reprimiendo las potencias locas de los deseos autorales, actorales y directoriales en aras de la "función social" intrínsecamente pedagógica asignada al teatro, lo cual apenas disimula su tarea voluntaria o involuntariamente disciplinadora por la vía de la redención.

CÓMO CONVIVIR CON SEIS TIGRES

Una nota al pie de página en el capítulo XV de *El trabajo del actor sobre sí mismo* hace referencia a una discrepancia entre dos realizadores realistas: a la observación del mayor de los Coquelin según la cual no debe haber para el espectador otro papel que el de ser un receptor (pasivo y complacido) de la obra, Stanislavski responde: "En el arte de usted, el espectador es espectador. En mi arte, se vuelve un testigo involuntario y partícipe de la creación; se introduce en lo más denso de la vida que transcurre en la escena y cree en ella" (1978 324).

Si bien el Maestro está pensando en el espectador en tanto persona de carne y hueso, sabe que, desde la perspectiva del actor, ese "testigo partícipe" se funde en un anonimato que lo transforma cualitativamente. Disolviéndose en un Público -esa entidad colectiva a la vez deseada y temida por el intérprete-, la participación crédula y comprometida de ese espectador de ninguna manera le está asegurada. El actor stanislavskiano medianamente dotado —desprovisto por lo general del carisma natural de los divos- podrá trabajar con denuedo en la conquista y preservación de esa adhesión huidiza, pero ese Público no es una objetividad que pueda enfrentarse y moldearse como una "materia psicofísica" más o menos dúctil, sino que, en tanto que Orden Simbólico, es un conjunto de reglas que se imponen a quien pretenda instrumentarlo.

Si en las tres primeras etapas del método de las acciones físicas el Público -particularmente en su faz de Público Simbólico- ha sido una causa eficiente, tan silenciosa como determinante en la construcción sincrónica y diacrónica de las circunstancias dadas que habrán de sostener al actor en su desempeño escénico, en la cuarta fase del método es el espectador tangible, el testigo participante en su deseante concreción corporal, quien oficiará de involuntario co-creador de "la vida en la escena". Cabe señalar que ese espectador carnal es una *referencia* actuante e influyente sobre la representación, aun cuando no se halle efectivamente presente ante el actor.

Después de un largo período de improvisaciones en torno a episodios no escritos, los juegos actorales conducidos por el Maestro empiezan a introducirse en "los acontecimientos pintados en la comedia de Molière". De esta manera, los objetivos del primer "trozo" a abordar se formulan en estos términos: "La Señora de Pernelle, la madre del dueño de casa, encolerizada, abandona la casa ostentosamente; los familiares asustados tratan de detenerla" (Toporkov 1962 184). Los actores y actrices debían acometer la escena prescindiendo de "decorados" y sin "usar el texto molieriano", recuerda Toporkov. Pero el primer intento sólo cosecha reprimendas del director:

> No están actuando; están diciendo palabras. (...) Pero a mí, en este caso, no me importan las palabras sino la conducta física. (...) Si aquí hay un escándalo, es con todas las de la ley. Si se lucha, se lucha a brazo partido. No es un partido de ajedrez, sino un *match* de box. Entonces, ¿qué hay aquí, en la línea de la acción física? Definan su conducta. ¿Qué cosa puede arrastrarlos, entusiasmarlos? (1962 184-185)

A continuación, Stanislavski ilustra su observación con una imagen alegórica en la que muchos lectores podrán ver al maestro ruso como un precursor de la antropología teatral de Eugenio Barba:

> Imagínense una jaula con tigres enfurecidos, listos para despedazar en cualquier momento al domador si éste no los ataja con su mirada. El domador lee la intención de cada uno de los tigres en sus ojos, y la reprime en su raíz antes de que se convierta en acción. Si alguno de los tigres hiciera una tentativa de atacarlo, el domador tendría que contraatacarlo a latigazos, hasta que la fiera se escapara con el rabo metido entre las patas. Tengan en cuenta que en la jaula hay cinco o seis tigres y no uno solo, y que cada uno de ellos espera la mínima distracción del domador para hacer el salto fatal. Bueno, a ver, ¿cómo actuarían ustedes en estas circunstancias? (1962 185)

El párrafo precedente es de una excepcional riqueza. Por una parte, retomamos aquí la cuestión del *gesto* como *supresión metonímica* de lo que, de otro modo, hubiese sido una acción completamente desplegada: el descuartizamiento del domador por los (cinco o seis) tigres es, en efecto, la acción virtualmente contenida en los merodeos y los desplazamientos cautelosos de las fieras. La carnicería queda suprimida y embutida, digámoslo así, en la actitud y la mirada alertas del artista circense.

Volvemos al gesto en tanto que acción abortada, digo, pero no ya en su función significante —es decir como movimiento a ser leído como un "mensaje" que se dirige a un receptor cualquiera- sino sobre todo como "bomba de tiempo", como energía (*dynamis*) a duras penas contenida en un cuerpo, energía que promete restallar enceguecedoramente en cualquier instante. Al compartir la jaula no con uno sino con cinco o seis tigres, todo el cuerpo del domador debe ser un gran ojo tenso, dinámicamente inmóvil y en control de un perímetro de (a menos) trescientos sesenta grados.

Por otra parte, si el espectador ha de "introducirse en lo más denso de la vida que transcurre en la escena", es claro que, dejando de ser mero testigo y "lector" de una situación que transcurre a distancia, ingresa empáticamente en la misma jaula del domador y los tigres, siendo así interpelado *corporalmente* por lo que está a punto de suceder, y ya no sólo en un nivel intelectual o emotivo. Las pulsiones espectatoriales entrarán en juego de la misma manera que se movilizaban en las excitadas graderías del circo romano. Y en virtud de los juegos de espejos que toda identificación propone, las miradas de los espectadores serán, para el domador, portadoras de otras tantas acechanzas felinas. De este modo, en la alegoría stanislavskiana subyace un fantasma fundamental y primero del oficio del actor, un fantasma definitorio de lo que he venido llamando Público Real: en toda sala de teatro, por más civilizada y culta que ésta sea, persiste un Circo Romano con su intacta e insaciable sed de sangre. Como bien lo presentía Tadeusz Kantor, la muerte está en el subsuelo de toda teatralidad.

El trance de vida o muerte del domador nos aclara asimismo el modo en que debe funcionar el "si mágico" stanislavskiano. No se trata de un simple "como si" disparador de un fantaseo sin consecuencias prácticas, del mismo orden que los guiones más o menos delirantes que cotidianamente murmuran en nuestras cabezas sin alterar la "normalidad" de nuestras conductas sociales. Como sostiene Franco Ruffini en su artículo "El sistema de Stanislavski",

> es necesario ante todo adiestrar la mente del actor (…) para *construir exigencias* [el subrayado es del autor] (…), es decir estímulos a los cuales *el cuerpo no puede dejar de reaccionar* adecuadamente [el subrayado es mío]. (…) La mente del actor no debe limitarse a crear un "contexto" lógico, motivador y emocionante para las reacciones [del actor]. Necesita que ese contexto funcione *como si fuese* [el subrayado es del autor] una exigencia real. (…) En ese punto, el contexto de justificaciones racionales, volitivas y emotivas se vuelve una "verdadera y propia exigencia. En este punto, la reacción, aun sin desarrollar un movimiento, ya es activa. (Barba y Savarese 2007 178)

Y para Ruffini, una presión que funciona para el actor en escena "como una exigencia real", "debe ser compleja, interiormente contrastada [es decir internamente contradictoria] y dinámica. Es decir, debe conformarse a esas situaciones que, en la vida cotidiana, son situaciones excepcionales o, mejor aún, *situaciones extremas*". (2007 178)

Si bien el "si mágico" es comparable a la "denegación" (*Verneinung*) freudiana o aun a la "renegación" (*Verleugnung*) que Octave Mannoni resume en la fórmula "ya lo sé, pero aun así…" ("Sé muy bien que esta es una silla desvencijada, pero aun así es un trono", por ejemplo), la alegoría stanislavskiana sobre la jaula poblada de tigres nos hace pensar que cierto "contexto" ficcional (ciertas "circunstancias dadas") sólo provocarán en el actor respuestas *físicas* (y no meramente imaginarias o "mentales") en la medida en que su "como si" exagere las cosas (en la jaula hay cinco o seis tigres, y no uno solo…) pintándolas como "extremas", perentorias, imposibles de ignorar.

"En ese punto, la reacción, aun sin desarrollar un movimiento, ya es activa", dice Ruffini, y leemos en la crónica de Toporkov la desconcertante invitación del Maestro a actuar sin desplegar su "energía en el espacio" (*energeia*):

> Les ruego a todos que busquen un ritmo interior sin levantarse de sus asientos…, un ritmo furioso, enloquecedor,

que se exprese a través de una serie de acciones pequeñísimas. (...) Ustedes no pueden dominar el método de las acciones físicas si no dominan el ritmo. Pues toda acción física está ligada a un ritmo que la caracteriza. (1962 185-187)

Y este "ritmo interior" suele traducirse en adjetivaciones: "los '*perturbados* parientes', durante 'esta *agitada* consulta', servían de coeficiente rítmico en el cual debíamos actuar" (1962 188. El énfasis es del autor) la escena en que Orgón "irrumpe en la habitación con un contrato matrimonial en la mano" (188).

A continuación, la crónica de Toporkov desarrolla en varios párrafos el modo en que el despotismo stanislavskiano traza sus líneas de poder entre las líneas de saber desplegadas por sus actores y actrices, para tejer así las mallas del dispositivo de representación. Luego de un primer intento de improvisar en torno al momento en que Orgón se dispone a obligar a su hija Mariana a convertirse en la esposa de Tartufo, el director les reconviene: "Cuando en escenas de esta índole el actor empieza a razonar, 'nosotros nos vamos a resistir', 'nosotros haremos esto y lo otro', etc., estos razonamientos debilitan la voluntad. No razonen: resístanse" (1962 188).

Pese a que Toporkov y sus compañeros juzgan que en los primeros abordajes "la escena, realmente, no nos salía tan mal" (189), la reprimenda cae sobre ellos y Stanislavski rechaza de inmediato esos resultados: "¿Qué es lo que están representando? ¿Una agitada consulta? Un loco furioso armado de cuchillo recorre la casa buscando a la hija para degollarla, y ustedes se consultan agitadamente" (189). Como podemos ver, el "principio de exageración" de las circunstancias dadas lleva a sustituir el contrato matrimonial por un cuchillo, el matrimonio por un crimen sangriento y a "Orgón-enamorado-de-Tartufo" por un loco armado.

Ante el desconcierto de la *troupe,* el Maestro ejemplifica el tratamiento hiperbólico que debe darse a las circunstancias dadas:

Hay que salvar una persona y no hacer consultas. (...) ¿De dónde puede irrumpir el loco? Toda la atención de ustedes para esta puerta, y ni siquiera para la puerta, sino para el picaporte. Al mismo tiempo, devánense los sesos buscando dónde esconder a Mariana, discutan, armen escándalo sin olvidar, ni por un instante, el objeto principal: el loco que recorre la casa armado de un cuchillo. Cuando abra la puerta ya será tarde. Al primer movimiento de picaporte, Mariana ya tiene que estar escondida para que Orgón no alcance a sospechar que ella puede estar allí. Bueno, vamos a ver cómo van a actuar. (1962 189)

La improvisación fracasa nuevamente a los ojos del director, y éste propone entonces un paso al límite en las circunstancias dadas: se trata ahora de eliminar, en su definición, todo enunciado descriptivo, reteniendo sólo los verbos y los componentes materiales que dan forma a la situación. En esta reducción liminal, los "si mágicos" prácticamente habrán desaparecido, obligando a los intérpretes a "reaccionar en primera persona", por así decirlo:

Está bien, olvídense de la obra... aquí no hay nadie... No están ni Orgón, ni Mariana, no hay nadie. Sólo están ustedes y ahora vamos a actuar. Toporkov sale al pasillo y se pone a cierta distancia de la puerta. Todos los que quedan en esta habitación tratan de adivinar dónde está Toporkov. El juego es así: nadie de los presentes puede cambiar de lugar hasta que no empiece a moverse el picaporte, pero no bien éste se ponga en movimiento hay que esconder a Mariana, sea donde sea, pero hay que hacerlo antes de que se abra la puerta y Toporkov irrumpa en el cuarto. En una palabra, él no debe darse cuenta de dónde han escondido a Mariana. A su vez Toporkov, al entrar, debe decir sin titubear dónde está ella escondida. Si no lo puede decir, pierde, si lo dice, perdieron ustedes. (1962 189)

Tras varios intentos en los que Toporkov ganaba la partida descubriendo siempre el escondrijo de Mariana, "poco a poco los participantes del juego entraron en calor, (...) pero yo también tomaba mis medidas", de modo que "el juego nos absorbió hasta tal punto, que nos olvidamos (...) del mismo Stanislavski". El Maestro, "que seguía nuestro apasionado juego como los entusiastas siguen un partido de fútbol" (190), finalmente recompensa a los actores:

> Esto ya no es teatro. Es una acción real y viva, la auténtica atención, el verdadero interés. Es lo que les exijo en esta escena. (...) Después de la experiencia de hoy, ya pueden comprender cuál es la base de la conducta física de esta gente. (...) En cada ensayo deben buscar esta misma atención, este mismo dinamismo, verdad y ritmo. (...) Excluyan de su atención al espectador, hagan como si no existiera para ustedes. (...) Esta es una ley escénica. (1962 190)

Aunque el párrafo comienza con la declaración "esto ya no es teatro", pues el director ruso utiliza peyorativamente esa palabra en un contexto de críticas a las actuaciones falsas, es claro que lo que Toporkov y sus compañeros acaban de hacer en la escena se encamina precisamente en la dirección del "teatro de la vivencia" buscado por Stanislavski. La frase con que se inicia el párrafo debe entonces completarse de esta manera: "esto ya no es teatro de representación".

La última cita condensa tal vez la esencia del método y la razón de su nombre: la ejecución acabada de las acciones físicas supone, en el límite, la caída de todo "como si" o "si mágico", en la medida en que este recurso da muestras de retener a los actores en el territorio protector del cliché, enemigo de toda actuación vivencial, desde la perspectiva del Maestro.

La "soledad escénica" que Stanislavski exige, el olvido del espectador, es de hecho una estrategia para poner a los actores fuera del alcance del Público Imaginario y neutralizar así al Público Real, aunque el Público Simbólico continúa trabajando, más silenciosamente que nunca, en las consignas radicales que el director lanza sobre sus discípulos para obtener de ellos la "acción real".

El olvido del espectador "en persona" es entonces la condición en que el Público Simbólico encuentra su vía libre para efectuar su labor silente en tanto que reservorio de un saber-hacer heredado que rehúye la psicología como causa eficiente de la actuación: "Tengan en cuenta que no se puede recordar y fijar los estados anímicos, pero sí la línea de las acciones físicas; [se trata de] fijarla y hacer que se vuelva aprehensible, familiar" (1962 191), subraya el maestro ruso mientras propone dejar de lado un recurso tan capital en su Sistema como lo es el "si mágico" (lo cual no implica descartar definitivamente esa herramienta, sino simplemente reservarla para cuando el actor imaginativo deba enfrentar circunstancias dadas menos perentorias).

La intervención causal del Público Simbólico sobre la actuación se torna así más evidente a medida que el dispositivo de representación se vuelve más austero, a medida que sus componentes materiales ganan fuerza en detrimento de los enunciados que lo integran, a medida que lo no-dicho o lo no-decible se impone sobre lo dicho o lo enunciable, y vemos justificarse el regaño que había proferido Stanislavski en los primeros ensayos de *Tartufo*: "Ustedes no están actuando; están diciendo palabras".

Aun en este grado cero de la representación, no es que los actores y las actrices, obligados a atenerse a las cosas y a las acciones, limitando sus elocuencias a la palabra-acción, se entreguen a un juego *instintivo* en que el subconsciente —es decir la Naturaleza- despliega su muda sabiduría. Puesto que el resultado de las improvisaciones *es teatro* ("verdadero teatro" para el director ruso, es decir "acción real y viva") y no una libre efusión lúdica, relativamente catártica, aunque formalmente débil, lo que sostiene esta práctica es una instancia *éxtima*, de origen socio-histórico pero internalizada, in-corporada como "segunda naturaleza" a través del hábito o entrenamiento.

En la "escena del contrato matrimonial" referida por Toporkov, la incidencia del Público Simbólico sobre las actuaciones está mediada por la observación atenta de Stanislavski, de modo que los intérpretes pueden "olvidar la técnica" junto con el correlativo olvido de los espectadores y del "como si" ficcionalizante. Pero lo que el actor olvida no desaparece, sino que se transfiere al entorno receptor: son los observadores quienes siguen imaginando dentro de un marco ficcional; es el director quien garantiza que la forma de la escena sea adecuada y precisa. Es por ello que he afirmado más arriba que el Público sigue trabajando, aunque el actor crea estar en la más completa "soledad escénica".

NO SABES LO QUE TIENES HASTA QUE TE OBLIGO A MOSTRARLO

Al comenzar sus crónicas sobre los ensayos de *Tartufo* bajo la conducción stanislavskiana, Vasily Toporkov narra un episodio que, más allá de su "tinte humorístico", permite entrever una estrategia de trabajo con los actores tan "típica de Stanislavski" como inusual y desconcertante en la época en que el Maestro la practicaba.

Cierto joven dramaturgo había confiado su "obra primeriza" al Teatro de Arte de Moscú y contemplaba, fascinado, la manera en que los actores ensayaban sus escenas. En el transcurso de una de ellas, y para sorpresa del escritor, Stanislavski interrumpió su desarrollo exclamando: "¡Horroroso! ¿Y esto es una escena de amor? Esto significa: todo para ella. Haga lo que haga, lo hace todo para ella. ¿Me entiende?" (Toporkov 1962 165). De inmediato y aún irritado, el director pidió a los utileros del teatro que llevaran una bicicleta al escenario, dejando perplejo al novel autor. Tras indicar al intérprete que, trepándose a la bicicleta, se ponga a andar en círculos alrededor de su pretendida, Stanislavski subraya: "Pero tiene que hacerlo para ella, ¿entendido? Solamente para ella". –"Es que... yo... no sé andar en bicicleta", respondió el galán, ante lo cual la insistencia del Maestro fue inapelable: "Pero *por ella* tiene que saberlo" (1962 166. El énfasis es del autor).

En estas pocas frases se resume lo esencial de una pedagogía stanislavskiana indisolublemente entrelazada con el esfuerzo creador de los actores y no ya con la mera transmisión de un conocimiento predigerido. Pero no se trata de un procedimiento excepcional en la práctica del director ruso. Más aún, puede pensarse que su Sistema entero es convocado por situaciones de ensayo como la relatada por Toporkov: además de un texto previamente escrito y de un entorno material que dé sostén al comportamiento de los actores, tenemos, por una parte, al menos un cuerpo actoral incapaz de cumplir una tarea escénica que se le demanda ("no sé andar en bicicleta... nunca lo supe") y, por otra parte, una voz de orden inflexible ("Pues, *por ella* tiene que saberlo. ¡A ver! Hágame el favor...").

Casi podríamos asegurar que el actor interpelado hubiese preferido que se le pidiera hacer algo en lo que ya fuera hábil y con lo que hubiera podido lucirse sin mayores esfuerzos. Por un lado, una "materia psicofísica" y una "materia textual" estacionarias, predispuestas a reposar en sus propias inercias y, por el otro, una tarea perentoria y desproporcionada respecto de las destrezas que aquella materia viva posee o imagina poseer.

Digo que todo el Sistema es convocado por esta breve improvisación escénica porque el intento de cumplir la tarea impuesta inaugura de inmediato una batería de preguntas sobre los caminos que el cuerpo actoral tendría para salir del paso. Y en el marco del realismo propugnado por Stanislavski, las respuestas a esa interrogación podrían darse quizá en términos de "concentración de la atención", "relajación de los músculos", "unidades y objetivos", "fe y sentido de la verdad", "fuerzas motrices internas",... pero queda claro que todos estos recursos se vuelven impotentes ante la magnitud del desafío. Debo completar mi afirmación, por lo tanto: el Sistema es aquí convocado para hacerlo estrellar contra una roca. La situación no es muy diferente a la de Francis Bacon atacando su propia obra apenas se insinúa en ella un atisbo de figuración.

Muchos años después de la muerte de Stanislavski, Eugenio Barba consignaba en sus "Apuntes para perplejos" la existencia de un procedimiento que él denomina "la técnica de la botadura y del naufragio" y que se formula en estos términos: "Hay que proyectar el propio espectáculo, saberlo construir y pilotear hacia el remolino donde éste, o se estrella o se ve obligado a asumir una nueva naturaleza: significados no pensados anteriormente, que sus propios autores observan como enigmas" (Barba 1992 68).

Donde Barba ha escrito "espectáculo" hay que entender, claro está, cualquier producto del propio oficio que haya alcanzado esa solidez y consistencia que nos haría verlo como concluido, cerrado sobre sí mismo y atesorable, en caso de que nos satisfaga. El "espectáculo" puede ser, consecuentemente, una obra teatral, un sistema pedagógico, un personaje "bien construido" o cualquier otro resultado de nuestro trabajo que nos enorgullecería exhibir públicamente. Es precisamente ese vástago admirable lo que el maestro italiano nos aconseja llevar hasta el ojo del huracán y ponerlo ante la alternativa férrea de recrearse o reducirse a polvo. Se trata de una maniobra de des-identificación con los propios logros, diríamos, donde aquello que nos llenaba —es decir, lo que parecía darnos una plenitud satisfecha- es entregado al vacío angustiante que siempre estuvo acechando detrás de los espejos del *socius*.

Si nos atenemos a las afinidades epistémicas de Eugenio Barba, diríamos que en su consejo sacrificial subyace una observación termodinámica que Ilya Prigogine, premio Nobel de química en 1977 y atento lector de la filosofía contemporánea, expresa como la "creatividad" de la que es capaz un sistema que se aleja irreversiblemente de su estado de equilibrio (piénsese en el "espectáculo" ya logrado y estabilizado, puesto ahora en el "remolino"). Prigogine observa que

> cuando en vez de desaparecer, una fluctuación aumenta dentro de un sistema más allá del umbral crítico de estabilidad, el sistema experimenta una transformación profunda, adopta

un modo de funcionamiento completamente distinto, estructurado en el tiempo y en el espacio, funcionalmente organizado. (Prigogine 1997 89)

En tales condiciones acontece un proceso de auto-organización del sistema, calculable sólo en la medida en que, re-estabilizado por las interacciones con el medio, "los estados hacia los que un sistema puede evolucionar son finitos en número" (1997 91). Dicho de otra manera, más allá del "umbral crítico de estabilidad" o "punto de bifurcación", y suponiendo que el sistema no sucumbe, a éste no le espera la libertad de asumir una infinidad de formas y funciones posibles, sino que sólo algunas de tales configuraciones serán sustentables en el tiempo, sólo algunas serán compatibles con las exigencias y condiciones del medio ambiente que entorna al sistema.

El traslado de un "recorte de realidad" desde su medio originario hasta otro que le es ajeno y especialmente hostil, suele ser la causa más frecuente de perturbaciones internas que superan el umbral o punto de bifurcación del sistema. (Por ejemplo, un individuo se "histeriza" al verse de pronto expuesto a unas miradas escrutadoras y naufraga en el "pánico escénico").

Si el sistema es un espectáculo teatral diríamos que, aun cuando ciertos "remolinos" puedan someterlo a "fluctuaciones amplificadas, gigantes" que lo inunden de indeterminación, los espectadores a que tarde o temprano estará destinada la nueva configuración espectacular, operan como un medio-ambiente estabilizador que admite (es decir, aplaude) unas "soluciones" posibles del sistema y descarta (es decir, abuchea) otras. El conjunto de las soluciones plausibles que la escena teatral ha encontrado y decantado a lo largo de su historia para responder a las demandas y fluctuaciones de los variados públicos que la han deseado y desafiado a través de los siglos conforma, como el lector o lectora ya habrá podido entrever, ese Público Simbólico cuyos componentes son objeto de la transmisión pedagógica del oficio teatral.

Puede parecer objetable extrapolar una descripción termodinámica a un campo que concierne a individuos o grupos humanos, pero los argumentos de Prigogine pueden rastrearse como marcas de agua en no pocos intentos de restaurar ese puente entre Naturaleza y Cultura que el pensamiento liberal había creído derribar definitivamente entre los siglos XVI y XVII. Esta operación disyuntora fue un temprano objeto de crítica en el pensamiento de Friedrich Nietzsche, por ejemplo, y este filósofo encuentra en la noción de "voluntad de potencia" un modo de volver a ligar la Vida en todas sus manifestaciones con el orden artificial humano y no-humano.

Es sabido que esta expresión nietzscheana se ha prestado a toda clase de apropiaciones totalitarias, comenzando por la de la hermana del pensador, Elisabeth Forster-Nietzsche, promotora de la recepción póstuma de los fragmentos de *Der Wille zur Macht*, obra que el filósofo dejara inconclusa. Es costumbre traducir esa *Wille zur Macht* como "voluntad de poder" o "voluntad de dominio", facilitando así apresuradas lecturas derechizantes de un concepto extremadamente complejo. Es preferible seguir el ejemplo de los comentaristas franceses, que suelen entender la palabra *Macht* como "potencia", dándonos de ese modo la oportunidad de subrayar no sólo la connotación pujante y beligerante de la expresión, sino también sus resonancias en tanto que *posibilidad que precede a un acto,* pudiendo permanecer momentáneamente inmanifiesta.

La voluntad de potencia es así, en el pensamiento nietzscheano, un puro empuje al acrecentamiento, un dinamismo ciego y primordial que tiende a "ser aún más". Este afán por una existencia acrecentada insiste en todo ser vivo y por lo tanto es pre-psicológico, carece de finalidad consciente y, para algunos autores, anticipa la noción freudiana de *pulsión*. La voluntad aquí aludida es una pujanza que busca anexar lo otro del propio ser y que Nietzsche veía ya ejemplificada en la ameba que tantea su ambiente con sus seudópodos. (La pulsión freudiana sería, de manera similar y en términos míticos, un empuje tendiente a la imposible recuperación del cuerpo materno perdido en el momento de nacer).

La voluntad de potencia escapa a toda psicología puesto que carece de percepción interpretante y de intención dirigida hacia un propósito identificable o prefigurable, y podríamos decir que, en cambio, una "voluntad de poder" supondría una conciencia que cree saber quién es su adversario, dónde está y cómo intentar sojuzgarlo.

Puesto que la voluntad de potencia se sitúa más acá del sentido y de la finalidad del querer, su pleno despliegue se advierte cuando el ser vivo abandona una condición estable para salir de sí, arriesgándose a perder su individuación en cierta indiferenciación pre-óntica. Es esta vocación potente la que disuelve la vieja máscara dionisíaca en un caos del que el dios emergerá con una nueva identidad, y es también la desconcertante "técnica de la botadura y del naufragio" que Eugenio Barba señala como un modo de acceder a lo que él denomina "el anonimato del vacío" y que concibe como "las ganas de encontrase a sí mismo y perderse" (1992 67).

La forma emergente del naufragio, aunque determinada por las condiciones del nuevo entorno, será cualitativamente distinta de la forma antes destruida por la voluntad de potencia. En un terreno propiamente humano, habría que referirse quizá a una "autodestrucción sacrificial" en la que, al abandonar un puerto seguro, el sujeto *pierde su psicología* (la voluntad nietzscheana no es ese supuesto timonel interno que lleva nuestras conductas hacia sus metas) o, más bien, procede a un *derrocamiento de sí* que lo desamarra de sus previas identificaciones para que su deseo atraque en nuevos puertos (o en nuevos "espectáculos").

Puede decirse que esta destitución del Yo, aun con la angustia que entraña para la "psicología de la persona", tiene un costado *emancipador*. Y tropezamos aquí con una palabra al gusto de los seguidores de Jacques Rancière. En *El maestro ignorante,* Rancière relata la experiencia de Joseph Jacotot, profesor de retórica que, en la segunda década del siglo XIX, enseñaba el idioma francés en Lovaina a unos holandeses sin conocer la lengua de estos últimos. Se valió entonces de la versión bilingüe del *Telémaco* de Fénelon para que los aprendices trataran de escribir, en francés, un comentario sobre lo leído. Los resultados de la prueba fueron sorprendentes, dada la inicial ignorancia de la lengua de Fénelon por parte de los alumnos. Jacotot apostaba a que era suficiente con la autoridad del maestro indicando una tarea a simple vista imposible para los encargados de realizarla, para que estos últimos pudieran aprender por sí mismos aun aquello que el maestro ignoraba.

En lugar de entender la pedagogía como la transmisión de un saber de una inteligencia a otra, Jacotot aventuraba la idea de que la relación pedagógica es una confrontación de voluntades. Si la enseñanza tradicional, "explicativa", esconde una *voluntad de poder* del enseñante –como lo ha mostrado Lacan en su matema del "discurso de la Universidad"–, la docencia de Jacotot tendía a despertar la *voluntad de potencia* del alumno, a condición de que éste se comprometa profundamente con un trabajo para el cual se juzgaba carente de herramientas. Cabe insistir en que los resultados obtenidos con los alumnos holandeses superaron toda expectativa y ellos pronto dominaron la lengua francesa. En esto consiste la *emancipación* de un discípulo o de un practicante que no está determinado por los prejuicios de quien demanda una respuesta tangible, evaluable y precisa en un dominio específico.

Encontramos en Stanislavski una pedagogía con estas mismas características emancipadoras desde el momento en que apartamos la mirada de su paciente construcción de un Sistema y de un Método para el aprendizaje y la práctica de la actuación, y atendemos en cambio a esos episodios en que el Maestro lanzaba una consigna de trabajo "escandalosa", supuestamente fuera del alcance del saber técnico de sus aprendices. Ya hemos recorrido los efectos de una orden de trabajo alborotadora y controversial al detenernos en el primer capítulo de *El trabajo del actor sobre sí mismo* para seguir a Kostia en sus intentos a la vez intrépidos y vacilantes de encarnar a un Otelo plausible. Y, como sabemos, el día de la prueba el principiante logró deslumbrar a sus compañeros, a los docentes y al público invitado con una escena ensayada desde su supuesta ignorancia del arte del actor.

De manera similar, cuando los alumnos de la escuela del Teatro de Arte de Moscú comienzan el segundo año de clases dispuestos a aprender, de manera sistemática, la "composición externa e interna del rol", Tortsov-Stanislavski les arroja el desafío de construir, en pocos días, un personaje a partir de un elemento de vestuario cualquiera y de mostrar el resultado ante un público *ad hoc*. Apenas formulada la consigna, cundieron nuevamente el asombro, la protesta y la discusión entre los aprendices; sobrevinieron asimismo jornadas de "agonía creadora" sembradas de desalientos y entusiasmos hasta que, el día señalado para mostrar logros o fracasos, Kostia volvió a pasmar a sus pares y pedagogos improvisando un contrapunto con Tortsov desde la figura ficticia de un crítico de teatro (Valenzuela 2011 15-63)

De hecho, Stanislavski alternaba una pedagogía "explicativa" con momentos en que se asumía como un "maestro ignorante" a la espera de que sus alumnos lo sorprendieran con impensadas respuestas a sus provocaciones. Si la enseñanza metódica y sistemática apuntaba a iluminar progresivamente el no-saber de sus alumnos, la formulación de "consignas imposibles" se proponía movilizar en ellos un *saber no-sabido* —o, mejor dicho, un saber no-articulado-, una ignota competencia que, sin embargo, aguardaba un reto ineludible para darse a luz.

Hay entonces una relación pedagógica unidireccional en que el enseñante disipa poco a poco las tinieblas de un no-saber, en que el maestro asiste a la indigencia del aprendiz, y hay, por otro lado, una confrontación de dos voluntades de potencia en que fulgura de pronto un saber-no-sabido hasta entonces oculto para todos. Tal es la *emancipación* en juego en esta "pedagogía del escándalo" que recorre vigorosamente las *líneas de subjetivación* del dispositivo de representación realista de Stanislavski.

CÓMO CONVERTIRSE EN UN SÁDICO ADMIRABLE

Quien haya leído el primer volumen sobre *El trabajo del actor sobre sí mismo,* seguramente recordará el "ejercicio del prendedor" relatado en el tercer capítulo del libro. Tortsov había pedido a una de las alumnas del grupo, Malolétkova, que subiera a escena, causando el terror en la aspirante a actriz. Nos cuenta Kostia que

> la muchacha se mostró terriblemente asustada. Me hizo recordar un cachorro por el modo en que se lanzó a correr por el piso encerado. Al final la alcanzamos y la llevamos ante Tortsov, que reía como un niño. Ella se cubría el rostro con las manos y murmuraba apresuradamente: -¡Oh, queridos, no puedo! ¡Tengo miedo! (Stanislavski 1978 78)

Obviemos la fuerte tentación de reconocer aquí al Padre déspota de la horda primitiva presentada por Freud en *Tótem y tabú*, y avancemos en los propósitos de Tortsov-Stanislavski, quien "sin tener en cuenta la agitación de la muchacha" y ante el bloqueo de ésta, "la tomó del brazo y, sin decir palabra, la llevó a escena". La consigna era simple: "Se levanta el telón y usted está sentada en la escena. Sola. Sigue sentada, y nada más... Por fin baja el telón. Eso es todo." (1978 78). Como era de prever para quienes frecuentan los talleres de actuación, Malolétkova se creyó obligada a llenar ese tiempo muerto con una proliferación de movimientos que no hacían otra cosa que dar una salida sintomática a las ebulliciones de su cuerpo sobreexcitado:

> La muchacha miró hacia el público, pero se volvió de inmediato, como cegada por la claridad. Luego empezó a cambiar de posición, sentándose de un modo, después de otro, adoptando poses absurdas, echándose hacia atrás en el asiento, inclinándose hacia uno y otro lado, estirando sin cesar sus cortas faldas y mirando atentamente algo en el piso. (1978 79)

Advertimos aquí la histerización de un cuerpo que quizá tiende a transformar la caja vacía de la escena en un espacio atestado de clichés, como hubiésemos podido anticipar si trasladáramos a este caso las afirmaciones de Deleuze sobre Francis Bacon. Pero no son los estereotipos tranquilizantes los que vienen a rescatar a la alumna, sino que su carne se nos muestra primariamente traspasada por la angustia. Ante tanto "movimiento vacío" y tras algunos avances resultantes de la incorporación de un partenaire escénico para Malolétkova, Tortsov propone unas circunstancias dadas bastante más complejas:

> La madre de usted ha quedado sin empleo y por consiguiente sin ingresos; no tiene siquiera algo que vender como para pagar el curso en la escuela teatral; así, pues, mañana usted será expulsada por falta de pago. Pero una amiga de usted acude en su ayuda y, a falta de dinero, trae un prendedor con piedras preciosas, el único objeto de valor que posee. Su noble actitud la ha conmovido, pero, ¿cómo aceptar ese sacrificio? Vacila, se niega. Entonces su amiga prende la joya en una cortina y sale al corredor. Usted la sigue. Ahí ocurre una larga escena de persuasión, negativas, lágrimas, agradecimientos. Por fin acepta el sacrificio; su amiga se va y usted vuelve a la habitación en busca del prendedor. Ahora bien, ¿dónde está? ¿Tal vez entró alguien y se lo llevó? En la casa hay muchas personas, y esto es posible. Empieza una búsqueda cuidadosa, llena de nerviosidad. Suba al escenario. Yo pincho el prendedor, y usted lo busca en uno de los pliegues de la cortina. (Stanislavski 1978 81)

Luego de abrírsele esta larga pista de despegue para sus "si mágicos", Malolétkova ofrece, ahora sí, su pródigo repertorio de clichés en lo que Stanislavski seguramente habrá calificado de "pésimo teatro de la representación":

> Corrió hacia el proscenio, luego retrocedió, se tomó la cabeza con ambas manos, retorciéndose de espanto... En seguida se lanzó hacia el otro lado, tomó la cortina y la agitó desesperadamente, y escondió en ella su cabeza. (...) Al no encontrar [el prendedor], volvió detrás de los bastidores,

apretándose convulsivamente el pecho con las manos, lo cual *representaba* lo trágico de la situación. (1978 81. El énfasis es mío)

Diríamos, a partir de esta descripción no del todo exagerada, que no basta con precisar unas circunstancias dadas y con que una actriz (o un actor) se diga a sí misma "creo en ellas" o "si mi madre se hubiese quedado sin empleo y si yo fuese mañana expulsada por falta de pago, entonces…", etc., no basta, digo, con estos enunciados movilizadores del imaginario subjetivo para sostener una actuación decente, aun cuando, tras su intento, la intérprete hubiese alcanzado una satisfacción superlativa: "Malolétkova bajó rápidamente del escenario hacia la sala, con el aire de una triunfadora. Tenía los ojos brillantes, y el rubor cubría sus mejillas." (1978 81) La actuación no es, pues, una cuestión de psicología o de una conciencia imaginativa dominando un cuerpo.

Ante la pregunta de Tortsov sobre lo que había sentido en su improvisación, la aspirante a actriz responde con una felicidad exaltada, aunque confiesa haberse olvidado de buscar el prendedor que el director supuestamente había pinchado entre los pliegues de la cortina. Tratando de reparar su omisión, Malolétkova regresa al escenario de un salto y, en ese instante, el Maestro lanza su estocada: "Sepa usted que si encuentra el prendedor está salvada y puede seguir asistiendo a la escuela; si no lo encuentra, todo terminó: será expulsada." (82)

Obsérvese la astucia perversa que, en su perfecta ambigüedad, trasunta la frase pronunciada: ¿acaba Tortsov de interpelar a la estudiante de teatro verdadera, la que debe salir airosa de la prueba escénica a que está sometida, o a la estudiante de teatro ficticia, aquella cuya madre ha perdido su empleo? Este enunciado indecidible parte en dos a la alumna, como si un rayo de palabras la hubiese de pronto separado de sí misma:

El rostro de ella se puso serio. Clavó los ojos en la cortina y empezó a revisar de un modo cuidadoso y sistemático todos los pliegues.

Esta vez la búsqueda se realizaba de otra manera, con un ritmo incomparablemente más lento, y todos estaban convencidos de que la chica no perdía el tiempo en vano, que estaba sinceramente emocionada y preocupada.

-¡Por Dios, dónde está! ¡Se perdió! –decía con voz apagada -¡No!– exclamó con desesperación y perplejidad después de haber revisado todos los pliegues de la cortina. (1978 82)

Cabe aclarar que, para completar su estrategia perversa, Tortsov *no* había enganchado el objeto valioso en la cortina, nunca tuvo siquiera la intención de hacerlo. De esta manera, se aseguraba de que las tribulaciones de la discípula no tuvieran un desenlace rápido y tranquilizador: "Su rostro reflejaba alarma. Estaba como petrificada, clavando la vista en un punto fijo. Nosotros la observábamos conteniendo la respiración." (1978 82)

El problema actoral planteado por Franco Ruffini, es decir el de ser capaz de crear en el escenario una "exigencia de reacción", halla aquí una torsión inesperada y crucial. Descartando la alucinación, como bien previene Stanislavski, ¿cómo logra el actor un estado de autosugestión suficiente como para creer su propia mentira y tener una "respuesta real" frente a una provocación ficticia? Nuevamente, no es una cuestión de psicología ni de alteración controlada de las propias percepciones; no se sale, por esas vías, del "como si" representacional, tan proclive a una actuación prefabricada. Lo que nos muestra el ejemplo del "prendedor extraviado" es que el problema de Ruffini no se resuelve en el plano de las cosas ni en el halo imaginario que las envuelve, sino en el nivel de la *enunciación* de una consigna.

Vemos, en este ejercicio característicamente stanislavskiano, hasta qué punto es decisiva la justeza ambivalente de la frase pronunciada por Tortsov, hasta qué punto es determinante su delicado y brutal efecto de sentido, para desencadenar en Malolétkova una "actuación verdadera". ¿Puede entonces el propio actor ser "perverso consigo mismo", por así decirlo, o es que la intervención de un Otro inapelable es aquí decisiva en la formulación de un "enunciado de creencia" capaz de causar en el actor una "acción real"?

Es en una enunciación como la que acaba de revelarnos Stanislavski donde puede trazarse el corte exacto entre el Maestro y el Director en el marco del dispositivo de representación realista. Es aquí donde tiene lugar una separación de aguas, un clivaje de funciones que ya se venía insinuando cuando, en el apartado precedente, señalé la diferencia entre la "pedagogía explicativa" y la "pedagogía escandalosa" practicadas por el maestro ruso: cuando Stanislavski deja de ser un docente sabio para asumirse como maestro ignorante, con la dosis de perversión que ello acarrea, transita de hecho del lugar del Maestro al del Director.

Por otra parte, vemos despuntar en la "actuación verdadera" de Malolétkova, el preciado estado que el director ruso llama *perejivanie*: aunque por motivos diferentes, teníamos a la actriz y a los espectadores en vilo, como fuera del tiempo y del espacio de la "realidad transcurrente", dejando unos y otros de ser quienes eran hasta unos segundos antes... La diferencia cualitativa entre una (sobre)actuación representacional y la "vivencia" buscada por Stanislavski aparece con toda nitidez en la subsecuente evaluación del ejercicio:

-¡Extraordinario!- dijo Tortsov a media voz. (...) -¿Cómo se siente ahora, después de buscar otra vez?- preguntó a Malolétkova.

-¿Qué cómo me sentía?- su voz era desfalleciente. –No sé, estuve buscando- contestó después de una pausa de vacilación. (1978 82)

Durante la búsqueda, la sala teatral, con sus compañeros-espectadores, habían desaparecido para ella, la propia Malolétkova había desaparecido para sí misma..., sólo el prendedor –imposible de encontrar, puesto que se trataba de un objeto ausente, definitivamente perdido, a los fines prácticos-, sólo el prendedor existía. Tampoco había la aplicación consciente de una técnica, ni un juicio sobre la corrección o la impropiedad de sus comportamientos escénicos. Tal como sucedía en "la escena del contrato matrimonial", estudiada páginas atrás, la actriz no estaba conscientemente sostenida por un Público Simbólico –que le hubiese acercado unas "herramientas de actuación-, y el Público Imaginario –encarnado en sus compañeros– había desaparecido para ella; sólo el Público Real ejercía sus poderes, gobernando ese cuerpo perturbado desde un fuera-de-escena indeterminado.

Cabe reiterar aquí lo dicho acerca de la improvisación en torno al "loco armado con un cuchillo": el Público Simbólico y el Público Imaginario no se habían esfumado, sido que sus efectos se habían transferido a Tortsov-Stanislavski y a los compañeros expectantes en la sala, respectivamente. En virtud de esta transferencia, el primero observaba la impecabilidad técnica de la actuación y los segundos creían ver en el escenario a la pobre estudiante convertida en la hija de una desempleada.

Bajo el influjo exclusivo del Público Real, lo producido en el escenario, la actuación de Malolétkova, era el *goce* de un cuerpo que la aspirante a actriz ya no podía llamar "propio":

> -Es verdad, esta vez usted buscaba. ¿Y qué hacía la primera vez?- [interrogó Tortsov].
>
> -¡Oh! ¡La primera vez! Estaba emocionada, sentía terror- recordó con entusiasmo y orgullo, y sus mejillas se encendieron.
>
> -¿Cuál de sus dos estados en la escena le resultó más agradable? ¿Antes, cuando se agitaba y desgarraba los pliegues de la cortina, o ahora, cuando los examinaba con más calma?
>
> -Por supuesto, cuando buscaba por primera vez el prendedor. (82)

Dicho con el vocabulario freudiano, el segundo intento de búsqueda había arrastrado a Malolétkova *más allá del principio de placer* y más allá de su *psicología,* de su conciencia de sí, hasta el punto de no saber qué había sucedido mientas su máscara social de "tímida-y-diligente-alumna-de-Tortsov" se hallaba disuelta. La segunda vez, algo se había producido en el escenario sin que nadie pudiera reclamar su propiedad, como sí había podido hacerlo la alumna cuando, en su primer intento, había disparado hacia sus espectadores una salva de gestos vacíos.

Esa potencia que llevó a Malolétkova más allá de sí misma, esa movilización pulsional, esa voluntad de la que no fue dueña, la había arrojado en el campo del *goce,* fuera de los placeres que se prestan a descripción. Sin embargo, la aspirante a actriz había preferido su primer desempeño escénico, pues el segundo le había parecido indiscernible de un sufrimiento que nada tenía que ver con las sensaciones que ella esperaba de "la felicidad de actuar".

Cerrada ya la fisura por donde había ingresado el Público Real, ese correlato del acontecimiento de la *perejivanie* que durante unos minutos mantuvo en vilo a la alumna y a sus compañeros, el Público Imaginario vuelve a hacerse oír en los elogios de estos últimos y el Público Simbólico vuelve a hablar por boca de Tortsov, antes que nada, como un juez que es capaz de dar razón suficiente de sus dictámenes:

> —No, no trate de convencernos de que la primera vez usted buscaba el prendedor- dijo Tortsov. —No pensaba en eso; sólo quería sufrir, por el sufrimiento mismo. La segunda vez realmente buscaba. Todos lo vimos claramente, comprendimos, creímos que su perplejidad y su desesperación eran fundadas. Por eso la primera búsqueda fue mala; era una grotesca ficción. La segunda fue buena. (1978 82)

Luego de este juicio, de este "veredicto [que] dejó aturdida a la chica", Tortsov-Stanislavski se explayó en observaciones que pretendían aclarar los supuestos técnicos subyacentes al ejercicio del prendedor: "En la escena siempre hay que hacer algo. La acción, la actividad: he aquí el cimiento del arte dramático, el arte del actor" (80), aunque subrayando ahora que "en la escena no hay que agitarse sin ton ni son. No corra sólo por correr, ni sufra por sufrir. No actúe 'en general'" (82).

Pero el Maestro omite un detalle decisivo: la primera vez, Malolétkova también tenía motivos para actuar, sólo que éstos se sostenían en un "como si", en unos "si mágicos" meramente psicológicos. La segunda vez, la perversa ambivalencia del "enunciado de creencia" hace que los motivos de la actriz se hundan en lo real, horadando toda "realidad" estable, y en ello reside la diferencia decisiva entre uno y otro intento. Lo que el director ruso nos deja entrever es que ese "real" nutricio y ominoso es lo que él denomina "subconsciente".

"Sufrir por el sufrimiento mismo" es abandonarse al "principio de placer", indisociable de un "principio de realidad" en que el sujeto sabe a qué atenerse, en que puede distinguir sin vacilaciones entre la ficción y lo que queda fuera de ella. En tanto que Malolétkova estaba segura de que el inesperado desempleo de su madre y el riesgo de quedar fuera de la Escuela eran ficticios, podía entregarse al "placer de sufrir".

La actuación stanislavskiana, en cambio, asedia el *goce,* aunque sólo excepcionalmente se logre ingresar en él. El Maestro denomina *perejivanie* a ese goce escurridizo y, aunque los argumentos de que se vale para explicar ejercicios como el del prendedor pueden darnos la impresión de que existe una vía técnica para llegar a la "vivencia", nos queda la impresión de que todo está allí supeditado a un *hallazgo,* mucho más que a un saber-hacer.

Ese hallazgo, ese encuentro con la frase justa, con la palabra capaz de disparar en el actor una "acción real", no parece depender de un cálculo sino más bien de una particular *acechanza* directorial, de una mirada y una escucha que estarían en las antípodas de un "saber exactamente lo que se quiere del actor" o de un saber *a priori* qué hacer y cómo proceder con los "materiales" que el intérprete propone intencional o accidentalmente en la escena.

El auténtico "si mágico" capaz de "despertar el subconsciente" aletargado de Malolétkova se condensa en la sentencia de Tortsov: "Si no lo encuentra, todo terminó: será expulsada". Ha sido este enunciado el que se mostró capaz de abrir la puerta del Público Real que sostuvo durante varios minutos el estar-en-vilo creador de la aspirante a actriz. Pero debo insistir en que esa enunciación no proviene de un arsenal técnico a disposición del director, sino de una *actitud*, de un modo de ver-escuchar-esperar inmersa en el devenir del ensayo, de una postura receptiva iluminada por una sola regla inflexible: no permitir que ningún estereotipo, ningún cliché rebaje la actuación a una mera "representación" autosatisfecha. Dicho brevemente, el asedio de la *perejivanie* es mucho más una cuestión *ética* que *técnica*.

CÓMO ENLOQUECER A LOS ACTORES

Tengo la esperanza de que los meandros de esta exposición no le hayan impedido al lector o lectora entrever que un mismo principio operativo anima ejercicios tan aparentemente diversos como el de "Orgón y el contrato matrimonial de Mariana", "la declaración de amor en bicicleta" y "la búsqueda del prendedor perdido".

En el episodio del enamorado en bicicleta evocado por Toporkov, por ejemplo, dos *imágenes* son excedidas y violentadas por la punzante y escandalosa consigna del director: la imagen que el actor tiene sobre sus propias capacidades psicofísicas ("no sé andar en bicicleta… nunca lo supe"), pero también la que el autor se ha hecho sobre una escena salida de su propia pluma. Por otro lado, si al comienzo del ensayo el autor sonreía satisfecho ante lo que veía y oía en el escenario, era porque, conscientes o no de ello, la actriz y el actor habían hecho suyas las imágenes autorales. He aquí un ejemplo de cómo el Público Imaginario —cuyo lugarteniente principal era, en este caso, el autor presente en la sala- se ha instalado *éxtimamente* en los actores para determinar sus comportamientos escénicos.

Lo que motiva la intervención directorial es el hecho de que el imaginario común al autor y a los actores es en realidad un pantano de clichés –y quizá todo Público Imaginario lo sea- que los anega por igual y los hunde en una complacencia compartida.

Dicho de otro modo, el acto de habla de Stanislavski apunta a poner a los actores (en particular, a uno de ellos) frente a un saber *latente, aunque no sabido,* un saber adormecido en la apatía de sus competencias y de sus incompetencias rutinarias. En la situación que describe Toporkov, ese "no-sabido" no es, claro está, la destreza para montar una bicicleta, sino una respuesta escénica en que lo irreconciliable –lo que parecía imposible de articular- se resuelve en hallazgo.

Lo no-sabido no es un *contenido preexistente*, sino una ignota maquinación subjetiva en que la fuerza de un propósito perentorio termina imponiéndose sobre las aparentemente irremontables torpezas de un cuerpo inicialmente indisponible. Y lo no-sabido para el actor es también un no-sabido para el director.

El saber-no-sabido cuya puesta en marcha espera el Maestro se concreta en un proceso cuyos derroteros, imprevisibles en sus rasgos y detalles, obedecen sin embargo a una *forma*. Cabría hablar incluso de una "fórmula" según la cual se ordena una secuencia transformadora que comienza con la indisponibilidad o la inutilidad de una materia respecto de cierta función exigida y que concluye con un "sobrecumplimiento" de la misión demandada. En el ejemplo de Toporkov, esa tarea sobrecumplida sería una escena amorosa donde el "todo por ella" tendría, para un observador, el impacto de lo inesperado.

La forma general del proceso que lleva de la "impotencia psicofísica" a una nueva solución de viejas situaciones escénicas, debería ser aplicable ("extrapolable", digámoslo así) a una infinidad de conductas y constelaciones escénicas diversas (la declaración amorosa del ciclista, la locura de Orgón persiguiendo a Mariana, la alumna empobrecida buscando desesperadamente un prendedor…) cuyos momentos y componentes responden a un mismo patrón funcional. Pero el hecho de que podamos abstraer una forma general a partir de vicisitudes creativas fenoménicamente disímiles, de ninguna manera significa que estemos en posesión de una "fórmula para crear", pues las materias –vivas o inorgánicas- con que se trabaja siempre habrán de mostrarnos un costado irreductible a cualquier puesta-en-forma y a cualquier puesta-bajo-control. Y lo real de esas materias, su componente indómito y a-significante, será un ingrediente decisivo de la creación.

Volviendo a la declaración de amor en bicicleta, la intervención aguafiestas del director se propone asimismo hacer ver al autor que éste ha escrito, *sin saberlo,* más –u otra cosa- de lo que la superficie de sus páginas nos deja leer. Respecto del episodio relatado, nos cuenta Toporkov que el dramaturgo principiante recibió con mucha incomodidad e irritación las intromisiones de Stanislavski, y que ese malestar lo llevó a escribir una novela satírica para ridiculizar los procedimientos de ensayo del Teatro de Arte de Moscú.

A modo de ilustración anecdótica, se nos dice que la intervención impertinente del Maestro tuvo sobre el autor una productividad desplazada o diferida, fuera-de-escena, en todo caso. El propósito general de esta "estrategia de la botadura y del naufragio" apunta, sin embargo, a que toda producción se vuelque *dentro* de la escena, y ello incrementa la presión sobre el artista.

El texto de Toporkov no nos informa sobre el desenlace de los aprietos sufridos por el ciclista enamorado, pero podemos suponer que éste habrá intentado andar en bicicleta alrededor de su compañera de escena y, aunque no se haya desempeñado diestramente, su propia torpeza habrá dicho, con elocuencia física, que su personaje estaba dispuesto a hacer todo por ella. (¿O es que el actor estaba dispuesto a hacer todo por satisfacer a Stanislavski? ¿Advertimos aquí nuevamente esa indecidibilidad, ese *double bind* de la enunciación que abre las puertas a lo Real?).

En términos técnicos, la exigencia de montar en bicicleta supone, para el actor inexperto, una radical modificación de las circunstancias dadas que él había imaginado para la escena amorosa mientras leía el texto por primera vez. La orden directorial ("Usted debe ser capaz de hacer todo por ella") convierte tales circunstancias en algo más que un mero soporte, apoyo o "instrumento" de un ulterior comportamiento actoral "lógico y coherente" mediado por un "si mágico".

Diríamos más bien que, en virtud de la palabra directorial, las circunstancias dadas se vuelven *dramáticas* por haber "mordido lo Real", por instalarse más allá de lo que el actor estaba dispuesto a *representar* sin demasiados sobresaltos. Las circunstancias dadas se revisten así de una fuerza que se opone a las *intenciones representativas* del actor-personaje (y ya no sólo del "personaje"). Los planos de la "ficción" y de la "realidad" en juego se interfieren hasta el punto que podría invertirse, en el escenario, la consabida diferencia jerárquica entre sujetos y objetos: más que *actuar* tales circunstancias, el actor-personaje será *actuado* por unas circunstancias en que sus potencias e impotencias reales quedan involucradas.

Las palabras del director bien podrían haberse articulado, por el contrario, en algunas frases de apoyo reforzante, explicativas, pacientemente comprensivas, dedicadas a un actor que, aquejado de angustia, reclama una información sobre su personaje, sobre el de su partenaire y sobre la situación que ambos comparten. Todo ello para que el actor pudiera asir unas imágenes que supuestamente se esperaría que él reproduzca (que *imite*) en la escena.

Sin embargo, en vez de palabras apuntaladoras, "contenedoras" o "sabias", Stanislavski profiere una *orden* inapelable: súbase a la bicicleta y declárele su amor a la joven mientras se mueve en círculos alrededor de ella. Es esa Voz imperativa la que confiere a las circunstancias dadas un carácter *activo*, perentorio, *dramático*, dado que el cuerpo actoral (ahora "objeto" de un entorno que lo interpela con la insistencia insobornable de un "sujeto" impaciente) no puede dejar de reaccionar, bien o mal, ante esa provocación. Tal es, en esencia, el "método de las acciones físicas", una estrategia de trabajo con los textos y los actores que tal vez debería llamarse, con mayor justicia, "método de las reacciones físicas ante circunstancias no sólo imaginarias".

Lo "imaginario" es aquí, en principio, lo que se nos da por mediación de una *imagen*: el "cuerpo propio", la "representaciones mentales" suscitadas por la lectura de un texto, por una indicación directorial o por el hacer y decir de un/a compañero/a de escena, las percepciones del entorno visible y tangible en tanto que éste se nos ofrece como "mundo" o "realidad", es decir como ámbito reconocido o reconocible, como orden dotado de continuidad y previsibilidad... Es decir que lo imaginario, en esta acepción, recubre tanto lo tangible como lo intangible de las circunstancias dadas, tanto lo que se nos da a los sentidos como lo que se nos da a ver a "los ojos de la mente" gracias a un "como si" verosímil.

La palabra directorial, en este caso, aun inscribiéndose en un orden *simbólico*, no es portadora de otra significación que la de un imperativo con fuerza de ley y sin explicaciones que lo justifiquen. Esa imposición de trabajo ineludible carece asimismo de indicios o instrucciones que pudieran facilitar al actor su cumplimiento.

La faz imperativa del registro simbólico ha sido designada por Jacques Lacan con el término "significante amo", y ha sido notada como S_1. Pero, por otra parte, ese registro simbólico ofrece una cara habilitante, posibilitadora y más "contenidista" a la que cabe señalar como un "saber" (S_2) venido de otra parte (un "saber-no-sabido"), poseído por un Otro que excede al sujeto a la vez que lo habita desde su más oscura intimidad, por así decirlo.

Hay entonces, en el ejercicio de la bicicleta, una "materia prima" imaginaria, unas circunstancias dadas de pronto alborotadas por un *significante amo* (S_1) que pone al actor -ahora *sujeto* de la palabra directorial- a *trabajar* sin excusas y con la sola ayuda de un saber no-articulado (S_2). El actor, empujado más allá del territorio de sus competencias conscientes, es ahora un sujeto-de-la-actuación puesto en vilo hasta tanto logre solucionar la tarea que le ha sido impuesta.

En el breve relato de Toporkov advertimos un ingrediente irreductible tanto a lo imaginario como a lo simbólico: se trata del estupor, compartido por actores y observadores, a causa de una consigna directorial inesperada. Ese desconcierto se aloja en los individuos involucrados, *sujetándolos* a una perplejidad, haciendo de las personas (imaginariamente dueñas de sí) unos sujetos (realmente) alienados.

Diríamos que *entre* la continuidad de las circunstancias inicialmente dadas (inducidas por una primera lectura del texto y habitadas por una actriz y un actor dispuestos a dar vida a una escena amorosa tal como ellos la entendían) y el corte imprevisto asestado por la palabra del director, se abre una brecha momentáneamente paralizante, un suspenso, un puro asombro frente al cual no se advierte aún una nueva imagen ni unas instrucciones orientadores que saquen a los sujetos de sus trances.

Por incómoda que pudiera ser la inquietud o aun la angustia que conlleva esta desorientación, sospechamos en ella la oportunidad —y el precio- de una *creación* actoral, de una *poiesis* distinta de la actuación "espontánea" que hubiesen dictado las imágenes derivadas de una primera aproximación al texto de la obra.

El inesperado corte que una consigna como la de Stanislavski efectúa sobre esas imágenes que habían surgido sin esfuerzo en la subjetividad del actor, pone a esta última ante la súbita experiencia de lo Real psicoanalítico, una experiencia que, dejándolo sin palabras, abandonándolo en los puntos suspensivos entre las frases, lo hunde de pronto en lo inconcebible y en una transitoria impotencia.

Las primeras lecturas del texto del autor principiante seguramente evocaron en los actores unas imágenes suficientemente definidas como para ser materializadas más o menos inmediatamente en el escenario. Tal transposición, avalada por unas certezas intuitivas, habría delimitado un territorio de actuación donde los actores parecían sentirse cómodos, mientras el dramaturgo que observaba el ensayo desde la penumbra de la platea, sonreía complacido.

Diríamos entonces, valiéndonos de una terminología ajena a la del psicoanálisis, que la inesperada y descalificadora intervención del director *desterritorializa* la escena ensayada con la fuerza de un *corte* que traza en ella una *línea de fuga*. Ese desgarro infligido, esa inoportuna hendidura de un territorio gratificante que debería ser para los actores una invitación a *experimentar*, parece sin embargo haberlos empantanado en un desconcierto, en un bloqueo de la misma naturaleza que ese "pánico escénico" siempre a punto de asaltar al actor en el momento de enfrentar a un público "de carne y hueso" o en las ocasiones en que presiente ese Público en una sala aún vacía. De hecho, si la palabra y la voz del director tienen para el actor un efecto paralizante, es porque este último oye, a través de los enunciados imperativos de aquél, a un Público futuro capaz de pronunciar juicios de valor potencialmente letales.

¿Cómo hacer, entonces, de la línea de fuga una "línea de experimentación"? ¿Es posible transitar esa experimentación alegremente, vitalmente, sin angustiantes bloqueos? Tal vez el actor y la actriz que lo acompaña querrían que el director hubiese sido menos tajante, más condescendiente con sus desvalimientos, brindándoles al menos alguna explicación justificadora de su orden de trabajo. Lo que esa demanda hubiese disimulado es, de hecho, una pregunta por lo que el director espera de ellos (sobre todo del actor), es decir una pregunta sobre cuál es el Bien anhelado por el Amo. Ganar una claridad sobre el Ideal perseguido implicaría para el actor al menos el alivio de saber adónde ir. Si tal hubiese sido el caso, el Director se habría puesto en el lugar del Ideal del Yo freudiano, esa instancia psíquica que ejerce sobre el sujeto una presión en favor de la *sublimación*, un empuje en el sentido de una "autosuperación" que supone una violencia sobre sus comodidades presentes, resguardándolo a la vez de un colapso irremontable.

Por otra parte, si el director no sólo hubiera señalado al actor cuál era el Bien que esperaba de él, sino que le hubiese mostrado asimismo los modos y los medios de alcanzarlo, la función directorial se habría trastocado en función pedagógica, el cuerpo histerizado habría recuperado un poco más de serenidad y la angustia habría sido barrida debajo de la alfombra.

Sin embargo, hasta donde Toporkov nos permite conocer de la escena de la declaración de amor, la consigna directorial esquivó toda enunciación explicativa para volcarse hacia la vertiente de la *voz* imperativa, con lo cual el director se ubicó en el lugar del *Superyó* freudiano (y no ya en el del Ideal del Yo). En tanto figura superyoica, el director no sería un represor del goce actoral –como quizá lo hubiera entendido Freud- sino, por el contrario, un propiciador de esa experiencia que va "más allá del principio de placer" y que el consumismo contemporáneo reencuentra en slogans tan cautivantes como *Just do it!* La exclamación "¡No lo pienses! ¡Sólo hazlo!" parece avenirse notablemente a las órdenes de trabajo stanislavskianas, especialmente a la que tuvo a maltraer a la asustada Malolétkova... ¿Cuántas veces hemos oído una conminación como ésa en los salones de ensayos?

Esta voz inapelable que comanda gozar sin decir cómo ni con qué es el Superyó tal como lo entiende Lacan, para quien esa instancia es "a la vez y al mismo tiempo la ley y su destrucción" (Evans 1997 186). El Superyó lacaniano es una "figura obscena, feroz", que ordena al sujeto *gozar* y lo ubica, a la vez, en el lugar de *su objeto de goce*. Como escribiera Freud en una carta a Romain Rolland, "parecería que lo esencial del éxito consistiera en llegar más lejos que el propio padre, y que tratar de superar al padre fuese aún algo prohibido" (Freud 1972 3328). Ese "padre" contradictorio, esa instancia generadora de un estupor del sujeto, es el Superyó.

De esta manera, Stanislavski habría podido aparecer, ante sus incondicionales discípulos, ya sea como un maestro sabio, paciente y comprensivo, ya como el portaestandarte de un Ideal del Yo actoral o, finalmente, como la voz paralizante de un Superyó imposible de satisfacer. Tanto el Director-Ideal-del-Yo como el Director-Superyó son "embajadores" de la dimensión normativa del Público Simbólico, de esa faz del Público que está en condiciones de reconocer y premiar una "actuación excelente" o "creadora", pero que sería incapaz de decir cómo lograrla.

Diríamos por lo tanto que el director presta cuerpo de diversos modos al Público Simbólico: en tanto que Director-Maestro, transmite al actor el "tesoro técnico" de una tradición, el saber-hacer más o menos sistemático acumulado por los teatristas a lo largo de los siglos; como Director-Ideal-del-Yo, define para el actor un Bien a conseguir (el "arte de la vivencia", en Stanislavski, por ejemplo); en tanto que Director-Superyó, empuja al actor a un goce del que nada sabe y sin sogas para garantizarse un retorno a tierra firme y segura.

Estoy hablando aquí, claro está, de tres figuras posibles de la "dirección de actores" que en los procesos reales suelen entremezclarse y/o sucederse sin pureza alguna. Quizá no esté demás subrayar que tales figuras no son "personas" sino *lugares* que alguien ocupa - no siempre de manera voluntaria y consciente- sin que forzosamente haya de "identificarse" con ellos de manera permanente. A lo largo de los ensayos, es frecuente que el director transite por las tres modalidades, según perciba que los estados de cosas le "piden" una u otra modalidad de enunciación.

En tanto Voz portadora de un mandato imposible, el Director tendría sobre el actor la misma fuerza paralizante que el lado ominoso del Público Real, pero confía en que esa perplejidad sea sólo transitoria y que el sujeto interpelado encuentre pronto la salida. Si la "estrategia de la botadura y el naufragio" tiene, según Eugenio Barba, dos destinos posibles: la muerte del espectáculo (o de un "personaje", de una forma de vida y de goce, del actor mismo...) o su reconfiguración radical, es claro que aun el director superyoico apuesta al triunfo de la potencia creadora y reinventiva del actor, por más que parezca empujarlo hacia su propia abolición.

En cualquier caso, estamos aquí en un nodo en que se cruzan las líneas de saber, de poder y de subjetivación, tanto de quien desempeña el papel de director como de los actores y actrices sujetados al dispositivo de representación escénica: estos últimos suelen hallarse no pocas veces en la disyuntiva de ceder dócilmente al deseo directoral o de reivindicar un deseo que pueda desmarcarlos de cualquier Ideal *a priori*. Para decirlo con otros términos, se trata entonces de hacer valer una *voluntad de potencia* actoral frente a la *voluntad de poder* personificada en el Director.

¿CUÁNTA TIRANÍA ERES CAPAZ DE SOPORTAR?

Ante las líneas que anteceden, es probable que el lector o lectora haya pensado que los actores sometidos por Stanislavski a la "estrategia de la botadura y del naufragio" bien podrían haber respondido, como el escribiente Bartleby, "preferiría no hacerlo" (o, más literalmente, "preferiría no"). ¿No hubiera sido esa respuesta melvilleana una auténtica *línea de fuga* frente a las coerciones del poder directorial? Como se sabe, varios pensadores –entre ellos Gilles Deleuze y Giorgio Agamben- han dedicado interesantes ensayos a la estrategia evasiva del protagonista del relato de Herman Melville *Bartleby, el escribiente*.

La *nouvelle* melvilleana desarrolla la relación entre un abogado de Wall Street de mediados del siglo XIX y su empleado "pálidamente puro, lamentablemente decente e incurablemente desolado". Bartleby, ese escribiente discretamente ejemplar, trabajaba "silenciosa, pálida, melancólicamente, (…) copiando a la luz del día y a la luz de las velas", hasta que un buen día su empleador le pide cotejar su trabajo con lo copiado por sus compañeros de oficina. Brota así su primer *I would prefer not to*, frase con que invariablemente habrá de responder a los subsiguientes pedidos y reclamos del abogado.

El enigmático escribiente, sin historia ni anhelos conocidos, desapasionado e indiferente a los apetitos que normalmente mueven a los individuos, desprovisto de familia, amistades y proyectos, es para Deleuze un modelo de diferentes "tipos" o "figuras": el célibe, el esquizo, el original, el hipocondríaco…

Es, por una parte, la encarnación del célibe kafkiano que "no tiene más suelo que el que necesitan sus pies, ni más punto de apoyo que el que pueden cubrir sus manos" (Deleuze 2000 75). Siendo "demasiado liso" como para que se le adhieran atributos notables, Bartleby es el "original", el que, en palabras de Deleuze, "lanza rayos de expresión resplandecientes, que marcan la terquedad de un pensamiento sin imagen, de una pregunta sin respuesta, de una lógica extrema y sin racionalidad" (2000 76). Y por estas mismas razones, el escribiente se acerca al "esquizo" tantas veces reivindicado por los autores de *El Antiedipo*, es decir a ese ser impenetrable que "no sufre la influencia de su ambiente, sino que, por el contrario, arroja sobre su contorno una luz blanca, lívida, semejante a la que acompaña, en el Génesis, al comienzo de las cosas" (2000 77).

En suma, Bartleby pertenece a la estirpe de

> los santos hipocondríacos, casi estúpidos –criaturas de inocencia y de pureza- golpeados por una debilidad constitutiva pero también de una extrema belleza, petrificados por naturaleza que prefieren la nada de voluntad a la voluntad de nada (2000 80),

pues esta última es un atributo de los monomaníacos (como el capitán Ahab de *Moby-Dick*, por ejemplo), más que de los hipocondríacos.

La línea de fuga que abre el "preferiría no hacerlo" melvilleano no es, por lo tanto, la mera renuncia a cumplir una orden dada. No es el puro rechazo de la autoridad del abogado, sino una "lógica de la preferencia negativa", un *estar* que es, a la vez, una *exposición* y un *retiro,* un suspenso entre el *sí* y el *no* que, sin desprenderse totalmente de lo no-preferido, tampoco llega a afirmarse en lo culturalmente preferible.

Avanzando mientras se retira, la frase *I would prefer not to* entremezcla las potencias de hacer algo con las potencias de no hacerlo, poniendo así en desconcierto a quienes rodean al escribiente, hasta el punto que ellos no saben ya si quisieran matarlo o amarlo, protegerlo o expulsarlo. Es este espacio incómodo, agridulce, tenso e impersonal lo que una línea de fuga inaugura en el seno de las rutinas burocráticas, aunque no nos es dado saber si son esas sensaciones indescriptibles las que efectivamente experimenta el copista de Wall Street.

En un ejercicio stanislavskiano como el de la declaración de amor en bicicleta, la simple negativa de montar el vehículo por parte del actor, para desarrollar desde allí la escena del cortejo, ¿hubiera sido una verdadera línea de fuga o más bien la conservadora permanencia del intérprete en la zona de mínimo esfuerzo actoral? El rechazo del mandato directorial probablemente se hubiera dado en términos tales como: "Es así como yo interpreto esta escena; si a usted le disgusta, no tiene más que llamar a otro actor", elocución que, como se ve, hubiese expresado algo muy diferente de la exacta ambigüedad contenida en el "preferiría no" de Bartleby.

Dentro del dispositivo de representación realista, la negativa del actor a experimentar con la bicicleta hubiese sido, en los hechos, la terca opción por unos clichés ("es así como yo interpreto...") que no carecen de púbicos complacientes y complacidos. El refugio en los estereotipos es precisamente una "línea dura" que el dispositivo stanislavskiano combate incesantemente. Por lo tanto, en tal dispositivo se trata de huir, de *fugar* de la tramposa facilidad del cliché.

Sostener en escena una indiferencia bartlebiana, instalarse prolongadamente en ese punto de indiscernibilidad en que el cuerpo se expone a la vez que se retira, poder y no poder hacer algo al mismo tiempo, implicaría un radical cambio de poética y no una mera oposición a ejecutar una orden –o un "capricho"- directorial.

Mantener permanentemente en el escenario una "lógica de la preferencia negativa" equivaldría nada menos que a salir del dominio de la *representación,* implicaría instaurar un dispositivo anti-representacional como el que diseñaron los dadaístas del Cabaret Voltaire al presentar, allí donde se esperaba un espectáculo entretenido, fascinante o al menos edificante, unos *performers* desechables que los espectadores no sabían si asesinar o amar.

Es sabido que la poética teatral dadaísta –en cuya estela aún permanecemos- se funda en la elevación del *desecho* a la categoría e objeto artístico, condición que hasta entonces se le negaba. Mientras la función del dispositivo teatral sea la de la *representación,* en cambio, las líneas de fuga deberán buscarse en otro lugar que en la resistencia frontal a la tiranía del Director.

Desprenderse de las comodidades de lo ya-sabido supone, para el actor realista y más aún para el simbolista, la entrada en un *impasse* de duración variable, supone el ingreso a un *ente-dos* ambiguo en que la actuación fácil y estereotípica habrá sido descartada sin que haya aparecido aún la actuación viva que el director reclama.

El intento de declarar un amor desde una bicicleta que no se sabe manejar, pone al actor frente a sus propias potencias en estado de indeterminación, reabriendo la pregunta (spinozista) sobre lo que puede en tanto que cuerpo. Su actuación inicial –aquella que había complacido al autor y a él mismo–, en cambio, le había mantenido en el margen seguro de las destrezas ya sabidas.

La permanencia en lo conocido es también una sujeción a la lógica de la *acción*: lo que el sujeto *hace* es una consecuencia de sus metas (querer-hacer), de sus capacidades (saber-hacer) y de sus poderes (poder-hacer). El estar en vilo entre poder y no-poder, en cambio, suspende las cadenas causales y pone al actor en las puertas del *acto*, abandonando la racionalidad de la *acción*. El acto, ese corte respecto de sí mismo y del propio hacer, resultará tal vez en una actuación cualitativamente distinta a la esperada.

La entrada en la región incómoda de lo que no sabemos –o, mejor dicho, de lo que no sabemos que sabemos, del saber no-articulado– es el precio del acto que llamamos creación, y ante el trance decisivo de crear o reiterar lo hecho y sabido, tanto da que la conminación a abandonar lo seguro nos haya venido del director del Teatro de Arte de Moscú o de la pregunta de un niño sobre por qué damos la impresión de interpretar siempre el mismo papel en diferentes obras, por ejemplo.

Lo que importa no es quién profiere el significante amo (S_1) que nos pone a trabajar en lo desconocido, sino hasta qué punto ese imperativo es capaz de arrojarnos fuera de las comodidades del estereotipo. El director-dictator, el niño inoportuno, un compañero burlón... no son más que emisarios eventuales de un Público que aborrece la pereza escénica. Como puede advertirse, si bien cabe reivindicar la puesta en juego del deseo actoral en cualquier circunstancia y en cualquier dispositivo, ello no es tan simple como moralizar en torno al despotismo directorial como si sus efectos sobre actores y actrices fueran meramente represivos.

Como he sugerido más arriba, el significante amo tiene consecuencias en el cuerpo actoral en la medida en que su emisor en última instancia –más allá de sus lugartenientes circunstanciales- sea un Público virtualmente presente aun en la privacidad del salón de ensayos. Sin embargo, ese Otro en nada incidiría sobre un comportamiento escénico si fuese una entidad meramente exterior al actor, si éste no se sintiera íntimamente obligado a dar respuesta a lo que le impone esa voz comandante: el significante amo resuena en la externa intimidad o en la íntima exterioridad del sujeto, y ello relativiza de modo radical la *trascendencia* que apresuradamente podríamos atribuir al Público a que vengo refiriéndome.

Abandonar lo que se conoce sin poder o sin querer asir aún lo nuevo e imprevisto es un trance decisivo en la experiencia actoral stanislavskiana, y quizá en cualquier práctica creadora que se abra paso en un dispositivo teatral, independientemente de la poética en que este último se inscriba. Por lo pronto, es un tránsito esencial en el cultivo del "arte de la vivencia" capaz de evadir, al menos durante breves instantes, las trampas enervantes de una representación destinada al consumo serial.

Buscar la *perejivanie* en la escena es, por lo tanto, abrir una línea de fuga *entre* las líneas duras y las líneas flexibles de una mímesis representativa. La línea de fuga actoral es una línea de *subjetivación* trazada *entre* la mera sumisión a las líneas de *poder* marcadas por el Director y el aferramiento a las líneas de un *saber* propio demasiado sabido.

Desde el momento en que el actor se aviene a forzar la escena amorosa según las conminaciones stanislavskianas, hasta el instante en que las actuaciones en juego hayan dado con una solución inédita y los *partenaires* se dispongan a estabilizarla de modo que la nueva declaración de amor pueda repetirse y pulirse, el actor interpelado se habrá sostenido en la cuerda floja de la *preferencia negativa*.

Debo insistir en que la solución buscada no tiene un aspecto ni un contenido predefinidos, y en que no hay un encadenamiento continuo de intentos y errores que desemboquen lógica y metódicamente en un punto de llegada prefigurado. La solución valorable tendrá, si acaso acontece, la contundencia brusca y tal vez desconcertante del hallazgo; será un *acto* sin deudas causales con la irresolución suspensiva que lo precede, será un flechazo que sorprenda, en primer lugar, al arquero.

Se podría argumentar que el actor cuenta con un objetivo preciso (declarar su amor y, tal vez, obtener el "sí" de la joven pretendida) y que en su camino se interponen unos obstáculos igualmente concretos (la bicicleta y su incapacidad para manejarla), de modo que los intentos fallidos o exitosos se sujetarían, por ejemplo, a una lógica de la asimilación/acomodación que, en términos piagetianos, gobierna el aprendizaje de una habilidad cualquiera. Aun así, el camino se iría haciendo al andar, a golpes de ensayo y error.

Si ese fuera el caso, la estrategia consistiría en trabajar la escena en su dimensión puramente física, sin pronunciar palabra alguna: se trata, simplemente de un individuo intentando gobernar un aparato indócil ante la mirada –tal vez divertida- de una joven. Una vez fijadas las acciones, se agregaría el diálogo y probablemente se obtendría una escena desopilante. Pero hay otro aspecto de la relación entre los jóvenes que no debe olvidarse: la pasión incondicional e ininterrumpida del enamorado que, en la perspectiva de éste, lleva la situación más bien hacia una tragicomedia o quizá hacia algo peor... Ese doble vínculo que tensa al sujeto (el vehículo indómito y la amada a conquistar) abre para el actor una zona de irresolución escénica que puede resultarle tanto más productiva cuanto más demore su desenlace.

Es claro que esta vía metódica siempre está al alcance de un actor de espíritu pragmático, pero el *impasse* instalado en el ensayo podría internarse también en una deriva melvilleana: el actor, optando por una línea de fuga, podría nublar la nitidez de sus objetivos y anular la concreción utilitaria de los medios que supuestamente le servirían para alcanzar sus metas. Como escribe Giorgio Agamben en el mismo volumen dedicado al *Bartleby* de Melville arriba citado: "Nuestra ética ha tratado a menudo de soslayar el problema de la potencia reduciéndolo a los términos de la voluntad y de la necesidad: su tema dominante no ha sido lo que se *puede*, sino lo que se *quiere* o lo que se *sabe*" (Agamben 2000 98. El énfasis es mío).

La decisión de sostenerse en la suspensión llevaría quizá al actor a abismarse en la bicicleta misma, olvidando sus funciones prácticas y el para qué de su presencia en la escena dada, sumiéndolo en el estupor ante un artefacto que de pronto le exhibe unos misterios hasta entonces velados por su docilidad instrumental.

Cuando la escena se construye según un texto o un guion previos, el éxtasis bartlebiano no puede persistir indefinidamente. Tarde o temprano, el actor deberá recuperar el "objetivo" que la obra define para la situación en curso, pues la trama prevista debe seguir su marcha en una dirección determinada. Tras el *acto* –o la sucesión de actos moleculares- que cierra el intervalo de preferencia negativa, la *acción* del cuerpo y de la palabra recuperan el comando de la escena, y es de esperar que esta actividad nuevamente orientada se beneficie durante varios segundos del estado isotrópico y metaestable que acaba de abandonar.

(Con "isótropo" quiero decir que, en un trance bartlebiano, son simultáneamente posibles todas las direcciones y trayectorias del comportamiento escénico, y con "metaestable" pretendo indicar que el cuerpo actoral ingresa, en tales casos, en una condición sensible tal que cualquier pequeña alteración de su medio interno o externo bastan para desencadenar efectos físicos y/o verbales inesperados).

La actuación stanislavskiana, en la medida en que admite sus subordinaciones a un texto narrativo-dramático, tiende a instalarse en el ámbito de los comportamientos escénicos determinados por objetivos, obstáculos y razones para la acción, pero la búsqueda de la *perejivanie* abre espacios a la metaestabilidad y la isotropía, a una actuación de "puro devenir", por así decirlo. (Tengamos en cuenta, por ejemplo, que el "giro vivencial" en el ejercicio del prendedor extraviado tuvo lugar cuando Malolétkova convirtió la cortina —que en su primer intento había formado parte de un fondo indiferente para su "lucimiento" patético- en un objeto absoluto, diríamos, en un objeto excluyente de cualquier otro ingrediente ambiental, hasta el punto que la actriz *era* la cortina misma).

Valiéndonos de la terminología aristotélica, en una actuación de puro devenir el cuerpo actoral vendría a ser la sede de un "intelecto paciente" o "intelecto receptivo" (*nous pathetikos*) que, según el estagirita, se asume como un "estar siendo todas las cosas", estado que a veces antecede y que debería subyacer a los procedimientos actorales estrictamente realistas. Esa *actuación de puro devenir* debería destellar apagadamente *entre* segmentos de actuaciones orientadas por objetivos y, si se manifestara durante unos segundos, tendría el carácter de un *acontecimiento* insoslayablemente perturbador de la cadena narrativo-dramática de la *acción,* esa "línea (dura)" que Stanislavski exigía que fuese *continua*, pero que esperaba ver inesperadamente transgredida por esa línea de fuga llamada *perejivanie*.

Aun cuando pudiéramos tomar la voz de orden proferida por Stanislavski como una muestra de autoritarismo edipizante, debemos detenernos también en su *valor heurístico,* procedimental, y en el hecho de que el peñón en que el Maestro hace estrellar las actuaciones estereotipadas es también la roca ardua contra la que hace chocar su propio Sistema en tanto que estructura articulada, convirtiéndolo en un conjunto de astillas flotantes que el actor deberá ser capaz de reconstituir a su manera, poniéndolo al servicio de su deseo-en-escena.

CÓMO HABITAR UN ICEBERG BULLENTE

La crónica de Toporkov volcada en *Stanislavski dirige* señala una quinta etapa en el método de las acciones físicas. Se trata de una fase que llega casi inadvertidamente, "por sí sola, paulatinamente, casi como una necesidad nuestra [de los actores]" (Toporkov 1962 195).

Lo que llegaba sin ser anunciado era el trabajo sobre la letra efectivamente escrita por Molière, pues "había que dar una solución al acumulado deseo de acción, echando mano a la dinámica del parlamento. Había que unir a los personajes de la pieza por medio de una activa competencia oral". (1962 196)

Recordemos que la cuarta etapa del método había estado subtendida por la alegoría stanislavskiana del domador y sus tigres: más allá de todo "como si" o "si mágico", las circunstancias dadas de cada escena debían asemejarse a una jaula sin escapatoria posible, poblada de amenazas que comprometían íntegramente al actor y lo obligaban a responder orgánicamente o a sucumbir devorado por las fieras... por las fieras que, tarde o temprano, ocuparán las butacas de la platea. El "acumulado deseo de acción" que daba paso a la etapa siguiente era, por lo tanto, el de un resorte comprimido al máximo y a la espera de que un pequeño toque lo hiciera restallar.

Esa energía contenida habría de dispararse luego hacia unos objetos concretos: los compañeros de escena que pronto debían volver a ser tratados como personajes de la obra en ensayo. Habrá, por otra parte, una base beligerante en los vínculos entre estos sujetos escénicos una vez que sean recuperados como personajes: entre ellos se instalará una relación de *competición* que podemos sospechar primaria y sobre la cual podrán establecerse circunstanciales alianzas y complicidades. Hemos visto que estos lazos conflictivos —esta especie de generalizada "dialéctica del amo y del esclavo"- fueron ya explorados y trabajados en la fase precedente del método. La novedad de este quinto y último momento metódico es que las energías —y aun las violencias- físicas retenidas, circulantes y desplegadas en la "jaula de los tigres" deben *sublimarse* en palabras, pero no en cualesquiera, sino en aquellas que impone el texto de *Tartufo*.

Vale la pena que nos detengamos en estas observaciones, pues en ellas resuenan unos principios operativos que una lectura rápida podría pasar por alto. Hacia el final de *El trabajo del actor sobre sí mismo en el proceso de la encarnación*, Stanislavski dice a sus alumnos que

> El primer principio fundamental de nuestro método de interpretación es el *principio de actividad* [el énfasis es mío], indicativo del hecho de que no representamos imágenes y emociones de personajes, sino que *actuamos dentro de las imágenes y pasiones de un papel* [el énfasis es del autor]. (1982 313)

Y un segundo principio, derivado del "aforismo de Pushkin", propone que "El trabajo de un actor no consiste en crear sentimientos, sino sólo en *producir las circunstancias dadas dentro de las cuales nacerán espontáneamente sentimientos verdaderos* [el énfasis es del autor]. (1982 313)

Estos dos principios sugieren que tanto los "sentimientos" como el "personaje" son *efectos* de dos grandes *causas* cuya *materialidad* habilita y da asidero al *trabajo técnico* establecido tanto en el Sistema como en el método de las acciones físicas. Queda claro entonces que no debe confundirse el papel con el personaje; este último es una entidad *imaginaria,* mientras que el primero, inscrito en un *texto,* tiene para el actor un carácter *simbólico.* Hemos visto que la lectura inaugural de una obra dramática, además de suscitar imágenes, puede inducir pasiones en los oyentes, sobre todo si esa lectura se hace en voz alta: lo real de la voz moviliza "misteriosamente" las pulsiones aletargadas del cuerpo actoral. La condición simbólica del papel le confiere entonces el lugar de *causa* de enunciaciones que afectan los cuerpos y de imágenes que impresionan las mentes.

Por otro lado, las circunstancias dadas, hechas de materiales tangibles y de enunciados creadores de imágenes que forman parte de un mundo posible mucho más vasto, dan soporte a comportamientos cuyos efectos son ese tinte afectivo del hacer y decir actoral que llamamos "sentimientos" y que no sabríamos si ubicar en quien los padece o en quien los ve sufrir. Hemos visto que el accionar dentro de las circunstancias dadas puede llegar a prescindir del "si mágico" y de los "enunciados de creencia", pero no de los cuerpos. En suma, en la materialidad de los textos y en la materialidad de las circunstancias dadas se sostiene el edificio de la actuación stanislvskiana. Ellas son las columnas que enmarcan las *acciones físicas* que el Maestro exige construir.

Ahora bien, ¿cómo "sublimar" en palabras la infraestructura conflictiva resultante de la cuarta fase del método? En primer lugar, debe señalarse que ese entramado energético no es caótico, sino que está *rítmicamente organizado*. En la cuarta fase, el director ruso insistía en que "el ritmo tiene que sentirse en la mirada, en los pequeños movimientos" y desconcertaba a sus actores pidiéndoles que 'permanezcan sentados en un ritmo determinado..., varíen el ritmo de su conducta" (Toporkov 1962 186). Y la dificultad de cumplir consignas de este tipo ponía a prueba la paciencia del Maestro:

> ¡Pero todos ustedes están sentados en un ritmo equivocado! Busquen el ritmo correcto. Por ejemplo, usted, mi amigo... Se ve que se acomoda para descansar y leer un diario y no para una pelea. (El actor se incorpora) ... No, no se pare, aun sentado se puede estar listo para un salto. A ver, actúen. No, esto no va... Les ruego a todos que busquen un ritmo interior, sin levantarse de sus asientos..., un ritmo furioso, enloquecedor, que se exprese a través de una serie de acciones pequeñísimas. (Toporkov 1962 185)

Por consiguiente, no se trata solamente de encerrarse –figuradamente- en una jaula con cinco o seis tigres, sino sobre todo de *ritmar* las microacciones y las microreacciones que tal situación puede provocar en el cuerpo actoral. (Y es claro que también serán ritmadas las acciones y reacciones de mayor escala). Pensemos no tanto en un ritmo en un sentido estrictamente musical, sino más bien en un ritmo dancístico que, al modo de las composiciones de Martha Graham, por ejemplo, alterna de manera compleja una secuencia de contracciones y relajaciones.

En términos que más tarde pondría a circular la antropología teatral, Stanislavski seguramente estaría de acuerdo en que

> El actor o bailarín es aquel que sabe grabar el tiempo. Concretamente, esculpe el tiempo en ritmo y dilata o contrae sus acciones. El origen está en la palabra griega *rhytmos*, del verbo

rheo, "fluir". Ritmo significa literalmente "manera particular de fluir". (Barba y Savarese 2007 324)

Consecuentemente, la crónica de Toporkov nos da a entender que la cuarta fase del método desemboca en una composición rítmica (el cronista habla incluso de "partitura") de las interacciones entre los actuantes. De este modo, comprobamos que la muy mencionada "línea de acción externa" es, para el Maestro, una *línea ritmada,* como si hubiese sido trazada y fijada por un coreógrafo. No se trata solamente de entrar en la jaula y mantener a los tigres bajo control, sino, sobre todo, de *danzar* con las fieras.

En la quinta etapa del método de las acciones físicas, el texto de Molière reingresa en los ensayos con toda su limpieza y esplendor literarios, "y esto se vuelve aún más complejo por la forma versificada de la pieza" (1962 196), comenta Toporkov. Dificultades como esta hacen necesario, según decreta el director ruso, "ejercitarse en la dicción todos los días, a cada hora, y no quince minutos cada cinco días" (1962 207), sabiendo, como admite el cronista, que "en nuestro grupo ninguno domina –lo que se llama dominar- el arte de la declamación; ninguno sabe nada del ritmo, de la métrica del verso" (196). El entrenamiento declamatorio concierne, claro está, a la "técnica externa" de la actuación, es decir a ese reverso complementario de una "psicotécnica" que nunca debe descuidarse, so pena de recitar los textos en el vacío.

Además de su versificación, la obra posee unos ritmos estructurales que Toporkov ejemplifica al detenerse en la escena en que, al volver Orgón de un largo viaje, interroga a Dorina sobre las novedades ocurridas en su ausencia. La criada le da detalles de una grave enfermedad sufrida por su esposa, pero Orgón pregunta insistentemente: "¿Y Tartufo?". Dorina responde invariablemente que el protegido del dueño de casa no podría disfrutar de mejor vida, ante lo cual Orgón responde: "¡Pobre hombre!". Las dos frases, varias veces repetidas en la mencionada escena, machacan como un estribillo que Toporkov, intérprete de Orgón, entiende que debe variar en tono y en intención ("ora con preocupación, ora con ternura") cada vez que aparecen en el texto. Sin embargo, el actor se queja de que

> Por más que variaba el tono de estas dos frases mías, "¿Y Tartufo?" y "¡Pobre hombre!", éstas carecían de vida, no se amalgamaban con el gracioso encaje del monólogo de Dorina, quedando suspendidas en el aire, pesadas y falsas. Yo mismo no daba crédito a mi ineptitud, y me desesperaba. (Toporkov 1962 197)

Y Toporkov remata su malestar con una observación que daría que hablar a cualquier psicoanalista, sobre todo si éste la confronta con la excitación deseante que suele provocar en algunos actores "el primer encuentro con la obra y el papel". Dice el cronista:

> Y como suele ocurrir muy a menudo, la escena que más gusta en la lectura de la pieza, en la que uno cifra sus mayores esperanzas de éxito, es la que finalmente da mayor trabajo, cuando no resulta un rotundo fracaso. (1962 197)

Pero la solución stanislavskiana al problema de Toporkov no será la de hurgar en las resistencias inconscientes (ni "subconscientes") de este último, sino -dando pruebas de fidelidad al basamento del Sistema- la de efectuar más bien una articulación entre la psicotécnica y la "técnica exterior". De inmediato, el Maestro advierte al discípulo:

> Usted se limita a ver la faz exterior de la escena, su gracia, y quiere interpretarla; pero tiene que dirigir su "percepción visual" al dormitorio de su esposa, al cuarto de Tartufo, es decir a los lugares sobre las cuales le está contando Dorina. Usted no la está escuchando. Trate de comprender el pensamiento de su partenaire. (1962 197)

El entrecomillado de "percepción visual" alude aquí a que se trata de "ver con los ojos de la mente" los lugares que Orgón conoce sobradamente y, a la vez, de captar en los ojos de su interlocutora las imágenes que ella, por su parte, evoca mientras habla. En realidad, esto último, más que someter a Toporkov al esfuerzo de "leer el pensamiento" de su compañera, es un recurso para que el primero concentre una extrema atención en el relato de Dorina: "Usted acaba de interpretar la escena y, durante todo el acto, le "ardía" el hombro izquierdo. Usted no dejaba de sentir la presencia del espectador... Esto no puede ser. Todas sus energías tienen que estar dirigidas a su partenaire." (1962 207).

Sin embargo, la alegoría parapsicológica insiste en Stanislavski, pues en ella el actor puede captar con mayor claridad e inmediatez el propósito de esta práctica: "Se puede transmitir el pensamiento con una frase, con una entonación, con una "exclamación" o con palabras sueltas. La transmisión del pensamiento propio, eso es la acción verbal." (1962 207).

No podemos negar la pregnancia de la última frase de la cita, pues el procedimiento es menos paranormal de lo que parece. En una definición más afinada, dice el maestro ruso: "La acción verbal es la capacidad del actor de contagiar al partenaire con su percepción visual. Y para eso hace falta ver uno mismo muy claro, muy detalladamente las cosas de las que se hace partícipe al compañero de la escena." (1962 207).

De pronto se nos aclara la utilidad de los ejercicios que el director proponía a sus actores y actrices en la tercera fase del método, a saber, las improvisaciones, en espacios precisos y concretos, de las escenas que el autor no había escrito –y que los espectadores nunca verán representadas- pero que el texto permite suponer como necesarias y pertinentes al curso de la trama: "Escuche a Dorina y haga sus propias conjeturas sobre las cosas que no figuran en el texto, aunque el texto está basado en ellas." (1962 198). Quedan así justificadas las largas y minuciosas exploraciones de los camarines del teatro convertidos en "la casa de dos plantas del rico burgués Orgón" y la organización de "acontecimientos familiares, como, por ejemplo, la enfermedad de la dueña de casa." (1962 182-183)

Sin estas escrupulosas experiencias físico-sensoriales de lo no-escrito, difícilmente el intérprete de Orgón podría haber reconstruido las informaciones de Dorina hasta el punto de "ver claramente el objeto del que uno está hablando [o de aquel que describe el/la interlocutor/a] tan claramente y con tantos detalles" como si el objeto estuviera ahí presente en la realidad tangible. Si se ha dedicado el tiempo suficiente a la tercera etapa del método de las acciones físicas, cuando la actriz que interpreta a Dorina dice "la señora tuvo fiebre...", Stanislavski podrá exigir a Toporkov-Orgón una "visión" como la siguiente:

> Su pensamiento ya vuela hacia el dormitorio donde, en la oscuridad de la noche, yace su esposa afiebrada, nadie duerme, todos trajinan. Mandaron por el médico, traen hielo, la gente se alborota, corre de un lado para otro... Pero, veamos: en el corredor que lleva al dormitorio de la señora, está también la celda de Tartufo, allí donde él se comunica con Dios; quiere decir que no lo dejaban concentrarse en sus oraciones. Y ya están olvidados la señora y el mundo entero. Hay que averiguar pronto cómo está Tartufo... (1962 198)

Si, por impaciencia o desgano, la escena inducida por la pregunta "¿Y si se enferma la dueña de casa?" no hubiese sido explorada por Toporkov y sus compañeros en una improvisación esmerada durante la tercera etapa de los ensayos, ahora sería la ocasión de hacerlo, pues el método no es una secuencia inamovible de pasos, sino que, aun en su quinta y última fase, "menudeaban casos en que volvíamos a la primera etapa del trabajo." (1962 195)

Inmediatamente después de la visión suscitada por las palabras de Dorina, Toporkov-Orgón pregunta: "-¿Y Tartufo?- Dorina contesta: -Comió perdices y la mitad de una cazuela de albondiguillas- ¡Dios mío! Cómo se habrá cansado durante la noche para que adquiera tal apetito... ¡Pobre hombre!" (198)

Lo que aquí está en juego es una interacción entre dos actuantes (y un testigo: Cleanto, cuñado de Orgón) en que Dorina debe "provocar incesantemente a Orgón para que éste se conduzca como ella lo precisa" (200) y, para que el intercambio no decaiga rítmicamente, "a su vez Dorina debe tener en cuenta su reacción ante cada frase de ella, para agregar esto o aquello. Tiene que adivinar sus pensamientos en su mirada. (...) Por ello, amén del texto, hay entre ustedes otro diálogo paralelo." (198)

Y es ese diálogo paralelo (o "subtexto"), junto al texto explícito, lo que dará a la escena su base rítmica:

> En la escena que nos acaban de mostrar hay que aprender, antes que nada, a escuchar bien –Dorina debe saber todo sobre Orgón- para adivinar los pensamientos ocultos en su partenaire. Entonces sus clásicas réplicas "¿Y Tartufo?" y "¡Pobrecito!" encajarán por sí solas en su lugar y no habrá por qué preocuparse por ellas. (1962 200) (...) El ritmo del verso tiene que estar latente en el actor, cuando recita y cuando calla. Uno tiene que tener la carga del ritmo para todo el espectáculo y es entonces cuando uno puede hacer pausas entre las palabras y entre las frases sin miedo a errar. Todo acertará con el ritmo necesario. (1962 196)

El maestro concluye la lección acerca del diálogo entre Dorina y Orgón con una reflexión general que refuerza la convergencia y la complementación entre la tercera y la quinta fase del método de las acciones físicas:

> No olvide que la réplica pronunciada está entrelazada con muchos pensamientos que se callan. Tenga en cuenta que el hombre expresa el diez por ciento de lo que bulle en su cabeza, y el restante noventa por ciento queda sin decir. En el teatro se olvidan de esto y se opera solamente con las palabras dichas en voz alta, y con ello se tergiversa una verdad vital. Interpretando una escena, antes que nada, usted tiene

que recrear todos los pensamientos que preceden a tal o cual réplica. (1962 199)

Se dice que el diez por ciento es el volumen de un iceberg que sobresale por encima de la superficie del agua, pero que su "realidad" sólo se completa con el noventa por ciento sumergido, provisionalmente imperceptible. La pequeña parte emergente es, entonces, la sinécdoque o la *compresión metonímica* de la totalidad del *mundo posible* con que debe contarse para comprender plenamente el objeto observado (la obra teatral o una de sus escenas, en nuestro caso). Esta relación parte-todo define plenamente la dimensión "cognitiva" de las poéticas realistas.

En suma, de la misma manera que cada actor debe convertir sus circunstancias dadas en una "exigencia de reacción" –como propone Franco Ruffini- también las palabras pronunciadas en escena deben ser, para el actor que las escucha, una ineludible provocación a responder, y si esa respuesta no es verbal, forzosamente debe ser somática, debe incidir en el cuerpo y desestabilizarlo o "metaestabilizarlo" de manera que lo invada una bullente energía potencial y una disposición a la acción.

Si la transmutación de unas pacíficas circunstancias dadas en una orden de trabajo es asunto de la psicotécnica, la "técnica exterior" del Sistema está al servicio de esta transformación del *contacto con el otro* en un *impulso a responder*. El problema entre manos es, por lo tanto: ¿cómo *disponer* los cuerpos (cómo crear en ellos una determinada disposición) y cómo deben ellos pronunciar las palabras de modo tal de convertirse en unos diapasones hipersensibles, en unas membranas vibrátiles que a través de sus voces se contagien unos a otros sus percepciones actuales y evocadas?

Por otra parte, el entre-dos escenario/sala es el espacio en que se despliegan todos los recursos de la técnica externa de la actuación que los actores stanislavskianos pudieron poner a punto durante su formación y que se ocuparán de continuar entrenando más tarde bajo la guía del Sistema. Es en esa interfaz que se abre paso entre los que actúan y los que contemplan, donde el encuentro programado puede tornarse erótico, donde los fraseos y las modulaciones de la voz y de la mirada –esos dos cuerpos suplementarios con que cuentan (o deberían contar) actores y actrices-, así como las microtensiones y las microacciones, las elasticidades y los bríos de los cuerpos dispuestos, pueden tejer redes de seducción y fascinación sutiles o manifiestas en que los cuerpos espectatoriales se dejan atrapar y transportar gustosamente.

Como tal vez haya advertido el lector o lectora, el recorrido de las fases del método de las acciones físicas nos muestra un notable adelgazamiento del territorio en que sería indispensable una psicotécnica para apoyar el trabajo del actor. A medida que se transitan los niveles del método, el "estar en escena" va apareciendo ante el actor como un *estar permanentemente provocado por demandas exteriores,* como un ser constantemente llevado y traído por objetos, fuerzas y enunciaciones que se encadenan en líneas continuas que lo atraviesan sin dejarle demasiado tiempo para "si mágicos", evocaciones morosas o demoras introspectivas en el propio imaginario. Dichas demandas exteriores involucran al actor en lo más íntimo, pero en un nivel que podríamos llamar "metapsicológico". Lo que el método nos muestra, en tanto que aplicación del Sistema a la escenificación de un texto concreto, es el estrechamiento del campo de las causas psicológicas en el trabajo actoral frente al Público, quedando "lo psicológico" prácticamente limitado a una conciencia estratégica que comanda la persecución, contra viento y marea, de unos objetivos dictados por un texto.

CÓMO TRABAJAR DE ESPECTADOR AD HONOREM

Aun cuando la psicotécnica parezca sostenerse en los "círculos de atención" y en la "soledad en público", toda la actuación stanislvskiana está concebida como una ofrenda a los espectadores, destinada a habilitar un intercambio entre dos grandes componentes del dispositivo de representación: la escena y la sala. Recordemos la nota al pie de página en el capítulo XV de *El trabajo del actor sobre sí mismo*: "En el arte de [el viejo Coquelin] el espectador es espectador. En mi arte, se vuelve un testigo involuntario y *participa de la creación*, se introduce en lo más denso de la vida que transcurre en la escena y cree en ella" (1978 325).

Sin sentirse directamente increpado o interpelado, el espectador –de la misma manera que el actor ante sus circunstancias dadas o ante las réplicas de sus compañeros de escena- debería verse *obligado a reaccionar* ante las solicitaciones de la escena. Aun con las restricciones que le impone su butaca, su cuerpo debería *danzar en su sitio*, ser musicalmente invocado y provocado en la extimidad de su cuerpo erógeno, como el actor que, excitado al escuchar por primera vez los parlamentos del personaje que tal vez tenga que interpretar, "no puede quedarse quieto en su asiento". La mayor parte de la "técnica externa de la actuación" del Maestro se orienta a instalar, mantener y modular la *metaestabilidad* del cuerpo espectatorial, sin que tal manipulación sea advertida por sus destinatarios y sin que los actores y actrices deban concentrar en ello su atención y su trabajo escénico consciente.

Esta eficaz incidencia sobre la percepción del espectador se sostiene en la *modulación rítmica* del tiempo dramático, hasta el punto que podríamos considerar la dramaticidad realista como secuencia de "contracciones" y "relajaciones" –de longitudes muy diversas- que trazan la línea continua de acción de la obra. Y ello conlleva una narratividad continua a modo de línea o cobertura melódica ininterrumpida.

Como hemos visto, cada escena del texto dramático efectivamente escrito es un islote, pliegue o "contracción" de un relato mucho más extenso (y, por lo general, más "relajado") cuyos ámbitos espaciales y sucesos notables Stanislavski exigía reconstruir en la medida en que las escenas escritas por el autor los presupusieran. Más aún, el texto dramático realista en su totalidad será siempre un islote metonímico respecto del vasto mundo posible que lo circunda y sostiene.

Pero hemos visto además que la acción escénica realista –sea ésta puramente física o predominantemente verbal- entraña informaciones que su destinatario deberá saber leer para responder adecuadamente al emisor sobre una base cognitiva, por así decirlo. Ahora bien, cada actor "expresa el diez por ciento de lo que bulle en su cabeza [y en su cuerpo] y el restante noventa por ciento queda sin decir [o hacer]", como explicaba Stanislavski a sus discípulos. De manera semejante, el espectador recibe, como un *partenaire* más, la información "comprimida" –metonímicamente comprimida, diríamos- de los comportamientos físicos y verbales que ve desarrollarse en el escenario.

Sin embargo, a diferencia de los actuantes –conocedores del relato que sostiene el drama y del mundo posible en que ambos se insertan- el espectador debe inferir paulatina e imaginativamente ese "noventa por ciento" sumergido en el no-decir o el no-hacer de los intérpretes. Si la actualización de lo no-informado explícitamente es para el actor una cuestión de *evocación* de lo ya ensayado en el largo proceso de realización del espectáculo y si, como es obvio, cada actuante conoce el destino narrativo de su personaje puesto que éste está escrito en su papel, no sucede lo mismo para el *partenaire* sentado en su butaca de la platea.

Para el espectador, lo no-dicho y lo no-hecho es objeto de especulaciones personales que, a modo de hipótesis provisorias, deberán contrastarse con los sucesos y detalles que la trama irá mostrándole a medida que ésta se despliegue. Tal es la tarea detectivesca o arqueológica que la escena realista propone a sus espectadores: la de ir reconstruyendo una realidad sumergida que, al final del espectáculo, le habrá presentado *un* mundo posible consistente con las huellas o trazos sembrados a lo largo del hilo narrativo-dramático.

Pero el trabajo más motivador –y tal vez el menos perceptible como trabajo- será la involuntaria tarea de *anticipar*, una labor que cada situación, cada tramo o incluso cada trozo de parlamento o cada pequeño gesto en la escena impondrán al espectador en la medida en que tales signos sean la *contracción metonímica* de un segmento narrativo mayor, cuyo ignoto desenlace haya despertado en el espectador un punzante interés. Esa anticipación conjetural, tensada por un *deseo* de saber, no será meramente una apetencia intelectual, sino que se internará en el campo del goce bajo el aspecto de un *suspenso* que debería mantener en vilo al observador hasta que la "verdad" final le sea revelada y pueda completar, finalmente, su rompecabezas de hipótesis.

El trabajo arqueológico y el trabajo anticipatorio son, claro está, indisolublemente complementarios, y la línea de goce se extiende, para el contemplador realista, desde una inicial "exposición" dramática donde la mayor parte de la información le es escamoteada, hasta el desocultamiento último que recompensa el "sufrimiento" de la espera. Cada tramo de la representación realista es para el espectador un significante amo (S_1) que profiere una *orden de trabajo,* una exigencia de laboriosa (re)construcción de un saber que habrá de producirle una retribución gozable. Lo que llamamos el "desenlace" de una dramaturgia "aristotélica" es el segmento en que la línea de goce se transmuta en línea de *placer,* pues el espectador la experimenta como una "descarga de tensión". De esta manera, el goce realista clásico se inscribe de hecho en el principio del placer, obturando así su "más allá".

La narratología de raíz cognitivista ha forjado la noción de *esquema* para dar cuenta de estas operaciones de recepción efectuadas entre el libro y su lector o entre la escena y la sala. Dichos esquemas se presentan como estructuras ordenadoras y orientadoras de la información recibida por una conciencia en cierto momento, de manera que en alguna medida podríamos asimilarlas a las categorías *a priori* de Kant, salvo por el hecho de que se trata de formas generales determinadas por una cultura y una historia. La "trascendencia" de estos esquemas, por lo tanto, no va más allá del hecho de ser compartidos por los miembros prototípicos de una comunidad dada o supuesta.

En particular –y para los propósitos de este ensayo- los esquemas organizadores serán comunes a los actores en escena y a los espectadores de la platea, con la diferencia de que estos últimos estarán mucho más ocupados en el completamiento imaginario de una información de fondo faltante que de evocar ámbitos y situaciones ya vividas y que les son familiares. En este sentido, la noción de esquema nos remite a los estudios pioneros de Roman Ingarden (1893-1970) sobre la "lectura activa" y la "concretización de un texto" por parte del lector. Detengámonos en un ejemplo aclaratorio.

Hemos visto cómo la frase "la Señora tuvo anteayer fiebre" funcionó –o debió haber funcionado- como una guía organizadora de la "visión mental" de Toporkov-Orgón, de modo que la información recuperada en su memoria es, en primer lugar, un *marco* que incluye la alcoba de la dama y las habitaciones que le son vecinas, de acuerdo con las improvisaciones realizadas en la trastienda del teatro mientras se ensayaba *Tartufo*. Es ese marco reconstituido el que le permite trasladarse imaginariamente al cuarto de su huésped y especular sobre las actividades piadosas a que éste debe entregarse diariamente. El esquema convocado por la elocución de Dorina convoca entonces rápidamente un *marco* y un *guion* de acciones previsibles en la mente de Toporkov.

Un "espectador prototípico" que también oyera el parlamento de Dorina deberá, antes que nada, "decidir" si esa fiebre fue lo suficientemente alta como para tumbar a la Señora en su lecho, con lo que el oyente se representará de inmediato un marco típico para el suceso referido, a saber, una habitación tan típica o genérica como las que él conoce, con la clase de muebles y objetos que es esperable encontrar en ella. La escenografía que simultáneamente percibe el espectador, le sugerirá el estilo del mobiliario, de los utensilios, de los cortinados, etc. que podrían decorar esa alcoba no visible.

En ese marco que el espectador conjetura, el dato de "la Señora afiebrada" puede suscitarle imágenes sobre las acciones probables en torno a ese estado febril: tomar medicinas, ser atendida por uno o más sirvientes, suspirar, gemir, pedir agua, recibir la visita de algún médico... En suma, es esperable que el espectador se figure cierta cantidad de acciones pertinentes a la situación y podrá incluso delinear cierto guion o argumento derivado de "la Señora tuvo fiebre". Y sobre este fondo de conjeturas se destacará el inesperado "¿Y tartufo?" con que replicará Toporkov-Orgón.

Si este ordenamiento y completamiento de datos ha de constituir lo que llamamos "comprender un texto" o una de sus partes, debemos postular en su recepción un procesamiento preconsciente de la información mucho más veloz que el que podría efectuar la *conciencia* del espectador, pues la representación escénica expone los hechos y las acciones a una velocidad tal que, de no ser acompañada por el receptor, a los pocos minutos éste quedaría completamente retrasado en la comprensión de lo que sucede en el escenario, preludiando sí su desconexión respecto del espectáculo.

Es claro que la riqueza y la plasticidad de las reconstrucciones del espectador variarán mucho de un individuo a otro y que los realizadores escénicos se apoyan en una "imaginación media" del receptor para construir su discurso. De todos modos, para los artistas son más importantes los "esquemas de la historia" que forman parte de las competencias de un frecuentador de salas teatrales. Dichos esquemas diacrónicos contienen conjuntos de expectativas sobre cómo continuarán las narraciones.

La "teoría de las respuestas del lector", desarrollada sobre todo en Estados Unidos, valiéndose de aportes de la psicología cognitiva, la semiótica y la hermenéutica, postula que la producción de significado supone hacer conexiones entre momentos del discurso que distan entre sí, anticipar eventos en la línea narrativa, contrastar expectativas con el suceder en curso, efectuar vínculos intertextuales o incluso detectar convenciones de géneros específicos.

Puesto que estas operaciones de recepción deben ser previstas por los realizadores del espectáculo y traducidas en la composición, ingresamos así a un campo común de competencias, supuestos, estrategias y estructuras elementales que envuelven tanto a la sala como a la escena; ese campo no es otro que el del Público Simbólico.

Y es esa materia simbólica, ese campo de formas, códigos y estructuras discursivas segmentables y complejamente entrelazables en una dramaturgia, es esa materia simbólica, digo, lo que el significante amo –no necesariamente proferido por una "autoridad"- pone a trabajar productiva y compositivamente, tanto en los salones de ensayo como en los escenarios y las salas, valiéndose de la intermediación de una materia somática que se especifica en cuerpos actuantes y cuerpos expectantes.

La dramaturgia realista –tanto la del texto como la de la escena- es una especificación, un itinerario concretamente trazado en ese campo simbólico que debe equilibrar sabiamente la previsibilidad y la sorpresa. Se diría que el Público Simbólico provee al dramaturgo de la escena lo que la mesa de dibujo le ofrece a un arquitecto, a saber, el instrumental y las plantillas de trazos que le permiten dibujar con prolijidad la ubicación de las vigas, los arcos, las aberturas y la arquitectura general de la pieza.

Si bien las tareas de producción y recepción suelen apoyarse de manera relativamente provisoria en los esquemas formales y en los tejidos discursivos heredados de la historia teatral, los procedimientos poiéticos empleados en cada producción –e incluso en cada recepción- son siempre "desviaciones discursivas" de distintos grados y clases.

Tales desviaciones son esenciales para sostener con los espectadores un juego de previsiones e incumplimientos, aun cuando se otorgue a cierto "superobjetivo" el privilegio de subsumir en última instancia a toda línea compositiva, como sucede en el dispositivo de representación stanislavskiano. El juego dramatúrgico realista deberá evitar, por un lado, un exceso de esquemas que lo despojaría de todo interés y, por el otro, una sobreabundancia de desconexiones cuasi-causales (es decir, un abuso de no-bucles) que impedirían o dificultarían la comprensión de las leyes generadoras del mundo posible unitario en que se sostiene la totalidad de la historia narrada.

A ese juego de promesas y traiciones programadas conducido por el texto o el guion escrito se superpone –como si de una línea acompañante se tratara- el juego interpretativo actoral rítmicamente construido y susceptible de desdoblarse en una partitura vocal y otra de contracciones y distensiones físicas. En tales líneas discursivas, las desviaciones se dan ya sea como sucesos o comportamientos que contradicen lo esperado o como acontecimientos propiamente dichos, es decir como irrupción de lo completamente inesperado. Cabe señalar que la *perejivanie* tiene, en la línea de la interpretación actoral, el carácter de un *acontecimiento,* de un salto cualitativo dado por un desempeño escénico que el espectador no prevé.

De manera general, puede decirse que toda dramaturgia concreta supone una *reinvención de esquemas* que oscila entre la corrosión y la destrucción de los estereotipos formales heredados y la construcción de nuevas formas, aunque en ciertos dispositivos de representación –particularmente los que diseña la "industria cultural"- la confirmación de esquemas puede ser dominante.

En la mencionada reinvención, mantiene plena vigencia el concepto de "desfamiliarización" (*ostranenie*) acuñado por los formalistas rusos para designar la brusca aparición de un segmento insospechado que abre una brecha semántica en la cadena de significantes. Algunas tendencias más recientes de la narratología cognitivista asignan un papel preponderante a las intervenciones del lector/espectador en la restauración de la coherencia interrumpida por la desfamiliarización: movido por una reacción casi instintiva y autoconservadora ante aquello que lo desorienta, el receptor parece entregarse instantáneamente a la construcción de esquemas *ad hoc* que vuelvan a colocarlo cuanto antes en la senda de lo familiar.

Generalizando este argumento, puede decirse que el afecto desempeña un papel primario en el trabajo de recepción: es el motor de búsquedas de escenas canónicas para anticipar lo porvenir mientras el relato transita por rieles comprensibles, y es la fuerza creadora de nuevos esquemas restauradores cada vez que la cadena narrativa se desfamiliariza.

Esta adjudicación de un lugar derivado para los esquemas respecto de los afectos nos invitaría a abandonar el terreno marcadamente cognitivista de la narratología para abordar las relaciones entre el deseo, el discurso, el saber y el sujeto que el psicoanálisis lacaniano ha frecuentado en abundancia. Sin embargo, no se trataría de invertir jerarquías o precedencias (¿el esquema produce el afecto o es a la inversa?) sino de admitir más bien una imbricación compleja entre el afecto y la forma, si lo que queremos es dar alguna consistencia a la tan proclamada "creatividad" de la recepción o la "actividad co-creativa del espectador".

EL PERSONAJE ES UN TIGRE DE PAPEL

Un poco de deseo se reconcilia
con un poco de realidad gracias a un poco de magia.
Christian Metz

He venido sugiriendo en las páginas precedentes que el espectador, mientras sigue las vicisitudes de una trama realista, está movido por un anhelo de *totalidad*. Una totalidad siempre "fuera de campo", para valernos del vocabulario cinematográfico, pues lo que el espectador ve y oye nunca será más que una metonimia (o una sinécdoque) del mundo representado en la escena.

En un artículo precursor publicado en 1975, Jean-Louis Baudry había comparado la sala de proyección cinematográfica con una "máquina de simulación" en que el espectador va en busca de una satisfacción arcaica, regresiva, supuestamente lograda cuando su *yo* aún no estaba conformado, momento en que "la representación y la percepción no estaban diferenciadas" (Baudry 1978 46). El crítico francés –para quien la sala cinematográfica reproduce la caverna platónica y "el dispositivo necesario para el desencadenamiento de la fase del espejo descubierta por Lacan" (Baudry 1978 23)- entiende que la recuperación imaginaria de esa etapa primordial expondría al sujeto "el deseo en tanto que tal, digamos el deseo del deseo, (...) a través de una percepción (...) transferida a una formación que se asemeja a la alucinación" (1978 46).

El encuentro real con esa satisfacción originaria, con esa totalidad perdida, implicaría la desaparición del sujeto, su mortífera disolución en lo que uno podría suponer un goce absoluto. Es por ello que, mientras nos mantengamos en vida, debemos resignarnos a innumerables satisfacciones parciales, fugaces, erráticas, que nos preservan de caer verdaderamente en el abismo del "deseo del deseo". Dicho de otra manera, debemos conformarnos con *metonimias*, con trozos representativos de esa satisfacción total tan anhelada como aniquilante.

Y ese es precisamente el cometido de la trama realista: suscitar en el espectador el deseo de saber "cómo termina la historia", qué totalidad ha sido insinuada ya en los primeros parlamentos y situaciones que el comienzo de la obra expone con más incógnitas que certezas. La promesa implícita en la forma realista es la de invertir proporciones: cuando el espectador se levante de su butaca, debería tener más certidumbres que perplejidades, ya que el mundo posible de la representación –ese *ersatz* de totalidad- se habrá desplegado lo suficiente para cubrir todas sus dudas (es decir, todas sus "necesidades de saber").

El psicoanálisis diría que en esta nostalgia de totalidad resuena el eco de una "identificación primaria" –apenas distinguible de una pura fusión- que sería, en términos freudianos, "la forma más primitiva del lazo afectivo con un objeto", previa incluso al claro recorte perceptivo de dicho objeto y a cualquier distinción entre un "interior" y un "exterior". La consideración de los afectos que la obra moviliza en su receptor nos empuja, por lo tanto, al recurrente y muchas veces maltratado problema de la *identificación* en el teatro.

En el marco de las poéticas realistas suele pensarse que un espectador es capaz de identificarse con un actor-personaje en escena de la misma manera que ese actor a su vez se identifica con su personaje. En tal caso, ambos procesos identificatorios tendrían lugar entre un sujeto y una *imagen*, de una manera comparable a la "identificación imaginaria" que Jacques Lacan postula en el *estadio del espejo* y por la cual el yo humano se constituye por identificación con algo que está fuera de él, es decir con un "otro". De esta manera, según el psicoanalista francés, el sujeto "se estructura como un rival de sí mismo", subrayando así la ambivalencia afectiva que toda identificación imaginaria conlleva. Esa *imagen* que sirve de soporte identificatorio se muestra con la condición completa y acabada de una *Gestalt*, sentando las bases de la instancia psíquica llamada "Yo ideal".

Si bien los sujetos escénicos (los actores-personajes) de una obra realista pueden aparecer ante el espectador como imágenes "bien formadas", aptas para dar sostén a su identificación imaginaria, no ocurre lo mismo con el actor frente a su personaje pues este último es, fundamentalmente, un "ser de papel", un conjunto de palabras salida de la pluma de algún escritor vivo o muerto. El personaje se presenta, ante el actor dispuesto a interpretarlo, como un "papel" del cual se tiene, inicialmente, algunas frases que se le adjudican y alguna eventual caracterización aportada por el dramaturgo en sus didascalias.

Dicho de otra manera, el "personaje" con que tiene que vérselas el actor no es por lo general una imagen, una *Gestalt* unificada, sino lo que Lacan llamaría un conjunto de *significantes* tendientes a cierta dispersión, a menos que uno de esos significantes asuma la función de un núcleo unificador. Esa constelación simbólica tendrá, por supuesto, efectos en la imaginación actoral y será una primera orientación para dar cuerpo –un cuerpo imaginario o la imagen de un cuerpo- a esa entidad todavía abstracta y disgregada llamada "personaje". Con vistas a esta corporización o encarnación de imágenes, lo más común es que en el inicio de su tarea compositiva el actor tenga ya sea un detalle sobresaliente que se le ofrece como asidero solitario, ya sea un archipiélago de rasgos y datos diseminados.

La "construcción del personaje" será generalmente, para un actor realista, el proceso que lleva del rasgo singular, aislado y pregnante a la integración de las piezas dispersas, o bien de una inicial diseminación desjerarquizada al hallazgo de un núcleo integrador.

(Como puede verse, este trayecto es homólogo al que recorre el espectador, no respecto de un personaje particular sino respecto del espectáculo globalmente considerado: el receptor accede al comienzo de la obra a unos datos notables, dispersos y enigmáticos, para contemplar finalmente una totalidad satisfactoria que le explica el porqué de lo visto y oído a lo largo de la representación).

No es casual que Stanislavski-Tortsov haya propuesto a sus alumnos, a punto de comenzar su segundo año de estudios en el Teatro de Arte de Moscú, un ejercicio desafiante: elaborar un personaje ("lo que ustedes prefieran: un mercader, un persa, un soldado, un español, un aristócrata, un mosquito, una rana, cualquier cosa...") a partir de un "rasgo externo" ("ropas, pelucas, maquillaje...") y ponerlo a consideración de los maestros y compañeros en la clase siguiente. Cuando el grupo de alumnos visitó los guardarropas del teatro en busca de un elemento que disparara "la idea de un personaje", señala Stanislavski-Kostia que

> En menos de quince minutos, Grisha había elegido lo que quería y se fue. Algunos otros tampoco necesitaron mucho tiempo. Sólo quedamos Sonia y yo, incapaces de tomar una decisión concreta. Como Sonia era joven y coqueta, los ojos se le iban a todas partes y su cabeza daba vueltas a la vista de tantos vestidos atrayentes. En cuanto a mí, no sabía aún qué era lo que quería representar y confiaba en una inspiración feliz. (Stanislavski 1982 31)

No repetiré aquí el análisis de las vicisitudes que atravesó Kostia hasta llegar a un resultado aceptable para él y Tortsov, pues he dedicado a este episodio los primeros capítulos de mi libro *La actuación: entre la palabra del Otro y el cuerpo propio* (Valenzuela 2011). Me importa señalar, en esta ocasión, que sólo el trabajo del "alumno modelo" alcanzó, en la perspectiva de Stanislavski, el nivel de la *perejivanie*. Pero antes de honrar con el adjetivo "vivencial" a la actuación de Kostia, el Maestro se ocupó de descuartizar los desempeños del resto del grupo.

La pobreza de los resultados ofrecidos por Grisha y sus amigos delataban la desconfianza del director ruso hacia un encuentro demasiado presuroso con la imagen acabada del personaje. En cambio, entre la bata raída "de colores tierra, verdoso y grisáceo" recogida por Kostia de un rincón del guardarropa con la sospecha de que "un hombre con aquella bata parecería un fantasma", y el hallazgo casual de un Crítico bien integrado y completo que habría estado acechando en esa prenda, había mediado una agonía, una lucha agridulce del actor consigo mismo que parecía ser el precio a pagar por una "auténtica creación".

Si recordamos el relato en torno al primer encuentro de un intérprete con *Otelo* o con *La importancia de tener ingenio* tal como lo reflejan las páginas de *El trabajo del actor sobre su papel,* podríamos pensar que, en esos casos, el hallazgo del personaje como imagen completa y "lista para encarnar" había sido instantáneo. Sin embargo, esa feliz coincidencia entre actor y personaje no era más que un muy buen comienzo de una tarea menos intuitiva y menos espontánea en torno al anudamiento de una "línea continua de acción" en el marco de una interacción con los demás actores-personajes bajo la guía inapelable del superobjetivo de la obra.

Por otra parte, algunos comentarios de Stanislavski establecen una contraposición bastante endeble entre la "caracterización interna" y una "caracterización externa". Por ejemplo, en *El trabajo del actor sobre sí mismo en el proceso de la encarnación,* el Maestro explica que

> En *Mi vida en el arte* hay muchos ejemplos de caracterizaciones físicas logradas una vez que se han establecido los valores internos adecuados. Uno de ellos es el caso del papel del doctor Stockman en *Un enemigo del pueblo* de Ibsen. En cuanto se fijaron los rasgos interiores del personaje, en cuanto se formó la adecuada caracterización a partir de todos los elementos relacionados con la idea, aparecieron, nadie sabe de dónde, la tensión nerviosa de Stockman, su brusco caminar, su cuello en

tensión hacia adelante y sus dedos tensos, signos todos de un hombre de acción. (Stanislavski 1982 26)

Puestos a corroborar esta evocación stanislavskiana, hallamos en *Mi vida en el arte* una observación algo distante de esta "reconstrucción racional" en que el paso de lo interno a lo externo aparece como "lógico y natural". En el párrafo que acabo de citar, es sobre todo atendible la acotación de que los "rasgos externos" del personaje "aparecieron no se sabe de dónde". En la autobiografía de Stanislavski leemos que

> Mis ojos se clavaban con confianza en el alma del personaje con el que Stockman hablaba en el escenario y estiraba hacia adelante los dedos índice y mayor de las dos manos, como tratando de hacer entrar en el alma de su interlocutor mis sentimientos, palabras e ideas. Todos esos hábitos, ya casi necesarios, aparecieron instintivamente, inconscientemente. ¿De dónde habrían llegado? Mucho más tarde me di cuenta, de una manera fortuita, de su origen: años después de haber creado el tipo de Stockman, me encontré en Berlín con un sabio, el que había conocido anteriormente en un sanatorio vienés. Al conversar con él, reconocí mis "dedos" del papel de Stockman. Es muy probable que ellos hubiesen pasado inconscientemente hacia mí. Y en uno de los conocidos músicos rusos, reconocí el modo de mover los pies, parado en el mismo lugar, que mostré en el papel de la obra ibseniana. (Stanislavski 1976 260)

Difícilmente podríamos encontrar un mejor ejemplo de lo que Jacques Lacan denominó, a partir de 1961, "identificación simbólica". Apoyándose en *Psicología de las masas y análisis del yo* (1921), obra freudiana que de algún modo sintetiza las conclusiones del fundador del psicoanálisis en torno a la noción de identificación y donde ésta "es parcial y toma un único rasgo de la persona que es su objeto", Lacan introduce el término "rasgo unario" para designar esa huella (simbólica) primordial, ese significante (los "dedos" del sabio vienés, por ejemplo) que el sujeto introyecta para producir su Ideal del Yo. Tal es la identificación simbólica lacaniana, una "identificación secundaria" respecto de la cual la identificación especular con la propia imagen queda ubicada en un lugar "primario".

Amparado por un Ideal del Yo que se ha apropiado de un rasgo sobresaliente de una persona momentáneamente olvidada, Stanislavski recorre el camino inconsciente que va del admirado "sabio vienés" a su doctor Stockman, transportado por una especie de significante viajero, sin anclas semánticas. Y podemos conjeturar que es precisamente ese desarraigo de la huella, esa carencia de un significado que le esté fijamente adosado lo que confiere a los "dedos" (y a los "pies del músico") su potencia en tanto motor de la actuación.

Como reconoce el Maestro en su crónica, "bastaba, aun fuera del escenario, que adoptara las maneras de ese personaje, y al instante surgían en mi alma los sentimientos y sensaciones que antaño le habían dado origen" (Stanislavski 1976 260). No obstante, invirtiendo el "mensaje del Otro" y poniendo el carro delante del caballo, Stanislavski había anotado en el párrafo antecedente que "Bastaba que yo me pusiera a pensar en las ideas o en las preocupaciones del doctor Stockman para que, automáticamente, apareciesen en mí los síntomas de su miopía, la inclinación del cuerpo hacia adelante y su andar apresurado" (1976 260).

Esta aparente discrepancia causal, por así decirlo, esta ambigüedad sobre cuál es el apoyo primero del actor, si la "caracterización interna" del personaje o su "caracterización externa", se resuelve al reconocer que las poéticas realistas postulan un personaje-persona como sujeto escénico, es decir un cuerpo hablante que, como el sujeto cartesiano, "es [o, mejor dicho, *debería ser*] donde piensa (y siente)", orgánicamente reconciliado consigo mismo. Con el correr de los ensayos, las repeticiones irán reforzando una conexión de ida y vuelta entre lo "interno" y lo "externo", es decir que instalarán un bucle de retroalimentación entre ambas instancias.

Ese personaje-persona supuestamente autorreconciliado en su pensar-hacer-sentir sería, para el actor realista, un preciado punto de llegada de su trabajo compositivo, la meta suprema de la actuación tal como él la concibe:

> La imagen y las pasiones del personaje en cuestión se convierten en algo orgánicamente propio o, si prefiere, mis sentimientos se modelaron bajo la influencia directa de Stockman. Y ello me permitía experimentar la alegría más intensa que cabe a un artista, ya que emitía en el escenario pensamientos ajenos, me entregaba a pasiones ajenas, ejecutaba acciones de otro y todo me resultaba como propio. (1976 260)

Una doble reconciliación, entonces –la del actor consigo mismo y la del actor con su personaje- sería, para Stanislavski, uno de los modos en que se manifiesta la *perejivanie,* "la alegría más intensa que cabe a un artista". Y todo esto sin perder de vista la advertencia que el mismo director hizo a sus discípulos cuando les había pedido construir un personaje a partir de una "rasgo exterior": "La única condición es que mientras estén llevando a cabo esta investigación externa no pierdan su yo interior" (Stanislavski 1982 30), puesto que debe quedar claro que encarnar un personaje no es lo mismo que sufrir alucinaciones.

No nos dejemos engañar por los adjetivos ordinales: el camino habitual del actor realista va de la identificación secundaria (o "simbólica") a la identificación primaria (o "imaginaria"), para retener aquí una terminología lacaniana, y ese sendero es inconsciente, refractario al control técnico y a los procedimientos metódicos.

Vale la pena señalar que el "rasgo unario" freudo-lacaniano se transforma, en las clases impartidas por el psicoanalista francés en 1964, en el significante primario S_1 que más tarde será llamado "significante amo". Dicho S_1 ostenta como atributo principal su aptitud para poner a trabajar al inconsciente en busca de una constelación de otros significantes (S_2) que, convenientemente articulados, den al sujeto la ilusión de un *sentido* encontrado luego de un pantanoso extravío de sí mismo. El reencuentro con el sentido reproduce la "jubilosa asunción" como propio de lo que instantes antes le era ajeno, como sucede con el súbito reconocimiento de sí que el bebé efectúa frente a su imagen especular.

No es diferente el trayecto identificatorio que el espectador recorre cuando lo vemos adherirse afectivamente a un determinado actor-personaje de la escena. Y esta adherencia tiene lugar, claro está, en un plano tan inconsciente como el que lleva al actor realista a identificarse con su personaje. Podemos hablar entonces de un *espectador realista* que espera vibrar empáticamente con las peripecias, pesares, triunfos y correrías de su héroe-en-escena, arrastrado por una identificación imaginaria difícilmente distinguible del amor... o, mejor dicho, del amor-odio, pues el eje que lleva al sujeto arrobado al encuentro de su imagen es el mismo que propicia su desencuentro agresivo con ella. De una manera u otra, el espectador realista aspira, tanto como el actor, a ser afectado por una *perejivanie* que lo embargue hasta el punto de "levantarlo de su butaca" y que lo arrastre fuera de sí aun cuando su cuerpo no se mueva ni un centímetro.

TRAMPAS PARA OJOS

Cabe apuntar que la edificación del Sistema stanislavskiano, esa monumental maquinaria pedagógico-artística cuya puesta a punto insumió casi toda la vida del Maestro, se origina en un propósito democratizador: ¿cómo poner al alcance de un actor "medianamente dotado" (como lo era el mismo Stanislavski) los secretos del "gran arte de Salvini, Garrick, Duse, Bernhardt...?, ¿cómo volver accesible la experiencia de la creación escénica a intérpretes sin dones extraordinarios?

Si este empeño nunca satisfecho se hubiese alcanzado plenamente, los divos y las divas que irradiaban su *glamour* en los escenarios romántico-realistas habrían entrado en su eclipse definitivo, dejando a los espectadores huérfanos de figuras cautivantes sobre las cuales arrojar una inmediata identificación imaginaria. Si la posibilidad y la capacidad de atraer y encantar a los públicos hubieran logrado distribuirse equitativamente entre los miembros de un elenco, las preferencias y rechazos de un determinado espectador por uno u otro sujeto escénico se habrían visto demorados por una competición actoral con desenlace diferido.

La decadencia de los divos y las divas habrían arrastrado consigo a los personajes grandielocuentes y monopólicos que les eran inseparables. El espectador se habría visto así invitado a atender a la escena en su compleja globalidad, a las situaciones que le propone una dramaturgia, a los hilos narrativos que lo conducen en una visita guiada a un mundo posible y ya no solamente se habría visto arrastrado a fundirse embelesada o piadosamente en aquellos alter-egos capaces de triunfar sobre cualquier entorno adverso o de dejar la vida en el intento. En suma, el interés del espectador tal vez se habría desplazado del *personaje* al *contexto narrativo-dramático* que lo hace posible y le confiere existencia.

Pero la historia cultural de Occidente quiso que cuando los divos se asomaban a su ocaso en los escenarios, la invención del cine relanzara con más fuerza aún el brillo estelar de ciertos cuerpos, de ciertas miradas y rostros secuestradores de los suspiros, los sobresaltos y las excitaciones de las plateas. Y los públicos educados en la oscuridad regresiva del dispositivo de proyección, acostumbrado a amar y a odiar esas figuras gigantescas que se mueven en la pantalla sin que prácticamente ninguna otra percepción espectatorial les dispute su imperio, esos públicos, digo, cuando esporádicamente retornen a las salas teatrales, buscarán de inmediato dioses similares en el escenario. El realismo decimonónico encontró en Hollywood la fuente de su eterna juventud y desde allí sigue derramando ilusiones y modos de goce que se transfieren a la industria teatral contemporánea.

La cultura cinematográfica de la gran mayoría de nuestros públicos nos permite sin embargo observar con algún detalle, en las penumbras desinhibidoras de la sala de proyección, los mecanismos de enlace y captura que aún vemos funcionar, más atenuadamente, entre los escenarios y las plateas del teatro realista actual. Dicho de otro modo, el rodeo cinematográfico nos permitiría quizá abordar mejor el Eros teatral realista, un erotismo sostenido en una tensión deseante que cree encontrar su recompensa placentera al final de una línea continua de acción, de un relato articulado según leyes metonímicas. Y ello nos lleva a retomar el tema de la identificación desde un ángulo un tanto diferente.

Ya Freud nos había notificado que

> la identificación no es una simple *imitación*, sino una *apropiación* basada en la presencia de una etiología común [entre el sujeto y el objeto de la identificación]; expresa un "como si" y se refiere a un elemento común que existe en el inconsciente. Este elemento común es un *fantasma*: así, la mujer agorafóbica se identifica inconscientemente con una "mujer de la calle" y su síntoma constituye una defensa contra esta identificación y contra el deseo sexual que ella supone. (Laplanche y Pontalis 2004 185)

El concepto de "fantasma" se remonta a las tempranas observaciones de Freud sobre el fantaseo de sus pacientes: lejos de ser una simple deformación de recuerdos, las fantasías le mostraban al psicoanalista una notable estabilidad, una implícita organización y una clara influencia en la vida del sujeto en su conjunto.

El análisis de las conductas repetitivas, de los sueños, de los síntomas y, en general, de toda "formación del inconsciente" de un mismo paciente revelaba la persistencia de una fantasía dominante operando a modo de factor estructurante en común. Esa fantasía dominante —o *phantasme,* en la mayoría de las traducciones francesas de la obra freudiana- se mostraba como *la dramatización de un deseo inconsciente*. De hecho, el fantasma asume la forma de un *guion* organizador de escenas, y es posible resumirlo en una sola frase.

Recordemos aquí esa extraña fantasía chejoviana en torno al pescador, el bañista y el manco jugador de billar, y la intuición stanislavskiana de que en esas imágenes locas subyacía el superobjetivo de *El jardín de los cerezos*. Suponiendo que similares "formaciones del inconsciente" hubieran sido el "texto latente" de las demás obras de Chejov y, de haber sido posible comparar esas formaciones, tal vez hubiese aflorado un "fantasma fundamental" del escritor ruso. Si bien ese fantasma fundamental –en tanto volcable en una frase- podría compararse al superobjetivo conjeturado por Stanislavski, este último es demasiado civilizado, demasiado acorde a los ideales de una moral socialmente compartida, mientras que un fantasma es más bien afín a un *deseo* inconsciente animado por una causa inconfesable.

En efecto, el fantasma modela, deforma y reorganiza percepciones y recuerdos según las presiones de los deseos inconscientes y evita, a la vez, la confrontación directa del sujeto con una apetencia que le será siempre enigmática y, en el fondo, insoportable. De este modo, el guion fantasmático –en el que el sujeto siempre tendrá un papel, aunque éste no sea explícito- está presente en toda experiencia personal, dando sostén a esa construcción que el individuo llama "la realidad". Lo que el fantasma representa es siempre una *secuencia* en la que pueden aparecer varios personajes de identidades dudosas, mutables e intercambiables, todo ello al servicio de la escenificación de lo prohibido.

La relación identificatoria entre el espectador y la escena teatral está, como toda experiencia del sujeto, fantasmáticamente mediada, y ello da lugar a una armonización o una colisión entre la trama de la obra y el guion inconsciente del espectador, con diversos grados de encuentros y desencuentros. Hay, por lo pronto, un trabajo de re-guionado o re-entramado espectatorial que se superpone al trabajo ya efectuado por el dramaturgo, a su vez soportado en el fantasma personal de este último, si se me permite decirlo así. La relación teatral es, por consiguiente, una confrontación de fantasmas en que se sostendrá de manera primaria la adhesión o el rechazo –el "juicio de gusto"- de un determinado espectador ante lo que ve y oye en la escena.

Lejos de ser una mera correspondencia uno-a-uno entre un sujeto sentado en la platea y un actor-personaje en el escenario, la identificación teatral está mediada por guiones fantasmáticos, lo cual entraña una suerte de "dispersión estructural" de la imagen en que tal identificación halla soporte: cualquier adhesión identificatoria de un espectador a un personaje de la obra implica reasignar a este último un papel en el fantasma del primero y, en el mismo movimiento, reasignar ("reescribir") funciones ficcionales a los demás personajes de la escena y al propio espectador, ya tácitamente incorporado en la trama como un personaje más.

Expresado de otra manera, cuando decimos habernos identificado con tal o cual personaje de una obra, en verdad nos hemos identificado con el cuadro completo, con la constelación actancial que momentáneamente exhibe ante nosotros el espectáculo en curso. En todo caso, si un actor-personaje captura de modo privilegiado la atención de un espectador específico, ese objeto cautivante será, para el individuo sentado en su butaca, la puerta de entrada (metonímica) a la totalidad del cuadro escénico.

En última instancia, el espectador se identifica o no con la trama del espectáculo a través del señuelo de un emergente singular y personificado, y esa identificación de fondo con el entramado (simbólico) del drama justifica la insistencia stanislavskiana en que el público debe poder seguir y restaurar siempre unas líneas *continuas* de acción (tanto "internas" como "externas") en lo que ve y oye en la escena, pues sin esa continuidad correría peligro el lazo imaginario en que debe sostenerse la relación ente la sala y el escenario realista. *El deseo se alimenta del fragmento, pero no se satisface en él*; tal es su condición *metonímica*.

Si las líneas de lectura se viesen interrumpidas por una peripecia no sólo inesperada sino también desconcertante, o si una previsión narrativa del espectador se viera traicionada por el dramaturgo hasta el punto de sumirlo en un extravío, el receptor-lector se apresurará a restaurar la continuidad perdida en el hilo ficcional, reponiéndose así del escandaloso sinsentido ocasionado por el accidente. Se entiende que este trabajo espectatorial restaurador no será ilimitado y, si la trama le presenta un exceso de discontinuidades tal que se vuelva imposible "enganchar" allí un fantasma personal, el espectador realista no tardará en desistir de todo esfuerzo y en romper el pacto de recepción que lo unía con la escena.

En tal sentido, el cine hollywoodense permite constatar de una manera más ostensible los efectos seductores de una trama cuyas discontinuidades serán siempre reparables desde la producción misma, minimizando así el trabajo espectatorial y permitiendo que la platea siga sumida en la ensoñación despierta y gozante que le es propicia. El cine recupera así una poética realista "pura", difícilmente hallable en los escenarios contemporáneos, salvo en los circuitos comerciales que no ofrecen más que transposiciones en tres dimensiones de las pantallas televisivas.

Pero el cine no sólo nos permite estudiar como con lente de aumento los efectos "cognitivos" del realismo sobre el público, sino también los placeres que la representación depara y que comienzan –tanto en el cine como en el teatro– con el primordial *placer de mirar*. Si bien Jean-Louis Baudry ha comparado la sala de proyección con "el dispositivo necesario para el desencadenamiento de la fase del espejo descubierta por Lacan", la expectación teatral o cinematográfica presupone la salida de esa identificación primaria del sujeto con un prójimo ("yo es otro") hacia la identificación con la propia mirada ("yo soy eso que mira"), lo cual habilitará sus múltiples identificaciones futuras con una interminable galería de imágenes y, en última instancia, con el cuadro completo de la obra. Y la reducción del sujeto a una pura mirada será tanto más posible cuanto que la oscuridad de la sala vuelva invisible su cuerpo para él mismo y la butaca lo inmovilice en un punto y una posición de observación.

El sujeto convertido en pura mirada está, ciertamente, en la situación de un *voyeur* y buena parte de sus goces vergonzantes le están permitidos, pero a la vez el discurso cinematográfico le propone otros soportes de identificación. El espectador de cine podrá identificarse, como se ha dicho, con el personaje ficticio, pero también con el actor o actriz que lo anima, con el "ojo" de la cámara y aún con ciertos objetos o espacios inanimados que le muestra la pantalla. Todos estos "focos de identificación" habrán desplazado, sustituido o "sepultado", por así decirlo, al objeto que en la identificación primaria lacaniana ocupaba protagónicamente la superficie del espejo, a saber, el cuerpo propio del espectador.

Esa ausencia figurativa del espectador en la pantalla se compensa con el hecho de que ésta le ofrece siempre un punto de identificación por el que puede entrar de alguna manera en la película, y allí, en el mundo que la pantalla representa, le espera toda una constelación de identificaciones posibles.

De este modo, entre la primariedad de la identificación especular, trasladada luego a su propia mirada, hasta la secundariedad de las innumerables identificaciones "dentro" del discurso ficcional mismo, el cine ofrece a su espectador un amplio espectro de goces, desde el placer sonrrojante del espía furtivo hasta la fruición de omnipotencia de quien crea mágicamente un mundo al reencontrar sus propios fantasmas fuera de sí mismo, entrelazados con el fantasma del cineasta. Este trabajo de entrelazamiento fantasmático, sin embargo, no está asegurado *a priori* ni se pliega automáticamente a las seducciones retóricas de la representación: algo en la pantalla -o más bien "por detrás" de ella- debe causar el deseo de *ese* espectador, a falta de lo cual la oferta sólo cosechará la indiferencia o el franco rechazo de su destinatario.

El dispositivo de representación teatral, aunque haya optado por el oscurecimiento de la sala desde mediados del siglo XIX, ofrece una gama de goces considerablemente más estrecha. Comparada con el cine de matriz hollywoodense, la escena realista exige al espectador una negociación fantasmática más constante, sostenida e incierta, pues el receptor nunca es relevado de su trabajo de frágil enlace del tejido espectacular con su propio tejido deseante hasta el grado en que puede hacerlo el dispositivo cinematográfico.

Es claro que la "dispersión estructural" que he señalado respecto de las identificaciones espectatoriales es extensible a la supuesta identificación del actor realista con su personaje. Recordemos que el actor stanislavskiano es, antes que nada, un lector o un oyente de una lectura en voz alta durante la cual nada mejor puede pasarle que ser "invocado por el texto", convidado a entrar en él en carácter de pieza imprescindible. Pero ese matrimonio a primera vista con un papel no tarda en revelarse como un compromiso con toda una "comunidad organizada" de roles, pues cualquiera de ellos existe sólo en la medida en que se integra en la estructura de una trama consistente.

En consecuencia, la identificación del actor con un papel singular es sólo una vía de entrada a la identificación con toda la obra leída y, en última instancia, con ese cuasi-fantasma autoral llamado "superobjetivo". Más tarde, cuando la lectura inicial haya dado paso a los ensayos, la estructura dispersiva de las identificaciones será, para el actor, la que proveen las *circunstancias dadas* que habrán de transformarse con el correr de la trama del espectáculo sin perder su continuidad. Y el método de las acciones físicas no es otra cosa que una guía para edificar con la mayor solidez y fuerza provocativa posibles esas circunstancias dadas con que el actor deberá interactuar para producir una actuación escénica convincente (aunque no necesariamente "vivencial").

Se diría que si el "teatro de la representación" (en el sentido que le da Stanislavski) aún podía proponer al actor identificarse con un personaje (es decir mimetizarse con su imagen prefabricada) como su más alta meta creadora, el "teatro de la vivencia" convierte a ese personaje en el *efecto* de una fabricación compleja en que se intenta cruzar productivamente el *método* y el *azar*. Brevemente dicho, el personaje tiene sólo una existencia ilusoria, ficticia, en sí misma inasible para una técnica que no sea una variante de la autosugestión. El personaje realista es nada más –y nada menos- que el producto espectral de una relación entre unos sujetos (el actor, el espectador) y las dos materialidades constitutivas de la escena, a saber, los cuerpos y los textos.

CÓMO BEBERSE AL PÚBLICO

La puesta en marcha de lo que Stanislavski llamaba las "fuerzas motrices de la vida psíquica", a saber, "la razón, la voluntad y el sentimiento" inseparablemente entrelazadas, depende del buen embrague de un "si mágico" en las "circunstancias dadas" de la ficción escénica. Si atribuimos a esas fuerzas una procedencia "interna", siendo su supuesta sede una psiquis actoral que debe ponerse en consonancia con "el espíritu de papel", con "la vida interior del personaje representado", no nos costaría demasiado acordar con el Maestro en que "los aspectos internos del papel, o sea su vida psíquica, se crean con la ayuda del proceso interior de la vivencia" (Stanislavski 1978 62).

No caben dudas de que por esta vía desembocaríamos rápidamente en el psicologismo en que han caído buena parte de los seguidores de Stanislavski al entender que la *perejivanie* consiste en "vivir el papel", en "creérselo", en "pensar y sentir los pensamientos y los sentimientos del personaje", etc. Esta interpretación del "arte de la vivencia" está obviamente emparentada con las palabras del propio director ruso: "Es preciso vivir el papel, experimentar sentimientos análogos al de éste, cada vez y en cada repetición" (1978 62).

Esta sustancialización del "papel", equiparado así a un personaje-persona, es hija de una concepción del sujeto que, en trazos gruesos, podríamos llamar "cartesiana". Tanto la persona del actor como la "persona" del personaje estarían *centradas* en el triunvirato "razón-voluntad-sentimiento", y de la profunda empatía de ambos núcleos –lograda incluso luego de superar iniciales rechazos- resultaría la deseable experiencia de "vivir el papel". Sin embargo, los diversos ejemplos que he traído a estas páginas para estudiar los casos en que Stanislavski-Tortsov aplaudía las actuaciones de sus alumnos nos muestran hasta qué punto la *perejivanie* es un fenómeno de *descentramiento subjetivo*.

Recordemos de qué manera, en el ejercicio del "prendedor extraviado", Malolétkova fue obligada a abandonar su interpretación inicial de la escena, esa (sobre)actuación que tanta dicha le había deparado a la aspirante a actriz, y, olvidando todo "si mágico", todo entorno ficcional, se entregó a una búsqueda con la "verdadera preocupación" de ser expulsada de la Escuela, bajo la amenaza proferida por Trotsov. Luego del drástico giro en su desempeño escénico y tras la exaltada aprobación del Maestro, la alumna declaró "no haber actuado", aunque desde la platea tanto el director como sus compañeros habían visto "que realmente buscaba" y habían creído que "su perplejidad y su desesperación eran fundadas" (Stanislavski 1978 82).

Una *actuación vivencial,* por lo tanto, en que "la razón, la voluntad y el sentimiento" de Malolétkova *estaban en otra parte,* fuera de todo "papel" y de todo "personaje". Las fuerzas de su "vida psíquica" no se orientaban hacia el interior del marco protector de una representación teatral, sino que estaban alienadas en lo real de la expulsión o, mejor dicho, en los efectos en lo real del enunciado expulsivo del director. Por si hiciera falta insistir, recordemos que la *perejivanie* actoral es *éxtima* y no "interior" respecto del sujeto, en contra de lo que nos sugiere el "sentido común".

Y es que, de hecho, la "vida psíquica" del actor no está motorizada por una auténtica creencia en el mundo en que habita su personaje –ni en el personaje mismo-, sino por un objeto de deseo aún más sutil, un objeto perdido, escamoteado tal vez detrás del elaborado aparato de la representación teatral. Para decirlo brevemente, el objeto movilizador de las energías actorales es la *mirada* del Público, un fruto deseado que suele jugar a las escondidas y que el actor anhelaría atrapar definitivamente, o al menos hasta que la representación de esa noche haya concluido.

En verdad, deberíamos decir que el actor desea apresar una *mirada* deseante y una *voz* aclamatoria de ese Público, y que para ello cuenta con su cuerpo carnal y con esos otros dos cuerpos tenues que son su propia mirada y su propia voz, tres cuerpos, en suma, que la técnica se encargará de afinar, modelar y modular a lo largo de su carrera artística.

Permítanme machacar una vez más sobre la extimidad de la actuación, sobre el modo en que su causa se interna en el campo de esa alteridad que he llamado Público. Lo que la práctica stanislavskiana nos muestra –más allá de las inconsistencias y las vacilaciones teóricas ocasionadas por el obstinado psicologismo de las fuentes científicas al alcance del maestro ruso– es que el trato del actor con el Público puede mantenerse en la zona resguardada por el cliché interpretativo, en la comodidad de los estereotipos de probada aceptación o bien arriesgarse a una experiencia memorable cuyo *mecanismo* de producción y de reproducción quedarán fuera de su alcance, y de la que no podrá decir si fue sufrida o intensamente disfrutada.

En el primer caso, cuando el actor opta por refugiarse en las certezas de lo ya-probado, hablaríamos de una actuación apegada a lo que Freud llamaba el "principio del placer" (recordemos la autocomplacencia de Malolétkova tras su primer intento con el "prendedor extraviado"); en el segundo caso, la vida artística del actor se pone en riesgo, más allá del placer, en el territorio de ese goce escénico no garantizado que el Maestro denominaba *perejivanie*. Cabe aclarar que doy aquí a la palabra "goce" la acepción lacaniana que se deriva de un párrafo como el que sigue:

> ¿Qué se nos dice del placer? Que es la menor excitación, lo que hace desaparecer la tensión, lo que la atempera más; por lo tanto, aquello que nos defiende necesariamente en un punto de alejamiento, de distancia muy respetuosa del goce. Pues lo que yo llamo goce, en el sentido en que el cuerpo se experimenta, es siempre del orden de la tensión, del forzamiento, del gasto, incluso de la hazaña. Incontestablemente hay goce en el nivel donde comienza a aparecer el dolor, y sabemos que es sólo en ese nivel del dolor que puede experimentarse toda una dimensión del organismo que de otro modo aparece velada. (Lacan 1985 91)

Pero entrar en el territorio del goce, empujando al cuerpo fuera de sus hábitos y sus saberes prácticos, es asomarse a la paradójica satisfacción de orbitar alrededor de un objeto inapropiable, para hallar el goce precisamente en ese recorrido fallido y dilapidante. Ese empuje incontrolable hacia un señuelo evanescente es lo que el psicoanálisis llama *pulsión*.

Freud había adjudicado a la pulsión unos "objetos parciales" posibles que Lacan reduce básicamente a cuatro: pecho, heces, mirada y voz. Alrededor de ellos se traza un itinerario expresable en tres modos gramaticales: activo, reflexivo y pasivo. El tercer modo de esta secuencia revela el propósito último de la pulsión, la finalidad que el primer momento ocultaba al sujeto tras una apariencia de "protagonismo personal", por así decirlo.

La experiencia de Kostia en su primera salida al escenario para interpretar a Otelo, nos muestra un recorrido pulsional alrededor del objeto *mirada* —entrelazándose aquí con el objeto *voz*- que nos ilustra sobre el juego libidinal complejo en que se sostiene la vivencia stanislavskiana. Apenas ingresa el aspirante a actor en el espacio escénico, su actividad es la de *oír* y *ver* los cambios que allí había ocasionado la presencia del público, comenzando pronto a sufrir esos efectos:

> Lo primero que me confundió en el escenario fue la extraordinaria solemnidad, el silencio y el orden que reinaban. Cuando pasé de la oscuridad de entre las bambalinas a la completa iluminación de las candilejas, las luces altas y los reflectores, me sentí cegado. La iluminación era tan intensa, que parecía formar un telón de luz entre la sala y yo. Pero mis ojos se acostumbraron muy pronto a la luz, y el miedo y la atracción de la sala se hicieron más fuertes que antes. Me parecía que el teatro estaba colmado de espectadores, que millares de ojos y prismáticos estaban clavados en mí, que atravesaban a su víctima. (Stanislavski 1978 57)

Hay, como se advierte, una *iniciativa* actoral de *ver* y *oír* lo que le aguarda en el escenario, un primer tiempo pulsional que concluye con un *ver ser visto* y un oír que, retrospectivamente, convierte el solemne silencio inicial en una espera de su propia voz, en una expectativa de *ser oído,* en un *oír ser oído.* Ese final del primer momento da comienzo a la segunda fase pulsional: "Un sentimiento de servilismo me dominó, y estaba dispuesto a cualquier compromiso, a extraer todo lo que había en mi interior y ofrecérselo, pero dentro de mí me sentía vacío como nunca" (1978 57).

La intención primera del alumno-actor era la de exhibir lo ensayado en sus agitados días previos, pero esas ansias de protagonismo no tardaron en resquebrajarse ante un inesperado descontrol. El *verse* y *oírse* del momento reflexivo de la pulsión se manifiesta de hecho como una *desposesión de sí*:

> Todos mis movimientos se paralizaron. Todas mis fuerzas desaparecieron ante esa tensión inútil. Mi garganta se cerraba, mi voz sonaba como un grito. La mímica, toda la interpretación se tornó violenta. Ya no podía controlar los movimientos de las manos y las piernas ni el habla, y la tensión fue en aumento. (1978 57)

En su ensayo sobre el estadio del espejo, Lacan ya había advertido que la identificación del niño con su imagen reflejada conlleva una ambivalencia y aun una interdependencia de afectos opuestos: hay, por un lado, un júbilo debido a una imaginaria sensación de dominio de la totalidad de su cuerpo, pero también se instala una tensión agresiva hacia esa imagen alienante que escapa a su control. El momento reflexivo de la pulsión puede desembocar por lo tanto en agresividad:

> Abochornado me aferré con fuerza al respaldo de un sillón. En medio del desamparo y la confusión me dominó la

ira contra mí mismo, contra los espectadores. Por unos minutos estuve fuera de mí, y sentía que me invadía un valor indecible. (1978 57)

Y la agresividad trocada en valentía da paso al tercer tiempo pulsional:

> Al margen de mi voluntad lancé la famosa línea: "¡Sangre, Yago, sangre!" Era el grito de un sufrimiento insoportable. No sé cómo lo dije. (...) La interpretación de Otelo que había hecho Pushin reapareció en mi memoria con claridad y despertó mi emoción. (1978 58)

Vemos aparecer nuevamente una frase que no sabríamos decir si se refiere a la ficción representada o a la condición real del actor: "era el grito de un sufrimiento insoportable", de la misma manera que en el ejercicio del prendedor extraviado la amenaza de expulsión pesaba tanto sobre la actriz como sobre su supuesto personaje, y así como en la declaración de amor en bicicleta el "usted debe hacerlo todo por ella" se deslizaba fácilmente hacia un "debe hacerlo todo por él", "hacerlo todo por satisfacer al Maestro", o como cuando en la escena del "contrato matrimonial", no era difícil pensar que "el loco armado con un cuchillo" no era otro que ese implacable perseguidor de actuaciones falsas llamado Stanislavski...

Tal parece ser la condición general de la *perejivanie,* a saber, la de brotar de un enunciado que arrastra de pronto al actor o a la actriz al registro de lo Real cuando él o ella hubiesen querido permanecer en el (placentero) orden de lo Imaginario. Y, como consecuencia de ese brusco desplazamiento, se diría que en su desempeño escénico resplandece de pronto una "verdad" que a nadie deja indiferente. Si un enunciado de creencia capaz de instalar una ficción en la escena está siempre precedido por un "si mágico", el "enunciado de vivencia" está habitado por una ambivalencia tal que le hace referirse *simultáneamente* a lo Real y al orden ficticio o imaginario.

Volviendo al episodio de Otelo, advertimos que la *voz* del aspirante a actor surge de pronto sin que el hablante sepa de qué manera y como si no le perteneciera. Y en efecto no le pertenece, porque esa voz es el impensado objeto de deseo del Público, ese objeto que el inicial silencio de la platea aguardaba. La voz que dice "¡Sangre, Yago, sangre!" es endosable tanto al sujeto-actor como al Público, tanto al intérprete que se escucha hablar como al Público que *lo habla*, que habla con la voz de quien está en escena.

Lo que extasía a los espectadores es justamente el ver u oír en el escenario lo que deseaba ver u oír sin saberlo: "Me pareció que por un segundo la sala se había puesto en tensión y que un rumor recorría el auditorio, como si fuera el viento que pasa por la copa de los árboles" (1978 58).

De este modo, Kostia ha logrado *hacerse oír* y *hacerse ver* en su papel de Otelo, transitando así la tercera fase de la gramática pulsional. Esta doble pasividad activa del actuante podría condensarse en una expresión que he deslizado en un párrafo reciente: el alumno de Stanislavski acaba de *ser actuado* por su Público. Kostia asume de esa manera la condición de *sujeto-de-la-actuación*, ratificando la observación de Lacan según la cual, cuando la pulsión completa su circuito, aparece "un sujeto nuevo". Kostia-Stanislavski lo dice casi con las mismas palabras:

> En cuanto sentí esta aprobación hirvió en mí una energía incontenible. No sé cómo terminé la escena. Sólo puedo recordar que las candilejas y el negro agujero desaparecieron de mi conciencia, y me sentí libre de todo temor. En la escena había surgido para mí una vida nueva, desconocida, que me fascinaba. (1978 58)

Dicho con otras palabras, el itinerario pulsional que va del "yo actúo" (o el "yo quiero actuar") al "soy actuado", es la *línea de subjetivación* del dispositivo de representación stanislavskiano. Y esa línea no se superpone con la línea del saber, pues esta última va de la ignorancia de una técnica a un impecable dominio del saber-hacer actoral, aunque ambas líneas bien pueden cruzarse en algunos puntos. Esto significa que, en el límite, aun un ignorante de la psicotécnica o de cualquier otra tecnología de la actuación, podría alcanzar la experiencia de *ser actuado* en escena, es decir de transitar por una auténtica *perejivanie*.

Pero, ¿en qué consiste ese "ser actuado", más allá de la escueta y emotiva descripción que nos da Kostia? Tengamos en cuenta que, al comienzo del segundo capítulo de *El trabajo del actor sobre sí mismo en el proceso creador de las vivencias*, Stanislavski-Tortsov se dispone a evaluar los resultados de la primera prueba de actuación por la que han pasado los alumnos ingresantes en la Escuela del Teatro de Arte de Moscú. Apenas comenzada la clase, Tortsov declara con contundencia:

> Hubo sólo dos momentos positivos en la prueba: el primero, cuando Malolétkova se arrojó por la escalera con su grito desesperado: "¡Socorro!", y el segundo, cuando [Kostia] Nazvánov dijo: "¡Sangre, yago, sangre!" En ambos casos vosotros, los intérpretes, y nosotros, los espectadores, nos entregamos con toda el alma a lo que sucedía en el escenario, nos sentíamos sucumbir y revivir con la misma emoción. (1978 59)

El relato de la "novela de formación" stanislavskiana no nos deja saber cómo continuó la actuación de Kostia Nazvánov tras su feliz enunciación de la frase de Shakespeare, aunque sabemos, por las ulteriores observaciones de Tortsov, que el resto de la escena entre Otelo y Yago naufragó varias veces en una "actuación forzada". Sobre el desempeño de Malolétkova, en cambio, tenemos una descripción más explícita:

> Se encendieron las candilejas, el telón se levantó, y en seguida la alumna Malolétkova bajó velozmente unos escalones. Cayó al suelo contraída y gritó: "¡Socorro!" con un tono

tan desgarrador, que me heló la sangre. Luego empezó a musitar algo tan rápidamente, que no se podía entender una palabra, como si hubiera olvidado su parte, se detuvo, se cubrió la cara con las manos y desapareció velozmente entre los bastidores. (...) Bajó el telón, pero en mis oídos aún resonaba aquel grito: "¡Socorro!" (1978 58)

¿Quién podría decir si el pedido de auxilio de la aspirante provenía de algún "si mágico" elaborado para la ocasión o si era el efecto del pavoroso trance escénico que ella estaba transitando en lo Real? De un modo u otro, estamos aquí ante una "dramaturgia de actriz" impecablemente construida: la alta intensidad de la caída de Malolétkova va inmediatamente seguida por su "¡Socorro!" Este segmento inicial continúa de inmediato con un descenso brusco de intensidad: la voz de la alumna se convierte en un susurro inaudible.

Si bien el cuerpo de la alumna-actriz permanecía perfectamente visible en el escenario, su voz se había eclipsado hasta prácticamente desaparecer. Ese eclipse (esa cuasi-elipsis discursiva) es lo que más arriba he llamado "supresión metonímica", una operación en la cual el segundo segmento de la cadena del discurso de acciones (el texto rápidamente musitado), tan "vaciado de energía" como aparece, *desplaza* retroactivamente su carga al segmento precedente, es decir, a la caída con su concomitante exclamación: el murmullo casi inaudible realza el estruendo que le antecede.

Por otra parte, la aparente baja energía del segundo segmento se incrementa de manera inesperada mediante la interrupción abrupta de una frase. Ahora bien, si el espectador Kostia pudo decir que su compañera parecía haberse "olvidado la parte", es porque ese corte también fue una supresión metonímica, creadora de unos "puntos suspensivos" que sirvieron de fondo al segmento final, allí donde brotaría el gesto de cubrirse la cara y desaparecer velozmente de la escena. La acotación de Kostia sobre la persistencia en su memoria sensorial del grito "¡Socorro!" aún después de que el escenario quedara completamente vacío nos indica hasta qué punto esa frase se convierte, retroactivamente –tan retroactivamente como se produce el sentido en todo discurso-, en un punto de "condensación de cargas" en la secuencia presentada por Malolétkova.

Adviértase entonces la economía de la dramaturgia actoral de la alumna y de su fraseo interpretativo: una sabia modulación energética, un juego de desplazamientos y condensaciones de intensidades a lo largo de los tres segmentos básicos que daban forma a la actuación producida o a la "enunciación del sujeto-de-la-actuación", para decirlo con cierta pedantería cacofónica. Esta construcción irreprochablemente lograda, en que la significación de la escena aún está en suspenso sin por ello dejar de abrir una puerta a la efervescencia fantasmática del público, captura fuertemente la atención espectatorial gracias precisamente a esa suspensión del sentido, y justifica el elogio de Tortsov-Stanislavski ya citado: "...nos sentíamos sucumbir y revivir con una misma emoción". Difícilmente podría haberse hallado una frase mejor para describir un *goce*...

Ahora bien, ¿quién construyó todo este discurso actoral, si Malolétkova ignoraba por completo los secretos y los trucos de la técnica escénica? Descartando que alguien hubiese hecho por ella la "tarea para el hogar" y le hubiese adiestrado denodadamente para que salga airosa el día de la prueba, nos seguimos preguntando: ¿fue un golpe de suerte, un accidente afortunado, una inesperada "inspiración"?

Si *actuar* —en voz gramatical activa- supone el control consciente y bien orientado de un saber-hacer específico, un episodio pedagógico como el del "prendedor extraviado" —minuciosamente descrito en el capítulo III de *El trabajo del actor sobre sí mismo*- nos hace pensar que, el día de su primera prueba, Malolétkova —tanto como Kostia al pronunciar la frase de Shakespeare- *fue actuada* por algo cuya posesión y control se le escapaba. Ese "algo" es precisamente el costado *instrumental* del Público Simbólico, esa instancia que, como vengo insistiendo, se nos aparece como un depósito de formas estructurantes y de patrones rítmicos que a lo largo de la historia teatral han demostrado su eficacia en el logro del *hacerse ver* y el *hacerse oír* del actor en la escena.

Ese Público Simbólico es hasta tal punto constitutivo del dispositivo de representación, que sus modelos formales están, por así decirlo, inscritos en filigrana en el espacio y en el tiempo dramáticos, a manera de soluciones implícitas de los problemas desestabilizantes que la situación teatral misma plantea al actor o a la actriz. (Recordemos a Ilya Prigogine: cuando un sistema es llevado demasiado lejos de su estado de equilibrio, sus reconfiguraciones posibles son sólo aquellas que el sistema circundante admite como válidas y pertinentes). Si la actuación de Malolétkova ha sido memorable, lo es en la medida en que su dramaturgia y su fraseo escénicos se ajustaron a las matrices de que disponía el "Sistema-Público" para admitir o no como eficaces las respuestas escénicas de la aspirante.

Como nos lo da a entender la ulterior crónica stanislavskiana, es muy probable que hubiese sido por obra de la casualidad que la alumna acertara con la forma y las intensidades adecuadas en su escena del pedido de auxilio; tal vez dio con ellas en un *acting-out* frente a la situación verdaderamente angustiante de la prueba escolar que afrontaba… No lo sabemos con certeza, pero cabe aventurar que toda *perejivanie*, al poner en juego un saber-no-sabido, implica dos operaciones posibles: (a) la *articulación anticipada* de un conocimiento o "secreto" técnico nunca visitado hasta entonces en sus aprendizajes conscientes, o bien, (b) el *uso retardado* de un saber alguna vez aprendido y ya olvidado. Y es eso lo que se nos muestra como una "inspiración", como un "descubrimiento" que el artista efectúa sin ayuda alguna.

El saber almacenado que da cuerpo a un Público Simbólico precede, claro está, al ingreso de cualquier individuo en el oficio actoral, y su campo es demasiado vasto como para ser explorado, incorporado y experimentado exhaustivamente por ese mismo individuo a lo largo de toda su vida profesional. Además, las matrices formales –generalmente ternarias- que constituyen el archivo desarticulado y relativamente disperso del Público Simbólico pueden autorreproducirse fractalmente en todas las escalas concebibles, así como yuxtaponerse, encajarse e imbricarse según una inabarcable combinatoria, de modo que esa instancia simbólica, esa "causa formal" de la actuación, se nos presenta como una infinitud inmanente, y en ello reside su potencial creador. No importa cuántos años de oficio pueda cargar a sus espaldas un determinado artista, siempre le será posible desplegar un admirable saber anticipado mientras ingresa en un territorio escénico que hasta entonces le era completamente ignoto o exhumar un saber alguna vez absorbido, ahora velado para su conciencia, pero aún activo en su memoria somática. No es de otro modo que se manifiesta la escurridiza *perejivanie*.

LAS COSAS Y LAS PALABRAS SEGUIRÁN ATADAS CON ALAMBRE...

(Tal vez no sea necesario leer este último apartado, pues se presenta de hecho como el comienzo de otro libro del que sólo asoman algunos islotes áridos, a la espera de que una ulterior fertilización discursiva los dulcifique un poco y los vuelva más transitables. Lo que viene, por ahora, es una recapitulación densa cuyo único propósito es dejar este trabajo en puntos suspensivos y, quizá también, el de marcar el límite de lo que hasta aquí ha sido un texto puramente teórico. En lo personal, la escritura de este último apartado me ha servido para advertir la necesidad de cierto "manual de ejercicios" que ofrezca a los practicantes del oficio escénico un asidero más familiar y operativo para volver a visitar al viejo maestro desde una contemporaneidad teatral que pareciera haberlo dado por definitivamente muerto. Este último apartado, en suma, no hace otra cosa que mostrar las cartas de un juego que seguiré jugando hasta que mi cuerpo me imponga sus fatigas).

Llegando el final de este parcial y vacilante recorrido por la poética de Stanislavski, espero ver medianamente justificada una posición epistemológica que se ha mantenido para mí, a lo largo de estas páginas, en un equilibrio tan precario como estimulante. Me refiero al intento de articular la hipótesis lacaniana de los tres registros (Simbólico, Imaginario y Real) con la noción de dispositivo impulsada por

Foucault en la década de 1970 y comentada luego por autores de la talla de Deleuze y Agamben. Esa aventurada posición teórica ha dado sostén, en este ya libro declinante, a la postulación de un Público como "causa eficiente" de la actuación escénica, sin ocultar demasiado el parentesco de esta noción con el tortuoso concepto lacaniano de "Otro". Dicho Público no se reduce, claro está, a un conjunto de espectadores físicamente presentes en una sala.

Ahora bien, la Alteridad con consistencia de lenguaje que preconizaba el psicoanálisis en cierto momento de su historia, se erigía ante el sujeto hablante con el peso y la intransigencia de una *estructura*, por lo que su poder alienante y modelador era notablemente mayor al que podemos atribuirle, por ejemplo, al conjunto de los sistemas de actuación que compiten o coexisten en la oferta pedagógica hoy al alcance de quienes aspiran a ser actores o actrices. De manera similar, tampoco el sistema valorativo que gravita sobre la producción teatral de una época y de un determinado orden cultural, tiene para nosotros la misma fuerza de ley que cabía adjudicarle al Otro lacaniano en tanto que inapelable instancia de sujeción de los seres hablantes.

Puesto que el dispositivo foucaultiano –o el "agenciamiento" deleuziano que le es conceptualmente próximo- se presenta como una red de elementos heterogéneos mucho menos rígido que una estructura, me pareció aceptable pensar aquel Público –particularmente en su vertiente simbólica- en términos "dispositivistas". Tal decisión presentaba, a mis ojos, al menos dos ventajas heurísticas. En primer lugar, me daba la posibilidad de concebir las relaciones de poder inherentes al dispositivo de representación por fuera del esquema "coacción pedagógico-directorial *versus* espontaneidad actoral".

En segundo lugar, los efectos despersonalizantes de todo agenciamiento permiten relativizar fuertemente su condición instrumental y, por consiguiente, suspender cualquier atribución *a priori* de una ideología a un determinado dispositivo: no deberíamos, por ejemplo, calificar en abstracto de "conservador" o de "revolucionario" a un entramado de representación realista por el solo hecho de inscribirse en esa poética –aunque el actual Mundo del Arte lo hubiese descartado de antemano bajo el rótulo de "retrógrado", "perimido" o "ya superado"-, como tampoco cabría reivindicarlo como "posvanguardista" o "neonaturalista" porque así lo hayan adjetivado sus voluntariosos realizadores.

El enfoque "dispositivista" permite admitir que el *uso* colectivo concreto de un determinado ordenamiento reticular llevará sus efectos hacia regiones más reaccionarias o más progresistas del espectro ideológico-cultural independientemente de las intenciones individuales de sus pretendidos usuarios, mostrándose cualquiera de las poéticas teatrales contemporáneamente vigentes como un campo de experimentación indefinida e intensamente refractivo.

Como seguramente se habrá advertido, en estas páginas he dado al Público Simbólico una importancia tal que por momentos pareciera recubrir por completo el dispositivo teatral y aun confundirse con este último. Sin embargo, esa aparente equivalencia es quizá sólo una resultante de haber dedicado casi todo este ensayo a la descripción de un dispositivo de *representación* escénica que es esencialmente un dador de formas a unos contenidos provenientes de un conjunto social más amplio.

Si el dispositivo de representación realista articula las cosas y los sucesos nombrados y nombrables de una manera congruente con la articulación que aquellos ya poseen en su modo de existencia social, el Público Simbólico es la red de formas y discursos que otorgan a esos contenidos una cualidad retórica y una potencia sensible diferentes de los que esos mismos contenidos obtendrían en los dispositivos filosóficos, científicos o del "sentido común" establecidos en ese mismo universo societario.

Para decirlo en la jerga deleuziana, el Público Simbólico transmite esos contenidos sociales en "bloques de sensación" con efectos diferentes a los del saber de la ciencia, la filosofía o de una menos exigente "cultura popular". En un lenguaje menos técnico, el Público Simbólico sería el "alma" del dispositivo de representación teatral en el mismo sentido en que Aristóteles decía que el *mythos* o fábula era el alma de la tragedia (a condición de que reconozcamos asimismo que, frente al poder de esa alma, "nadie sabe lo que puede un cuerpo").

Si bien la génesis del dispositivo se enraíza en la resolución de un problema urgente o estratégico, no es legítimo atribuir su origen ni su consolidación a una autoría individual, centrada en un nombre propio reverenciable o eventualmente denostable. Aun cuando hablemos del dispositivo de representación stanislavskiano, por ejemplo, sabemos que confluyen allí innumerables aportes, invenciones no siempre intencionales, influencias y contagios de procedencias huidizas y dispositivos parciales o embrionarios que lentamente van configurando una red internamente dinamizada por contradicciones actuales o potenciales.

Hay una metaestabilidad intrínseca al dispositivo como consecuencia de su inevitable autoría colectiva, y aun si esa construcción fuese asignable a un solo nombre propio, sus incongruencias internas, las interminables exégesis que pueden suscitar sus axiomas y los collages teóricos que suelen darle sus fundamentos, confieren al dispositivo una vida y una cualidad provocativa que perdura más allá de la existencia de su creador o de sus creadores.

No obstantes estas tensiones inherentes, el tipo particular de conexión reticular entre sus elementos confiere especificidad a un dispositivo dado, enlazando así su dispersión según una matriz o forma fundamental que, una vez definida, podría ser detectada o reproducida en otros ordenamientos sociales ontológicamente diferentes. Puede decirse que la forma fundamental del dispositivo de representación realista no es otra que la terna aristotélica cuyos componentes se encadenan siguiendo la matriz principio-medio-final. Si un objeto de conocimiento –tal como el mundo posible que da soporte a un determinado relato- ha de ser inferido o intuido por un lector o un espectador en toda su extensión espacio-temporal, será necesario que ese receptor pueda saber cuándo y dónde comienza, cómo prosigue y de qué manera finaliza el mencionado relato. Para retomar un término que ya he empleado en *La risa de las piedras,* diría que la matriz aristotélica es la clave de bóveda del plano de composición realista.

Como he venido sosteniendo, el Público Simbólico es un subdispostivo esencial al menos en la estrategia de representación realista, y puede discutirse quizá interminablemente el protagonismo de dicho Público en poéticas teatrales distintas de la del realismo. Por lo pronto, podemos subrayar la autoría colectiva, la metaestabilidad y el anclaje en la gnoseología aristotélica que da consistencia al Público Simbólico en el dispositivo de representación realista. La mencionada metaestabilidad se origina en buena medida en la tensión irresuelta entre los aspectos normativo, por un lado, e instrumental, por el otro, que el Público Simbólico presenta siempre a los sujetos que ingresan en su red.

Si bien el uso que daba Foucault a la noción de dispositivo lo encaminaba a concebirlo como un espacio de despliegue del *poder* –atribuyendo a ese poder una positividad constituyente de conductas y de modos de existencia en los indóciles sujetos que le están sometidos-, Deleuze afirmaba en cambio que esas redes heteróclitas se conforman como "agenciamientos del *deseo*", es decir, como ensamblajes transitorios propiciados por una potencia cuya productividad el filósofo juzgaba menos problemática que la del poder foucaultiano. Salvo esa atribución deseante, los agenciamientos deleuzianos podrían tomarse como equivalentes en gran medida a los dispositivos de Foucault, a la vez que los primeros nos proponen sugestivas especificaciones analíticas.

En la perspectiva de Deleuze los agenciamientos se organizan, por un lado, según un eje de *composición* que va de una articulación productiva de cuerpos, cosas, afectos y estados de cosas, a una actividad de enunciaciación ordenadora de raíz colectiva. Por otro lado, los posibles agenciamientos se distribuyen sobre un eje *procesual* que oscila reversiblemente entre una máxima territorialidad (estabilización, redundancia, regularidad, repetición…) de sus componentes, y una extrema desterritorialización (ruptura, eventualidad, discontinuidad, diferenciación…) que permea su trama heterogénea.

Si el eje de la composición parece estar recorrido por una variedad de modos de *poner-en-forma* las cosas, los cuerpos y los enunciados que constituyen el dispositivo o agenciamiento, podemos pensar que en el eje de los procesos inciden los grados de estabilidad, de inestabilidad y de metaestabilidad que afectan al dispositivo. Por lo tanto, el eje procesual nos remite a las fuerzas –y las concomitantes energías– alternativamente retenidas y liberadas en el interior y en el entorno de las formas organizadas y en vías de organizarse.

Los ejes mencionados podrían tratarse como un sistema de coordenadas bidimensional que nos permitiría señalar, por ejemplo, cuán predominantemente sensorial o lingüístico es un agenciamiento o dispositivo dado y cuán cercano está de una rigidez estructural o, por el contrario, de una dispersión caótica. Pero tal vez no conviene imaginar esos ejes como rectilíneos y ortogonales, sino concebirlos más bien como líneas curvas cuyas trayectorias pueden complejizarse, bifurcarse y aun volverse sobre sí mismas.

Estas especificaciones nos permiten tal vez responder hasta qué punto el Público Simbólico recubre o no por completo el dispositivo de representación stanislavskiano. Si el Público Simbólico se nos aparece como un reservorio o un proveedor de *formas* organizadoras tanto de los cuerpos como de los enunciados de la red, la efectuación actoral de los comportamientos y de las enunciaciones promueven fugas y desterritorializaciones diversas a través del accidente, la serendipia, el equívoco, el hallazgo... que abren espacios de rupturas, de formaciones a-significantes y de configuraciones no previstas.

Si el Público Simbólico provee los elementos formales para articular una dramaturgia de la escena en tanto que *programación* abstracta, previendo los modos en que deberían darse los *encuentros* entre los sujetos y de éstos con las cosas y las palabras, el Público Real abre un campo de intensidades e imprevistos derivados de la mutua afectación y del *desencuentro* de los cuerpos gozantes en el acaecer performático.

Diríamos que el costado instrumental del Público Simbólico ofrece un *repertorio de formas* aplicables al polo del dispositivo en que se entrelazan las cosas, los afectos y los estados, y esa aplicación convertiría una inicial mezcla de cuerpos en un ordenamiento más operativo respecto de un determinado problema afrontado. Y diríamos que, por otra parte, el costado *normativo* de ese público Simbólico se inserta preferentemente en el polo de una enunciación colectiva del dispositivo.

He sugerido a lo largo de este ensayo que el Público Imaginario, dispensador de un barniz de reconocibilidad y sentido sobre los efectos subjetivos de las otras dos dimensiones del Público, completa el reticulado y los campos de fuerzas que conforman el dispositivo de representación stanislavskiano. Y entre esas instancias determinantes se abre paso un irreductible sujeto-de-la-actuación animado por una voluntad de potencia o un deseo enmarcado en una *ética* particular.

Hablar de Público —en sus tres registros- supone adoptar la perspectiva de los realizadores del hecho teatral, y es ese el punto de vista que he mantenido a través de los párrafos de este libro. Si en cambio nos desplazáramos hacia el lugar del espectador, tendríamos que hablar de una Escena Imaginaria, una Escena Simbólica y una Escena Real frente a las cuales situaríamos un sujeto-de-la-expectación. Es claro que semejante desplazamiento entrañaría sobre todo una reelaboración conceptual de los registros Imaginario y Real de la representación que excedería en mucho los alcances del presente trabajo. (El registro Simbólico sería tal vez el menos trastocado puesto que éste tiende a cobijar a realizadores y receptores bajo un mismo sistema de reglas constructivas).

Se ha visto de qué manera el dispositivo stanislavskiano culminaba, en la cuarta fase del método de las acciones físicas, en un despojamiento de las circunstancias dadas tal que los actores y actrices respondían en primera persona a una urgencia que les reclamaba eficaces operaciones sobre las cosas y los cuerpos. Estábamos entonces en el extremo del eje de composición en que el contacto de los cuerpos y la trama de las cosas admitían sólo una articulación pragmática que Deleuze habría llamado "maquínica", donde las formas y los ritmos parecían surgir de los espacios, los tiempos, las materias y las energías mismas en sus evoluciones físico-biológicas. A medida que nos trasladábamos hacia el extremo opuesto de ese eje de composición, iban apareciendo los enunciados de creencia o "si mágicos" que empezaban a recubrir ficcionalmente aquellos cuerpos y conductas hasta entonces afirmadas sólo en espacios y en tiempos reales.

Quizá al cabo de ese corrimiento hacia el polo colectivo de enunciación realista stanislavskiana nos encontraríamos con un faro o un GPS confiable, siempre encendido durante las improvisaciones y los ensayos actorales, es decir con el *texto* literario tal cual fue escrito por su autor y con su enunciado supremo, a saber, el "superobjetivo" de la obra.

Este recorrido de un extremo al otro del eje de composición bien podría subsumir al método de las acciones físicas en su totalidad, al menos en lo que éste tiene de programable. Y podríamos asimismo imaginar un director y unos actores que efectuaran ese trayecto metódico estrictamente apegados a las prescripciones que definen cada una de sus etapas. Diríamos entonces que ese grupo de teatristas habría optado por un uso fuertemente territorializado y reterritorializante del método stanislavskiano.

Sin embargo, hemos visto cómo el Maestro incentivaba la metaestabilidad de los cuerpos actorales y la imprevisibilidad de sus reacciones poniéndolos en la condición de un domador que se encierra en una jaula con seis tigres. Y hemos visto también cómo ciertas enunciaciones del director ruso inducían entre sus discípulos unos desequilibrios casi siempre angustiantes a través de lo que Barba llamaría mucho después la "estrategia de la botadura y del naufragio".

Dicho de otra manera, la puesta en juego concreta del método de las acciones físicas admite un tipo de recorrido procesual en que se alternarían las reterritorializaciones y las desterritorializaciones según itinerarios reversibles, diversamente continuos o discontinuos e indefinidamente iterativos.

Es así como el dispositivo de representación stanislavskiano se nos muestra también, por momentos, como un agenciamiento del deseo, como una organización propulsada por un desear que, en virtud de los efectos despersonalizantes de toda red con estas características, no podríamos decir tajantemente si pertenece al actor, al director, al espectador o aun al autor. No obstante, el triunfo final del "superobjetivo" terminaría reterritorializando toda aventura actoral, todo desvío rizomático metódicamente autorizado por "la botadura y el naufragio", para restaurar el imperio de la jerarquía autoral. Es entonces cuando la construcción stanislavskiana volvería a ser un dispositivo del poder.

De todas maneras, siguiendo los comentarios de Deleuze en torno a Foucault, sólo podemos hablar de cosas y palabras organizadas, "dispuestas" o "agenciadas" y de las líneas de saber, de poder y de subjetivación que unos sujetos son capaces de trazar o seguir en tales ordenamientos. Tales son los "asideros técnicos" que nos presenta un dispositivo: una caja de herramientas o un tablero de interruptores quizá demasiado exiguos como para alimentar nuestras ilusiones de controlar sus procesos y sus efectos. Y es claro que el poder, el saber y la subjetivación conciernen tanto a quien dirige y a sus colaboradores, al autor literario, a quienes actúan y a los espectadores, variando los grados de libertad o de sujeción que cada uno de estos individuos está en condiciones de efectuar durante los ensayos o en un evento escénico concreto.

Hemos comprobado que, en el dispositivo de representación stanislavskiano, la línea de los saberes va y viene entre lo sabido y articulado, lo no-sabido accesible al aprendizaje y al entrenamiento, y un saber-no-sabido que sólo puede alcanzarse a través de un acto que compromete el goce del sujeto. La línea de los poderes es transitada -en uno y otro sentido- desde la asistencia paternalista que va en rescate de un discípulo desorientado hasta el inapelable mandato superyoico, pasando por la sutil coerción del "maestro ignorante".

Finalmente, las líneas de subjetivación nos muestran en uno de sus polos al actor imaginariamente dueño de unas destrezas adquiridas o innatas, bien aclimatado a los rigores y las seducciones del espacio de representación, autorizándose a afirmar "yo actúo" y, en el polo opuesto, a un sujeto-de-la-actuación inmerso en el goce de ser-actuado por un Público, en el trance de la *perejivanie* (goce peligroso que bien podría absorberlo en su costado paralizante y excluyente de toda actuación posible).

El dispositivo de representación realista está así atravesado por una particular "figura poética": la del actor o actriz que, inicialmente varado/a en el desconcierto de un espacio vacío y de un texto que le queda demasiado lejos, emprende un trayecto que debería culminar en una estrecha vecindad con lo que el público suele llamar "un personaje creíble" (en otras palabras, debería desembocar en el entretejido de esa "piel del personaje" en la cual, según se dice, el actor o la actriz debe saber "meterse"). Llegada/o a ese punto, la actriz o el actor podría hacer de esa composición convincente un trampolín en acecho de la *perejivanie*, instante fugaz en que las diferencias entre intérprete y personaje habrían desaparecido, por así decirlo. El tránsito entre la "página en blanco" de partida y el punto en que la "vivencia" puede acontecer, es una línea de subjetivación posible en el dispositivo stanislavskiano, un recorrido que puede comenzar en el plano *técnico* para llegar al "personaje bien construido" y eventualmente resolverse –si desde allí se aguarda el acontecimiento "vivencial"- sólo en una perseverancia *ética*. Estaríamos aquí ante la línea de subjetivación alentada por lo que en *Las piedras jugosas* (Valenzuela 2004) he llamado una "ética identificatoria", teniendo en cuenta la meta que la alienta, a saber, la "plena fusión del actor/actriz con un personaje", con una virtualidad inicialmente tan separada de sí como lo está nuestro yo de su propia imagen en un espejo.

Las líneas (de saber, de poder y de subjetivación) que enhebran o circundan las cosas y las palabras, tienden a erigir así un dispositivo/agenciamiento representacional lo suficientemente consistente como para afrontar y sobrevivir a aquello que la conciencia subjetiva percibe como un *caos* que lo asedia por dentro y por fuera. Ese "caos" es una infinitud que el sujeto tratará apartar de sí recubriéndola, en la intersección de lo Imaginario y lo Simbólico, mediante una "realidad escénica" tanto inmediata como fuera-de-campo (es decir como un vasto mundo posible que subyace al relato escenificado y lo desborda). En la intersección de lo Imaginario y lo Real, ese "caos" reprimido puede irrumpir repentinamente como potencia disgregante (como un pánico que paraliza) o como una *perejivanie* que restalla sin previo aviso.

Cabe insistir entonces en que el dispositivo de representación stanislavskiano apacigua doblemente ese supuesto caos del puro devenir: en la intersección Imaginario-Simbólico, desplegando un mundo posible —una totalidad- que se propaga aún más allá de lo sensible e inteligiblemente representado y, en la intersección Imaginario-Real, dejando que la actuación sea de pronto habitada por una *perejivanie* pregnante que fulgura como "goce del Otro". La consistencia imaginaria se hace posible gracias a los patrones y matrices formales provistos por la vertiente instrumental del Público Simbólico, así como la exposición a la infinitud caótica es provocada por la enunciación inaugural de un director que se asume inesperadamente como portavoz de un Público Real previamente silencioso y velado. El emisor de la voz directorial espera, claro está, que esta apertura al "caos" de lo que escapa a la conciencia actoral sea lo suficientemente transitoria o pulsátil como para que el actor o la actriz sean capaces experimentar en esa línea de fuga de pronto abierta y emerger de ella con una respuesta escénica inmejorablemente acertada.

Desde el punto de vista del espectador o espectadora "realista", la totalidad espacio-temporal imaginaria late o se asoma en cada eslabón de una trama metonímicamente trabajada por los/as realizadores/as del espectáculo. Dicho de otra manera, el régimen de enunciación metonímica recubre el dispositivo de representación realista, modulando rítmica y dramáticamente un hilo narrativo continuo que oscila entre sus emergencias en el plano discursivo y sus inmersiones en el "subtexto" del relato y de los diálogos. Por lo general, ese imperio del régimen metonímico se extiende tanto sobre el tejido de la obra escrita como sobre el entramado escénico de la representación.

Se ha podido mostrar que la *acción* y el *gesto* ponen-en-forma cualquier posible confusión de cuerpos, cosas y palabras en el dispositivo realista, y ello es válido tanto para el "arte de la representación" como para la psicotécnica que da soporte al "arte de la vivencia". Tanto la construcción metonímica de los textos como la modulación "géstica" de los comportamientos escénicos conciernen al eje compositivo de la representación realista. El régimen metonímico es la lógica compositiva que define la poética del realismo escénico y da sostén al deseo espectatorial que habrá de seguir la línea narrativo-dramática dentro de los márgenes del principio del placer.

Por otra parte, un eje procesual opera transversalmente respecto del eje de composición, llevando y trayendo segmentos compositivos hacia zonas de fuerte codificación o, por el contrario, fugándolos hacia extremos de máxima desterritorialización. En el dispositivo de representación stanislavskiano, el eje procesual está regulado por la estrategia de la botadura y del naufragio, y si el eje compositivo compromete los saberes que los realizadores son capaces de articular, el eje de los procesos es un espacio recorrido por líneas de poder, sin que sea necesariamente el director escénico quien detente esa autoridad inobjetable. Lo propio del dispositivo stanislavskiano es que, cuando la secuencia territorialización-desterritorialización-re-territorialización transcurre en un breve lapso, ese itinerario pulsional se muestra con el fulgor de una *perejivanie*.

Si bien los movimientos del deseo que el dispositivo realista propicia en el eje o plano de composición están resguardados por el principio del placer, la dinámica procesual del dispositivo stanislavskiano admite la posibilidad de que aquel deslizamiento placentero se abra de pronto al *goce del Público,* marcando la experiencia actoral y/o espectatorial con el sello de lo inolvidable.

Por una parte, si el delineado compositivo del espectáculo según los recursos de un saber-hacer se inscribe en el dominio de la técnica, por la otra, en la medida en que en los procesos de composición implican también unos poderes, unas fuerzas en pugna inherentes al dispositivo, está asimismo concernida una ética que se desdobla en un momento disgregante o disolvente en que un cuerpo se histeriza y se sostiene en su metaestabilidad, y un momento reconstitutivo en que el cuerpo parece recuperar un poder sobre sí mismo y sobre su entorno inmediato, trazándose así unas sinuosas líneas de subjetivación que la *perjivanie* recorre a gran velocidad.

Es en la *perejivanie* stanislavskiana, como punto extremo de la subjetivación actoral, donde el dispositivo realista alcanza su frontera, cayendo por unos instantes fuera de la representación e internándose en el reino del puro afecto. Es en ese borde donde queda abolida la metonimia en tanto que sostén de la representación realista. Allí, el fragmento deja de prometer al sujeto una revelación futura y le entrega el Todo de un solo golpe, sustituyendo inesperadamente el placer del suspenso por un goce que lo deja sin aliento: recuérdese a Lee Strasberg extasiado ante el gesto de Eleonora Duse cuando ésta le arroja de pronto la obra completa en un solo movimiento de sus brazos y sus manos.

La multiplicidad representacional, programáticamente distribuida en una línea de tiempo, pareciera subsumirse repentinamente en lo Uno, pero esa condensación fulgura sólo por unos instantes infinitamente breves, interpenetrados, sin extensión ni divisibilidad, pues la *perejivanie* es puramente intensiva, desesperanzadamente inasible para toda forma, toda técnica y todo propósito transitivo.

Tras haber sometido a mis lectores y lectoras a un extenuante recorrido conceptual para el cual no he sabido encontrar senderos expositivos más disfrutables, sólo me cabe volver a la pregunta con que se abren estas páginas: ¿es Stanislavski nuestro contemporáneo? En los densos párrafos que esa interrogación me ha motivado resuena quizá la observación que hiciera Henri Bergson en una carta a Harald Höffding: "lo inmediato está lejos de aquello que es más fácil percibir" (Bergson 2002 25).

REFERENCIAS

Agamben, G. "Bartebly o de la contingencia", en Vv. Aa. *Preferiría no hacerlo*. Valencia: Pre-textos, 2000.

---. "¿Qué es lo contemporáneo?", 2010, en www.teatron.com/quimpujol/blog/2010/01/26

---. *"¿Qué es un dispositivo?"* seguido de *"El amigo"* y de *"La Iglesia y el Reino"*. Barcelona: Anagrama, 2015.

Antoine, A. "Detrás de la cuarta pared", en *Cuadernos de El Público* n° 23. Madrid, 1987.

Aristóteles. *Poética*. México: UNAM, 1946.

Barba, E. *Más allá de las islas flotantes*. Buenos Aires: Firpo & Dobal, 1987.

---. *La canoa de papel*. México: Grupo Editorial Gaceta, 1992.

Barba, E. y Savarese, N. *El arte secreto del actor*. La Habana: Alarcos, 2007.

Barthes, R. "El efecto de realidad", en *El susurro del lenguaje*. Barcelona: Paidós, 1987.

Baudry, J.-L. *L'effect cinema*. Paris: Albatros, 1978.

Bergson, H. *Correspondence*. París: P.U.F., 2002

Brecht, B. *Escritos sobre teatro*, Vol. 1. Buenos Aires: Nueva Visión, 1973.

Brook, P. *El espacio vacío*. Barcelona: Anagrama, 1973.

Cabanne, P. *Conversaciones con Marcel Duchamp*. Barcelona: Anagrama, 1984.

De Certeau, M. *L'invention du cotidien 1. Arts de faire*. Paris: Gallimard, 1990.

Deleuze, G. "¿Qué es un dispositivo?", en Vv.Aa. *Michel Foucault, filósofo*. Barcelona: Gedisa, 1990.

---. *Francis Bacon. Lógica de la sensación*. Madrid: Arena Libros, 2000.

---. "Bartebly o la fórmula", en Vv. Aa. *Preferiría no hacerlo*. Valencia: Pre-textos, 2005.

De Man, P. "Autobiography as De-Facement", in *The Rhetoric of Romanticism*. New York: Columbia University Press, 1984.

De Santis, M. "Maladies d'acteur. Théories du jeu théatral et literature médicale au XVIIIe siècle", en *Revue Italienne d'etudes francaises,* 1, 2011.

Dewey, J. "Experience as Philosophic Method", in *The Philosophy of John Dewey.* New York: John Mc Dermontt Ed., 1939.

Dreyfus, H. et Rabinow, P. *Michel Foucault: un parcours philosophique.* Paris: Gallimard, 1984.

Eco, U. *Apostillas a El Nombre de la Rosa.* Barcelona: Lumen-De la Flor, 1986.

Evans, D. *Diccionario introductorio de psicoanálisis lacaniano.* Buenos Aires: Paidós, 1997.

Foucault, M. "L'ecriture de soi", en *Corps écrit* n° 5: *L'autoportrait.* Paris: Larousse, 1983.

---. *Tecnologías del yo.* Barcelona: Paidós, 1990.

---. *Dits et écrits,* Tome III. Paris: Gallimard, 1994.

Freud, S. "Un trastorno de la memoria en la Acrópolis", en *Obras completas.* Madrid: Biblioteca Nueva, 1972.

---. *Lo inconsciente,* en *Obras completas,* t. XIV. Buenos Aires: Amorrortu, 1984.

Grotowski, J. *Hacia un teatro pobre.* México: Siglo XXI, 1971.

Hisashi, I. "La 'pantomime' selon Diderot. Le geste et la démonstration morale", en *Recherches sur Diderot et sur L'Encyclopedie,* n° 27, 1999.

Jameson, F. *El realismo y sus antinomias.* Madrid: Akal, 2018.

Kantor, T. *El teatro de la muerte.* Buenos Aires: De la Flor, 1984.

Lacan, J. *La familia.* Buenos Aires: Argonauta, 1982.

---. *Intervenciones y textos.* Buenos Aires: Manantial, 1985.

---. *Seminario 11. Los cuatro conceptos fundamentales del psicoanálisis.* Barcelona: Paidós, 1999.

Laplanche, J. y Pontalis, J.-B. *Diccionario de psicoanálisis.* Buenos Aires: Paidós, 2004.

Lewis, D. *Counterfactual.* Oxford: Blackwell, 1973.

Lukacs, G. "Narrar ou descrever", en *Ensaios sobre literatura.* Rio de Janeiro: Editora Civilizacao Brasileira, 1965.

Machado, A. *Campos de Castilla*. Madrid: Cátedra, 1997.

Matern, F. "Stanislavski, Shpet and the Art of Lived Experience", in Vv. Aa. *Stanislavski Studies*, Vol. 2, Issue 1, 2013.

Miller, J.-A. *Jacques Lacan: anotaciones sobre su concepto de pasaje al acto*. Buenos Aires: Atuel, 1993.

Natali, C. "Problemas de la noción de causa final en Aristóteles", en *Anuario Filosófico* 32. Universidad de Navarra, 1999.

Peeters, H. et Charlier, P. "Contributions a une théorie des dispositifs". *Hermes* 25. Louvain, 1999.

Prigogine, I. *¿Tan solo una ilusión?* Barcelona: Tusquets, 1997.

Shiner, L. *La invención del arte*. Barcelona: Paidós, 2004.

Stanislavski, C. *Mi vida en el arte*. Buenos Aires: Siglo XX, 1976.

---. *El trabajo del actor sobre sí mismo en el proceso creador de las vivencias*. Buenos Aires: Quetzal, 1978.

---. *El trabajo del actor sobre su papel*. Buenos Aires: Quetzal, 1980.

---. *El trabajo del actor sobre sí mismo en el proceso de la encarnación*. Buenos Aires: Quetzal, 1982.

---. *An Actor's Work*. London: Routledge, 2008.

Strasberg, L. *Un sueño de pasion*. Buenos Aires: Emecé, 1989.

Strindberg, A. "Prólogo a *La señorita Julia*", en *Teatro escogido*. Madrid: Alianza, 1982.

Terfloth, J. H. "The Pre-Meininger Rise of the Director in Germany and Austria", in *Theater Quarterly*, Vol VI, n° 21, 1976.

Toporkov. V. O. *Stanislavski dirige*. Buenos Aires: Fabril Editora, 1962.

Valenzuela, J. L. *Antropología teatral y acciones físicas*. Buenos Aires: Inteatro, 2000.

---. *Las piedras jugosas. Aproximación al teatro de Paco Giménez*. Buenos Aires: Inteatro, 2004.

---. "La continuación de un trazo", en *Auca Teatro* n°0. Paraná: Ediciones Teatro del Bardo, 2010.

---. *La actuación, entre la palabra del Otro y el cuerpo propio*. Neuquén: Educo, 2011.

Otras publicaciones de Argus-*a*:

Lyu Xiaoxiao
La fraseología de la alimentación y la gastronomía en español.
Léxico y contenido metafórico

Gustavo Geirola
Grotowski soy yo.
Una lectura para la praxis teatral en tiempos de catástrofe

Alicia Montes y María Cristina Ares, comps.
Cuerpo y violencia. De la inermidad a la heterotopía

Gustavo Geirola, comp.
Elocuencia del cuerpo.
Ensayos en homenaje a Isabel Sarli

Lola Proaño Gómez
Poética, Política y Ruptura.
La Revolución Argentina (1966-73): experimento frustrado
De imposición liberal y "normalización" de la economía

Marcelo Donato
El telón de Picasso

Víctor Díaz Esteves y Rodolfo Hlousek Astudillo
Semblanzas y discursos de agrupaciones culturales
con bases territoriales en La Araucanía

Sandra Gasparini
Las horas nocturnas.
Diez lecturas sobre terror, fantástico y ciencia

Mario A. Rojas, editor
Joaquín Murrieta de Brígido Caro.
Un drama inédito del legendario bandido

Alicia Poderti
Casiopea. Vivir en las redes. Ingeniería lingüística y ciber-espacio

Gustavo Geirola
Sueño Improvisación. Teatro.
Ensayos sobre la praxis teatral

Jorge Rosas Godoy y Edith Cerda Osses
Condición posthistórica o Manifestación poliexpresiva.
Una perturbación sensible

Alicia Montes y María Cristina Ares
Política y estética de los cuerpos.
Distribución de lo sensible en la literatura y las artes visuales

Karina Mauro (Compiladora)
Artes y producción de conocimiento.
Experiencias de integración de las artes en la universidad

Jorge Poveda
La parergonalidad en el teatro.
Deconstrucción del arte de la escena
como coeficiente de sus múltiples encuadramientos

Gustavo Geirola
El espacio regional del mundo de Hugo Foguet

Domingo Adame y Nicolás Núñez
Transteatro: Entre, a través y más allá del Teatro

Yaima Redonet Sánchez
Un día en el solar, expresión de la cubanidad de Alberto Alonso

Gustavo Geirola
Dramaturgia de frontera/Dramaturgias del crimen.
A propósito de los teatristas del norte de México

Virgen Gutiérrez
Mujeres de entre mares. Entrevistas

Ileana Baeza Lope
Sara García: ícono cinematográfico nacional mexicano, abuela y lesbiana

Gustavo Geirola
Teatralidad y experiencia política en América Latina (1957-1977)

Domingo Adame
Más allá de la gesticulación. Ensayos sobre teatro y cultura en México

Alicia Montes y María Cristina Ares (compiladoras)
Cuerpos presentes. Figuraciones de la muerte, la enfermedad, la anomalía y el sacrificio.

Lola Proaño Gómez y Lorena Verzero /
Compiladoras y editoras
*Perspectivas políticas de la escena latinoamericana.
Diálogos en tiempo presente*

Gustavo Geirola
*Praxis teatral. Saberes y enseñanza.
Reflexiones a partir del teatro argentino reciente*

Alicia Montes
*De los cuerpos travestis a los cuerpos zombis.
La carne como figura de la historia*

Lola Proaño - Gustavo Geirola
¡Todo a Pulmón! Entrevistas a diez teatristas argentinos

Germán Pitta Bonilla
*La nación y sus narrativas corporales.
Fluctuaciones del cuerpo femenino
en la novela sentimental uruguaya del siglo XIX
(1880-1907)*

Robert Simon
*To A Nação, with Love:
The Politics of Language through Angolan Poetry*

Jorge Rosas Godoy
*Poliexpresión o la des-integración de las formas en/desde
La nueva novela de Juan Luis Martínez*

María Elena Elmiger
DUELO: Íntimo. Privado. Público

María Fernández-Lamarque
*Espacios posmodernos en la literature latinoamericana contemporánea:
Distopías y heterotopías*

Gabriela Abad
Escena y escenarios en la transferencia

Carlos María Alsina
*De Stanislavski a Brecht: las acciones físicas.
Teoría y práctica de procedimientos actorales de construcción teatral*

Áqis Núcleo de Pesquisas Sobre Processos de Criação Artística
Florianópolis
Falas sobre o coletivo. Entrevistas sobre teatro de grupo

Áqis Núcleo de Pesquisas Sobre Processos de Criação Artística
Florianópolis
Teatro e experiências do real (Quatro Estudos)

Gustavo Geirola
El oriente deseado. Aproximación lacaniana a Rubén Darío.

Gustavo Geirola
Arte y oficio del director teatral en América Latina. Tomo I México - Perú

Gustavo Geirola
*Arte y oficio del director teatral en América Latina.
Tomo II. Argentina – Chile – Paragua – Uruguay*

Gustavo Geirola
Arte y oficio del director teatral en América Latina.
Tomo III Colombia y Venezuela

Gustavo Geirola
Arte y oficio del director teatral en América Latina.
Tomo IV Bolivia - Brasil - Ecuador

Gustavo Geirola
Arte y oficio del director teatral en América Latina.
Tomo V. Centroamérica – Estados Unidos

Gustavo Geirola
Arte y oficio del director teatral en América Latina.
Tomo VI Cuba- Puerto Rico - República Dominicana

Gustavo Geirola
Ensayo teatral, actuación y puesta en escena.
Notas introductorias sobre psicoanálisis
y praxis teatral en Stanislavski

Argus-*a*
Artes y Humanidades / Arts and Humanities
Los Ángeles – Buenos Aires
2021

www.ingramcontent.com/pod-product-compliance
Lightning Source LLC
Chambersburg PA
CBHW031133160426
43193CB00008B/126